# 社区营造
# 及社区规划
## 工作手册

《社区营造及社区规划工作手册》写作小组　◎著

清华大学出版社
北京

版权所有，侵权必究。举报：010-62782989，beiqinquan@tup.tsinghua.edu.cn。

**图书在版编目(CIP)数据**

社区营造及社区规划工作手册/《社区营造及社区规划工作手册》写作小组著．—北京：清华大学出版社，2019（2022.8重印）
　ISBN 978-7-302-52794-7

　Ⅰ．①社⋯　Ⅱ．①社⋯　Ⅲ．①社区建设－手册 ②社区－城市规划－手册
Ⅳ．①C916.2-62 ②TU984.12-62

　中国版本图书馆CIP数据核字(2019)第077006号

责任编辑：骆　骁
封面设计：常雪影
责任校对：刘玉霞
责任印制：宋　林

出版发行：清华大学出版社
　　　　　网　　址：http://www.tup.com.cn，http://www.wqbook.com
　　　　　地　　址：北京清华大学学研大厦A座　　邮　编：100084
　　　　　社 总 机：010-83470000　　　　　　　　邮　购：010-62786544
　　　　　投稿与读者服务：010-62776969，c-service@tup.tsinghua.edu.cn
　　　　　质量反馈：010-62772015，zhiliang@tup.tsinghua.edu.cn
印　刷　者：天津鑫丰华印务有限公司
经　　　销：全国新华书店
开　　　本：170mm×240mm　　　印　张：16　　　字　数：259千字
版　　　次：2019年5月第1版　　　　　　　　　　印　次：2022年8月第9次印刷
定　　　价：69.00元

产品编号：082136-01

# 致谢

感谢清华大学社会科学学院信义社区营造研究中心为本书提供学术研究支持。

本书为多团队、跨领域合作撰写,撰写者包括多位学者和实务工作者。感谢本书的八位作者,包括蓝煜昕、李强、梁肖月、刘飞、刘佳燕、罗家德、孙瑜、吴楠(按姓氏音序排列),在长达半年的筹备和成稿期间,各撰写团队的成员付出了巨大的努力,熬了无数个通宵,大家坚持不懈、严谨认真的工作态度是完成本书的坚实基础,也期待以此为社区营造及社区规划事业留下些许可借鉴的经验。感谢刘悦来老师提供社区花园案例。

感谢参与本书编写的周思颖、张丹妮、邓梅、张大龙、张利君、胡越、徐静、李雪莹、马艺函、王苏、华玉勤。

感谢梁肖月负责本书的统稿和协调等工作。

感谢梁润滢和赖敬予为本书文字进行润色。

清华大学的社区营造与社区规划学科建设源于清华大学两大学科、两个院系的交融与合作,这就是清华大学社会科学学院社会学系的社会学专业与清华大学建筑学院城市规划系的城乡规划专业。

大约20年前,我从中国人民大学调入清华大学,复建清华大学的社会学学科,当时思考的一个问题就是如何借助于清华大学已有的学科优势来建设社会学学科。清华大学建筑学、城乡规划学的学科优势是众所周知的,所以,最初就设想与建筑学院的诸位同人合作推进城市研究、城市社会学学科的建设。由于当年复建的社会学系还没有社会学博士点,于是就开始在城乡规划专业博士点培养研究生,由此更加强了两大学科的交融与合作。记得当年两个学院的老师们曾一起进行河北蔚县调查、共同推进北京市西城区什刹海旧城保护项目等,共同参与的项目还有南宁城市规划,以及联合国教科文组织的北京、巴黎、罗马历史文化保护研究项目等,在这些研究的基础上也培养了一批优秀的学生。

正是在这些合作的基础上,一种新的知识体系逐渐萌生出来。建筑规划专业擅长于空间设计、与空间相关的要素的布局与整合,社会学专业擅长于人、人群的研究,擅长于人们日常工作生活轨迹的探索,两大知识体系以社区为结合点交融在一起,于是创造出了社区营造及社区规划这样一种新的知识体系。

据考证汉语中的"社区"概念是译自英文,1933年美国芝加哥大学著名社会学家帕克(Robert E. Park)到燕京大学讲课,使用了community的概念,费孝通先生是当时听课的学生之一,学生们最初将其翻译为"地方社会",后来又感到不妥,由费孝通先生提议,翻译为"社区"。我们知道,community 讲的是人群工作、生活的共同体,而人群的活动又必须依托在地域、空间要素的基础之上,而我们今天讲的社区营造及社区规划,最核心的就是探索人们日常工作生活轨迹、探索人们的社会交往与社会关系,并将这种探索与地域空间的要素结合起来,使人们的工作生活更为舒适、和谐、便捷、高效、环保,社区营造及社区规划的最终目标当然是构建幸福社区。

社区营造及社区规划绝不仅仅是我国学界倡导的新的概念、新的理念,它们也是因今日中国迅速发展的城市化、城镇化而产生强烈需求的城市建设的重要领域。众所周知,中国正在进行人类有史以来最大规模的城市化、城镇化,在这样的建设中,一线、二线、三线、四线的城市都迅速地膨胀起来,但是,这里面也产生了巨大的漏洞,即在总体规模急剧增长的同时,对于社区、小区里人们工作、生活、交往的细节关注不够,对前面所说的社区的舒适、和谐、便捷、高效、环保、美观的细节关注不够。所以,近来我国很多城市都提出要推进社区规划,需要社区规划师参与,因此,实践中的社区营造及社区规划,对于这方面的知识体系有强烈的需求,这也正是本书写作的目的。

本书的组织者罗家德教授从小在我国台湾长大,后来又长期在台湾高校教学,对于台湾的社区营造十分熟悉。罗家德教授加盟清华大学社会学系以后,又在大陆多地从事社区营造及社区规划的实践。特别感人的是,当年"汶川地震"发生以后,罗家德教授带领团队,在地震灾区一线,亲自从事村庄复建、村庄重建的组织、指导、指挥工作,在村庄复建、重建的过程中,既参与房屋空间设施的建设,也重视村庄组织、村庄人际关系、村庄共同体的建设。罗家德教授还与清华大学社会学系的沈原教授一起,开拓了北京老城区"大栅栏"地区的社区营造及社区规划建设,与笔者带领的"清河实验"团队在清华大学北侧不远的清河地区开展社区营造及社区规划建设,这成为今日清华大学社会学系社区干预实验的两大项目。

所以,本教材作为工作手册不仅有深厚的学术基础、学科基础,也是建立在多年的社区实验、社区营造及社区规划实践基础之上的。笔者在带领"清河实验"团队推进社区实验的时候,感到有三个方面的工作十分重要。其一是社区组织实验,凡推进社区发展必须有人们的积极参与,所以就推进了两项组织建设:社区居委会"议事委员会"的组织建设和成立社会组织"社区提升中心"。其二是社区的空间实验,即通过发现社区在空间布局方面的问题,经过有关部门的审核批准,调整空间结构、优化空间要素的配置,提升社区生活的舒适、和谐、便捷、高效、环保、美观等要素。其三是保障和改善民生,这当然也是社区老百姓最为关心的事情。笔者个人理解,社区营造及社区规划也恰恰是要在这三个方面提升社区生活和社区治理的水平。

最后,祝愿清华大学的社区营造及社区规划学科建设和清华大学的社区实验、实践双双取得丰硕成果!

李 强

2018 年 12 月 25 日

于清华大学 熊知行楼

# 前言
## FOREWORD

  **党**的十八大以来,以社会治理取代社会管理、唤起基层活力的需求与日俱增,各地开始出现社区治理的创新政策、创新模式以及典型案例。本手册以自组织理论和治理理论为理论指导,运用社区营造及社区规划的理念,根据先试先行地区的经验,通过参与式规划、培训体系搭建、社区自组织孵化培育及评估等流程,总结出进入社区开展社区营造及社区规划的一整套具体的实务操作方法,以供社区营造的初学者、有兴趣从事社区营造工作的入门者以及社区营造的实务操作者参考。通常来讲,参与社区营造及社区规划的相关方包括乡镇街道及社区两委一站、专业社区营造组织、社区社会(自)组织、房地产企业、物业公司,不同主体的工作内容各有差异,本书通过理论指导并结合实务操作经验,详细介绍每一步工作的操作流程,以期更具可读性和普适性。

  本书从我国的政策解读开始,介绍开展社区营造及社区规划工作的政策环境。而后从理论概述出发,介绍何为社区、何为社区营造、何为社区规划,以及相关历史沿革背景与相关方代表,在阐述对于社区营造及社区规划具有理论指导意义的自组织理论和治理理论之后,进入到实务操作部分(参见图0-1)。

  在实务操作部分的八章中,第一章介绍了在社区营造及社区规划的过程中最主要的实施主体,即支持性社会组织的概况。第二章从操作方法上展示了参与式规划在社区营造及社区规划中的重要作用和具体操作方法。第三章介绍培训体系的搭建。第四章介绍如何从社区资源入手,逐步建立参与体系,调动社区内生力量参与到社区营造及社区规划工作中来。第五章和第六章分别介绍了社区自组织孵化、培育及评估的方法,也是本书极为重要的部分,结合了理论、理念、方法等众多要素,提炼出一套培育组织的专业操作方法。第七章介绍了几款在社区工作中极为常用的实操工具。第八章展示了几个具有典型代表意义的社区自组织产品,以期通过案例的方式体现出社区自组织活力的重要性。在文后的附录中则介绍了若干政策文件及相关书籍,供读者参考借鉴。

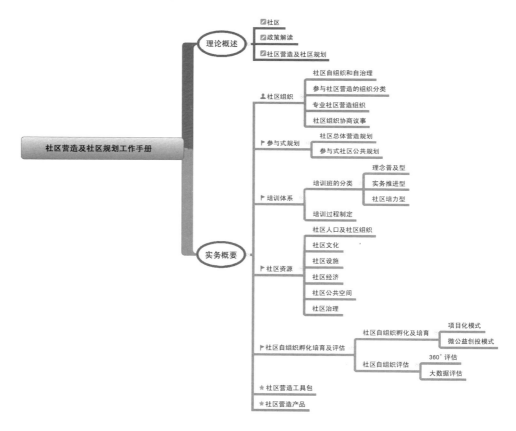

图 0-1　社区营造及社区规划工作手册框架

负责各章撰写的主要团队包括清华大学社会学系罗家德老师团队(罗家德、孙瑜、梁肖月)、南京互助社区发展中心吴楠老师团队(吴楠、周思颖、张丹妮)以及爱有戏社区文化发展中心刘飞老师团队(刘飞、邓梅、张大龙、张利君、胡越、徐静)。

各章节内容及分工如下。

序　言　李强（清华大学社会学系）

前　言　梁肖月

导　论　社区营造及社区规划理论概述

　　第一节　社区　李强、孙瑜、吴楠

　　第二节　政策解读　蓝煜昕（清华大学公共管理学院）

　　第三节　社区营造及社区规划　罗家德、刘佳燕（清华大学建筑学院）、吴楠

第一章　社区组织

　　第一节　社区自组织和自治理　罗家德、梁肖月

　　第二节　参与社区营造的组织分类　吴楠

　　第三节　专业社区营造组织　吴楠、周思颖

　　第四节　社区组织协商议事　吴楠

第二章　参与式规划　吴楠、周思颖

第三章　培训体系　孙瑜

第四章　社区资源

　　第一节　社区资源的分类　吴楠

　　第二节　社区志愿者资源　吴楠

　　第三节　社区能人资源　吴楠

　　第四节　社区基金（会）资源　吴楠、王苏

第五章　社区自组织孵化及培育

　　第一节　项目化社区自组织孵化培育模式　张大龙

　　第二节　以微公益创投方式孵化和培育社区自组织　梁肖月

第六章　社区自组织评估

　　第一节　360°评估　梁肖月

　　第二节　大数据评估　罗家德、梁肖月、李雪莹（香港科技大学）、马艺函（复旦大学）

第七章　社区营造工具包

　　第一节　会议工具　张丹妮、徐静

　　第二节　行动研究　邓梅

　　第三节　信息立体化传播　吴楠、华玉勤

第四节　定性调查及定量调查　罗家德、孙瑜、梁肖月

第五节　PRA参与式需求评估　邓梅

## 第八章　社区营造产品

第一节　义仓和义集　张利君

第二节　坊间　胡越

第三节　小小建筑师　吴楠

第四节　社区花园　刘悦来等（同济大学、四叶草堂）

附录一　政策文件　蓝煜昕（整理）

附录二　社区营造及社区规划读书雷达　吴楠

后　记　罗家德

# 目录 CONTENTS

导论　社区营造及社区规划理论概述 ·············································· 1
　第一节　社区 ································································· 1
　第二节　政策解读 ··························································· 12
　第三节　社区营造及社区规划 ············································ 18

第一章　社区组织 ······························································· 36
　第一节　社区自组织和自治理 ············································ 36
　第二节　参与社区营造的组织分类 ······································· 44
　第三节　专业社区营造组织 ··············································· 46
　第四节　社区组织协商议事 ··············································· 62

第二章　参与式规划 ···························································· 69
　第一节　社区总体营造规划 ··············································· 69
　第二节　参与式社区公共规划 ············································ 75

第三章　培训体系 ······························································· 81

第四章　社区资源 ······························································· 87
　第一节　社区资源的分类 ·················································· 87
　第二节　社区志愿者资源 ·················································· 90
　第三节　社区能人资源 ····················································· 95
　第四节　社区基金（会）资源 ············································ 98

## 第五章　社区自组织孵化及培育 …… 105
### 第一节　项目化社区自组织孵化培育模式 …… 105
### 第二节　以微公益创投方式孵化和培育社区自组织 …… 110

## 第六章　社区自组织评估 …… 128
### 第一节　360°评估 …… 128
### 第二节　大数据评估 …… 135

## 第七章　社区营造工具包 …… 143
### 第一节　会议工具 …… 143
### 第二节　行动研究 …… 156
### 第三节　信息立体化传播 …… 165
### 第四节　定性调查及定量调查 …… 169
### 第五节　PRA 参与式需求评估 …… 187

## 第八章　社区营造产品 …… 193
### 第一节　义仓和义集 …… 193
### 第二节　坊间 …… 200
### 第三节　小小建筑师 …… 207
### 第四节　社区花园 …… 209

## 附录一　政策文件 …… 213
## 附录二　社区营造及社区规划读书雷达 …… 226
## 后记 …… 238

# 导 论

# 社区营造及社区规划理论概述

## 第一节 社 区

### 一、社区的基本含义及其由来

社区(community)一直以来多指具有某种互动关系和共同文化维系力的人类群体及其活动领域。

"社区"实际上是从英文翻译过来的,汉语中原本没有"社区"这个词。根据老一代社会学家费孝通先生回忆,1933年美国芝加哥学派的重要代表人物帕克到燕京大学讲学,讲课中使用了community的概念,这个词最初曾被翻译成"地方社会"。后来,费孝通等人一起讨论,认为还是不够准确,于是进一步提出了汉语的"社区"概念。今天我们理解的所谓社区,就是社会学所强调的地域生活共同体,它既是一个空间地域概念,也是一个"人群聚集"的社会群体概念。

当然,社区这个概念还有更为长远的历史传承,多数人认为是德国著名社会学家滕尼斯(F. Tonnies)将共同体、社区概念引入社会学的。滕尼斯的重要著作《社区与社会》(亦译为《共同体与社会》或《礼俗社会与法理社会》)讨论了社区与社会的不同,实则在比较传统社会与现代社会的差异。滕尼斯所说的社区(德文为

Gemeinschaft),还是指那种比较传统的农村社区、熟人社会。所以,其本质是有密切互动关系的"共同体"。

然而,今天我们大多数人都居住在城市社区。城市社区高楼林立、规模不等,居住在同一个楼层的邻居可能相互不来往,这是否还算是一个共同体呢？比如,北京的回龙观是个巨大的居住社区,居住人口大约有60万。回龙观社区的形成也有近20年的历史。调查发现,居住在这里的大多数人连同一楼栋的邻居都不认识,更谈不上是一个社会生活的共同体。所以,滕尼斯所说的社区或共同体概念,给我们以很大的启发,启迪我们去建设一种守望相助、邻里和谐、睦邻友好的共同体生活。

历史上,社会学家开创过很多重要的社区研究,比较著名的如法国学者托克维尔(C. A. Tocqueville)对美国社区共同体的观察与研究；上文提到的美国著名社会学家帕克带领学生对芝加哥城市诸多社区进行的研究；美国社会学家怀特(William Foote Whyte)的名著《街角社会》对底层群体社区活动进行的深入研究；林德夫妇(Robert Lynd & Helen Lynd)的《中镇》创造了社区研究的基本范式；普特南(Robert D. Putnam)的《独自打保龄》阐释了美国基层社区生活发生的重大变迁。

根据美国社会学家希勒里(George A. Jr. Hillery)统计,从文献中发现的社区定义就有94种之多,其中69种定义中,形成共识的仅有两点：地域性和公共联系的纽带。根据美籍华裔社会学家杨庆堃教授的统计,文献中发现的社区的定义有140种之多,而绝大多数社区定义所涉及的要素是三个：地域、共同联系、社会互动。①

早年帕克的社区定义最为简单,他用三要素来定义社区："社区的基本特征可以概括如下：1. 它有按地域组织起来的人口；2. 这些人口程度不同地深深扎根在他们所生息的那块土地上；3. 社区中的每一个人都生活在一种相互依赖的关系之中。"②

不过,虽然社区概念历史悠久,但是在很长一段时期里,也就只有学者们在论著中使用社区概念。所以,社区概念的知晓范围曾经很小,普通老百姓对于这个概

---

① 参见何肇发、黎熙元:《社区概论》,广州:中山大学出版社,1991年,第3页。
② 同上。

念并没有什么接触。

然而,时至今日,社区概念已经深入到中国人民的日常生活之中了。今天,说起社区,广大老百姓几乎无人不知、无人不晓,这又是从什么时候开始的呢?这与中国官方积极推进社区建设密切相关。从文件溯源看,最早是2000年,中共中央办公厅、国务院办公厅转发了民政部《关于在全国推进城市社区建设的意见》(中办发〔2000〕23号)。从此以后,社区概念在全国迅速普及开来。在这一时期,城市中与老百姓生活密切相关的基层自治组织城市"居民委员会"也正式更名为"社区居民委员会"。它是老百姓身边的基层组织,老百姓当然最为熟悉。值得注意的是,2017年6月中共中央国务院发布了《关于加强和完善城乡社区治理的意见》,在文件中对城市和农村都称"社区"。所以,今后社区的概念会更为普及,在社会学者看来这也更符合社会学的社区本义。

还需要说明的是,老百姓日常生活中还常常使用一个概念:"小区"。小区与社区又是什么关系呢?小区与社区并没有本质区别,但小区是一种民间俗称,不是学术规范用语。在多数老百姓约定俗成的理解中,小区往往是指城市居民居住的、有围墙的、属于同一个院落或房地产开发项目的、由同一个物业来管理的社区。所以,社区是一个更为规范化、学术化和官方的用语,而小区是所指规模比较小的民间用语。

根据中国近年社区发展的实际情况,要定义社区,以下五个要素都不可忽视。所以,也可以说,社区是以下五要素综合在一起的共同体。

第一,地域要素,社区脱离不开土地、空间,社区存在于自然地理、人文地理空间,当然,目前又产生了"网络社会",出现了跨空间的现象,也产生了虚拟社区的说法,但那毕竟不是完整的社区。

第二,人口要素,社区的基础是一定数量的人口。当然,这里也要处理好本社区居民与非本社区居民的关系。

第三,结构要素,这是指社区的组织、群体、团体、制度、规范等。

第四,心理要素、文化要素,这是指居民的归属感、传统、习俗、生活习惯、生活方式等。

第五,公共服务要素,是指为社区提供服务的各种公共设施。提供这些服务的主体主要来自三个维度,即政府提供的、市场提供的和居民互惠互助提供的。

那么中国有多少个社区呢?在中国官方统计中,一般将社区看成从中央到地方的组织体系中最为基层的组织单位,如村民委员会、社区居委会。当然从学术角度看,这些村民/社区委员会还不是社区本身,而是社区的管理组织。根据民政部统计:截至 2017 年年底,中国共有基层群众性自治组织 66.1 万个,其中村民委员会 55.4 万个(村民小组 439.7 万个),城市居民委员会 10.6 万个(居民小组 137.1 万个)。① 这些组织单位管辖着社区,所以,这些管辖单位的数目也就等同于同层次的基层社区的数目。

那么在这些社区中的城镇与农村的人口是怎样分布的呢?到 2017 年年底,中国农村常住人口与城镇常住人口百分比分别为 41.73% 和 58.27%,即农村常住人口 5.8 亿,城镇常住人口 8.1 亿②。常住人口方面城镇已经超过了农村,可见城乡社区居住人口发生了很大变化。由于城镇好找工作、好挣钱,越来越多的劳动者与家庭进入城镇。当然,如果统计户籍的话,很多到城镇劳动的劳动者及其家庭还是农村户籍。很多农村户籍的人会生活在城市、城镇社区,所以中国进行社区治理的过程中,户籍与实际居住相互分离的现象是比较突出的。

## 二、社区的学理分类

社区有众多类型,学术界历来也从不同维度对社区进行分类。下面试从四个维度对社区的学理类型做一下区分。

第一,从纵向历史变迁看,可以将社区分为传统社区、转型社区和现代社区。

传统社区通常是指农村社区,也就是滕尼斯所说的那种有着密切交往的、相互熟悉,甚至是有血缘关系、共同参加劳动的乡村共同体③。

转型社区是指变迁中的社区,中国目前城镇化速度很快,城乡接合部的很多地方都是变迁中的社区,可以称之为转型社区。

现代社区则是指已经完成了城市化、城镇化,具备了现代化条件的社区,这种现代化社区在我国大城市、特大城市都可以看到。

第二,从横向分类来看或者从社区性质差异来看,可以将社区区分为法定社

---

① 数据来源:《2017 年社会服务发展统计公报》,中华人民共和国民政部网站,http://www.mca.gov.cn/article/sj/tjgb/2017/201708021607.pdf。

② 数据来源:国家数据-年度数据-人口-总人口,中华人民共和国国家统计局国家数据网站,http://data.stats.gov.cn/easyquery.htm?cn=C01。

③ 参见[德]斐迪南·滕尼斯:《共同体与社会》,北京:商务印书馆,1999 年,第 61~67 页。

区、自然社区、专能社区以及精神社区等①。

法定社区是指政府行政管辖规定的社区,有法律、法规规定的社区边界,设有管理组织,前文所说的农村村民委员会社区、城市居民委员会社区,就是此类社区。

自然社区是在人口聚集过程中、市场经营过程中自然形成的社区,比如,我国行政村管辖的很多自然村落,城市社区居委会管理的很多小区,都属于自然社区。

专能社区,是指有着专门职能的社区,如我国的工业开发区、自贸区、科技园区等。

精神社区,是指居民因文化、信仰、价值观联系而形成的共同体,比如宗教信仰的共同体。精神社区可以与地理空间相重叠,比如教区的划分。

第三,对于我国今日变迁中的社区的分类。

改革开放以前,我国社区类型比较简单,农村都实行统一的人民公社体制,城市里大体有两种,一种是由各单位来管的"单位社区"(通常成立"家委会"),另一种是由基层街道、居委会管的社区。

改革开放以后,社区发生巨大变迁。农村废止了人民公社,实行家庭联产承包责任制,后来又经过一系列的演变。今天,中国农村的社区类型极其复杂,大多历经乡镇企业和城镇化发展。从景观上看,一些农村地区与城市并没有什么区别,只是户籍还是农村户籍。城市社区也发生了巨大变化,仅粗略地区分就可以发现如下的一些类别:传统老社区(后单位制社区)、传统单位大院、旧城保护区、新型商品房社区、高档别墅社区、居民回迁社区、城中村社区、城市中的纯农村社区等。对于这些新的不同类型的社区需要创新社区治理模式。

第四,实体社区与虚拟社区的区分。

传统上社区都是建立在地理、地域的基础之上,都是实体的,但是,今天,科学技术的发展、网络社会的形成,也创造出了很多非实体的共同体或非实体的社区。

我们看到,现代交通、通信手段的革新极大地改变了人们的交往方式。特别是在互联网出现以后,跨地域的、跨空间的社会联络变得极为普遍,形成了不是建立在地域基础上的、跨空间的社会交往群体、社会网络、社会共同体。比如,微信群就是一种新的共同体,老战友微信群、老同学微信群、同事微信群比比皆是,成为今天人们密切交往的新型共同体,这就促使学界对社区的认识中产生了虚拟共同体、虚

---

① 参见郑杭生、李强等:《社会学概论新修》(修订本),北京:中国人民大学出版社,1998年,第368页。

拟社区的概念。

所谓虚拟社区(virtual community)是与传统的实体社区(real community)相对应的,是互联网时代以来的新的社会现象。它是从网络、互联网衍生出来的社会互动群体、社会共同体现象。如果要给一个定义的话,可以说,虚拟社区是指在跨空间的条件下,具有一定规模的、比较持续地进行社会互动的,在互联网络中形成了比较稳定的人际关系的共同体。虚拟社区之所以得到迅速发展,是由于非物理空间的互联网、电子网络空间的形成,提供了便利的跨空间交往的可能性。这种跨空间的虚拟社区的出现,也使得我们去重新思考社会治理:我们的社会治理也有可能是超空间的。虚拟社区的"居民"通常称为"网民"(netizen)。当然,虚拟空间、虚拟社区的交往也有其特征,包括:互动交往的符号特征、社会关系的扁平特征、地位平等特征、资源共享特征、关系松散特征等。

自从步入网络社会之后,虚拟社区、网络社区就进入了高速发展的时期,而且虚拟社区与实体社区还可以互相结合、互相促进。举例来说,有一个网络社区叫"回龙观社区网",号称全国第一社区网,由创始人刘强于 2000 年 3 月创建,十年前就已注册公司。该网站主要是为回龙观地区数十万社区居民服务,其突出特点是虚实结合,并不是纯粹的虚拟社区网站,与社区居民线上、线下的互动都很密切。该网站还多次成功举办了回龙观地区广大居民参与的"春晚"表演活动,极大地增强了回龙观地区居民的社区认同。

### 三、实务操作角度看城市社区的治理形态

中国城市社区存在各种形态,从物理区域上可分为封闭式社区和开放式社区;从价值上可分为高、中、低档社区;从购买方式上可分为商品房社区、经济适用房社区、安置房社区;从产权方式上可分为产权房社区、小产权房社区、公房社区、集体房社区;从新旧程度上可分为老旧小区和新建小区等。

在社区治理类型中,传统型社区特指没有任何行政力量、市场力量影响到的社区。在现实中,传统型社区已基本不存在。自治型社区特指没有任何行政力量影响,而完全靠社会自治来实现的社区,在我国的现实中也是几乎不存在的。在社会转型过程中,我们清醒地认识到,一个善治的社会需要政府、市场和社会多元力量之间互相吸收补充而结合重构的良性互动。在全面打造共建共治共享的社会治理

格局的时代背景下,社区营造的实务操作工作者面对不同形态的社区,在挖掘社区资源促进居民参与的过程中,需要对其中呈现出的治理主体的结构特点进行识别,以便更清晰地认识不同形态社区的治理问题和着手点、侧重点。本手册从治理的视角出发,根据治理主体呈现的不同形态及其主要问题,将目前在城市社区营造实务工作中面临的社区形态分为行政依赖型、委托市场型、发展参与型、共识共治型。从行政依赖型到共识共治型可以说是社区治理变化的连续过程的体现,凸显了三个主要特征的变化:一是社区治理主体逐渐从单一走向多元;二是社区治理路径逐渐从自上而下为主转变为自上而下和自下而上相结合;三是治理手段逐渐从单一化走向多元。

1. 行政依赖型

这种社区形态中出现的社区治理主体较单一,对行政力量的依赖度较高,行政手段是社区治理的主要方式,社区治理路径以自上而下为主。该形态主要出现在老街区、城中村、无物业管理的零散老旧小区、拆迁安置小区、农民安置社区、村改居社区、经济适用房小区、廉租房小区等地区,主要依靠政府提供公共服务,或由政府购买社会组织服务,没有物业企业或是准物业服务状态,居民对政府的态度普遍是"等、靠、要",对社区公共事务没有积极性。

社区治理主体:社区两委(党委、居委会)。

社区营造着手点:政府话语权相对强势,可采用以社区党委和居委会为核心,结合管区居民代表形成管委会的机制,居民代表参与社区网格化管理,分梯级展开居民议事体系,细分每个梯级的权利和义务,赋予居民参事议事的权力,同时提高其参与社区事务的能力,从而有效进行基层社区治理。

2. 委托市场型

这种社区形态多出现于聚集高净值人群的高档小区、别墅区,居民更认同自身的业主身份,对小区有强烈的封闭性要求,他们将提供小区服务的职责委托给市场力量如物业企业,希望享受高品质的专业服务,但不希望外界包括政府介入过多的日常生活,对政府没有期待和要求;居民之间缺乏交流沟通,公共事务参与度低,矛盾和问题多聚焦于居住者与房地产企业或物业服务公司之间。

社区治理主体:物业、业委会。

社区营造着手点:这类社区由于社区内人员相对稳定,物业或者业委会拥有较多话语权,甚至于不需要社区居委会的介入。此时社区居委会或社区营造的社会组织可将工作重点放在业委会的赋能和居民的文化活动上,培育社区自组织,激发居民自身对社区参与的热情和积极性。这种社区生活形态也对物业企业提出了比较高的专业要求,因此物业企业也可以引入社区营造理念,以满足此类社区中业主的精神文化需求。

3. 发展参与型

这种形态的特点是,社区治理主体较单一局面开始出现改变,社区治理路径仍以自上而下为主,自下而上开始出现。这种形态出现在绝大多数商品房社区之中。居民需要基础的公共服务,对政府有一定的期待和要求;社区各方矛盾较多,需要居委会协调矛盾;居民之间缺乏交流沟通,虽有一定数量基于兴趣爱好聚集的小团体,但公共事务参与度较低。

社区治理主体:物业、业委会、居委会、社会组织、居民。

社区营造着手点:大量的发展参与型社区都会出现社区中组织力量不均衡、各自为政的情况。在这种情况下,建议社区居委会主要做好本职工作,进行政策梳理和倡导,导引政策和资金进入,赋权社区组织,并进行长期有效的赋能和培力。此外,居委会可将网格化管理与业委会管理结合起来,网格负责人与业主代表结合,避免多头管理。业委会作为业主共有资产共同决定的主体,必须通过业主大会选举出真正能够代表业主的委员,完善小区管理制度,同时强化单元(楼栋)楼栋代表、片区代表等多层级议事制度,建立涵盖小区制度建设、建筑规划、设备设施、安保、卫生、景观绿化等的各个专业委员会,对小区物业服务进行指导和监督,同时避免寡头业委会的出现。通过长时间的努力挖掘没有私心、不违背良心的社区领袖,培育社区自组织。

4. 共识共治型

该类型的社区治理主体多元化,自上而下的行政主导手段与自下而上的社区自治协商全面融合,社区居民有较高的社区认同感和满意度。其中各种社区组织的力量相对均衡、优势互补;居民有一定趋同性,人员组成相对稳定,社区生活舒适度较高;居民主动参事议事,有相似的生活追求,愿意为了实现共同的目标进行努力以及妥协;会经常出现矛盾,但也较易通过协商妥善解决。

社区治理主体:社区自组织、居民、物业、业委会、居委会、社会组织。

社区营造着手点:可以说这是社区营造工作所望实现的理想社区类型。各方力量协同合作,尤其是社区自组织发挥在社区治理中的积极作用,活化社区氛围。

## 四、当前需要完善社区治理的主要任务

城乡社区治理事关党和国家大政方针贯彻落实,事关居民群众切身利益,事关城乡基层和谐稳定,需要政府治理和社会调节、居民自治良性互动。2017年6月中共中央国务院发布了《关于加强和完善城乡社区治理的意见》。该意见针对当前我国城乡社区治理中存在的问题,提出了以下五方面主要任务。

第一,改善社区人居环境。

这主要是指城乡社区基础设施的建设。与城市社区相比,农村社区基础设施建设的任务显然更为繁重,临近大城市的一些农村社区的基础设施往往条件好一些,但是,中西部地区、边远地区农村社区的基础设施、公用设施建设往往比较落后,这些社区都应该在"乡村振兴"的大潮中,积极推进人居环境的建设。我国城市社区的建设也有很大差异,一线、二线的城市基础设施建设相对要好些,而三线、四线城市就要滞后得多。在城市基础设施的建设方面,尤其要加快城镇棚户区改造、城中村改造和危房改造等。

第二,加快社区综合服务设施建设。

一个优质的社区、老百姓满意的社区,关键就是要提供多方面的良好服务。所以,此次的文件特别强调了要加快城乡社区综合服务设施建设,并且将这种建设纳入当地的发展规划。按照此次文件,社区中,每百户居民拥有的综合服务设施面积不得低于30平方米。这样,如果社区有1000户居民的话,就要配置不低于300平方米的公共活动空间,这样就会极大地改善社区的公共服务和增进老百姓的日常交往活动。当然,现在的很多老旧社区还远远达不到这样的标准,所以,这方面社区建设的任务还是很重的。

第三,优化社区资源配置。

目前,我国社区的发展还很不平衡。正如党的十九大报告所表述的,发展的不平衡、不充分是主要矛盾。不仅仅城市与农村之间的发展不平衡,即使是同一个城市,不同社区的发展也不平衡或差异很大。所以,优化社区资源配置的任务就极为突出和紧迫。这就需要城乡社区的管理者、需要党和政府优化资源配置,对于老旧

社区、资源严重缺乏的社区给予更多的投入。目前在资源配置上的另一个突出问题是财权由上面掌握，而急需资金的都是基层社区。所以，此次文件提出，要推动人财物和责权利对称下沉到城乡社区，增强城乡社区统筹使用人财物等资源的自主权。

第四，推进社区减负增效。

目前，基层社区工作者的任务极其繁重，而上级部门总是更多地将行政任务施加给基层社区工作者。所以，此次文件特别强调：要建立社区工作事项准入制度，应当由基层政府履行的法定职责，不得要求基层群众性自治组织承担。社区的主要工作应该是为社区老百姓服务的工作，不应该将完成上级指令作为工作主责。此次文件还特别强调，党和政府要为基层社区工作提供经费和必要工作条件。

第五，改进社区物业服务管理。

目前，在城市社区管理中，社区物业的功能越来越突出了，社区服务的大部分工作是由物业完成的，一般情况下，只要物业尽职负责，与居民关系融洽，社区就会和谐与运转良好。所以，此次文件特别强调改进、改善、推进物业管理服务。为实现此目的，文件指出，要加强基层党组织、社区居委会对于物业服务企业的指导和监督。

## 五、推进城乡社区治理

党的十九大报告提出，要"加强社区治理体系建设，推动社会治理重心向基层下移，发挥社会组织作用，实现政府治理和社会调节、居民自治良性互动"。改革开放40年来，中国城乡社区发生了天翻地覆的变化，也出现了很多基层社区治理中的新问题。为此，我们要从以下六个方面入手：

第一，提供社区服务。社区是广大老百姓、广大居民生活居住的地方，为广大老百姓提供服务就是社区管理者最重要的任务。当然，我们必须认识到，有三种不同的社区服务。第一种是社区的公共服务，这是社区的管理者、是党和政府提供的公共服务，这种服务是为每一位社区居民提供的，是由政府财政承担的。第二种是市场服务，这是居民在市场交易中得到的服务。当然，政府也应该监督市场，以避免市场失灵。第三种是居民之间互助的、互惠的或志愿者的服务，这种服务也很重要，但目前多数社区这种互助的服务比较弱小，所以，也要通过社会建设来推进。

第二，管理公共的或共同的财产。社区中的财产有一部分是私人的，比如归业主所有的房产，也有一部分是公共的或共同的，对于公共的、共同的这部分就要加强管理，避免发生问题。这种共同财产，城市与农村有很大区别。我国农村土地是农民集体所有，村庄的集体企业也是村民的共同财产，所以，农村的党支部、村委会要公正地管理好村庄的共同财产，如果处理不好、处理不公正就会造成很多社会矛盾。城市社区里面也有共同财产，以往常常被人们忽视。比如，大家买商品房的时候，有一部分是公摊面积，包括楼房的大堂、公共大厅、走廊、过道等。这部分就是共同财产，也需要妥善管理，否则也会引发问题。

第三，组织集体消费。集体消费原本是社会学家卡斯泰尔（Manuel Castells）提出的概念，这里所说的集体消费，是指社区居民因社区运营关联在一起的消费，即虽然看起来是每一个人的购买和支出，但是这种购买和支出与其他居民关联在一起。比如，物业费，表面看来是每一个居民家庭的消费，但是，需要该社区的居民共同支出，这项市场交易才能完成，如果一部分居民交了，而另一部分居民长期不交，这对于交费的居民就是不公正的。所以，社区中凡是涉及集体消费的事情需要有整体的管理规则、管理规定。

第四，协商公共事务、表达利益诉求。既然社区是全体居民的共同体，很多社区事务影响着每一个人的生活，那么，就要有全体居民表达意愿、诉求，讨论公共事务的体制和机制。我国农村的《村民委员会组织法》和城市的《居民委员会组织法》规定，村民委员会和居民委员会分别是城市和农村居民的自治组织。相比较而言，农村《村民委员会组织法》还比较完善，经过多次修订，村民委员会目前在我国农村承担着协商公共事务、表达利益诉求的功能。而城市《居民委员会组织法》是1989年通过的，没有修订过，29年以来，城市社区生活发生了巨大变迁，目前需要加快修订这部法律，使城市社区居民委员会真正成为城市居民的自治组织，协商社区公共事务、表达居民利益诉求，实现社区的和谐治理。

第五，协调解决矛盾纠纷。社区居民日常交往频繁，这样就很容易发生纠纷和矛盾。城市社区一般人口的居住密度比较大，自然会产生相互干扰的情况，例如在居住密度较高的楼房里，楼上楼下、左邻右舍会因声音过大而干扰他人，小孩子之间很容易因磕磕碰碰而发生矛盾。近来有不少案例，本来是社区内很小的事情，因处理不好而矛盾激化，个别的甚至酿成大祸。所以，协调解决居民纠纷，在社区中异常重要。而矛盾纠纷的解决，需要社区的多种组织，如居委会、社会组织、物业以及社区居民的积极参与。

第六，塑造社区文化与社区认同。上文在定义社区的时候，特别强调了社区的文化要素、心理要素，强调了社区居民的归属感是社区不可或缺的要素。社区最重要的属性就是，它是居民生活的共同体，有了共同体归属感，才真正能够称得上是社区。所以，社区文化、社区认同、社区归属感是社区的灵魂。

## 第二节 政策解读

如果说中国改革开放前30年的主战场在经济领域，那么近十年的主战场已经明显迈入了社会领域！尤其在党的十八大以来，社会建设成为中国特色社会主义"五位一体"总体布局的核心内容，党的十八届三中全会提出要"紧紧围绕更好保障和改善民生、促进社会公平正义深化社会体制改革"，"加快形成科学有效的社会治理体制，确保社会既充满活力又和谐有序"。党的十九大更把人民对"美好生活"的需求放在新时代社会主义建设的核心位置，提出要"完善公共服务体系，保障群众基本生活，不断满足人民日益增长的美好生活需要，不断促进社会公平正义，形成有效的社会治理、良好的社会秩序，使人民获得感、幸福感、安全感更加充实、更有保障、更可持续"。

社会建设和社会治理创新的根基在哪里？当然是在基层，在社会最基本的单元——社区！党的十九大报告明确提出要"加强社区治理体系建设，推动社会治理重心向基层下移，发挥社会组织作用，实现政府治理和社会调节、居民自治良性互动"，并将此作为"打造共建共治共享的社会治理格局"的重要内容。近两年来，中央密集出台了多个政策性文件来推动城乡社区建设与社区治理[①]。党的政治报告和最新的政策文件传递出如下重要信号：

---

[①] 如2015年中办、国办先后推出《关于深入推进农村社区建设试点工作的指导意见》《关于加强城乡社区协商的意见》，随后民政部在2016年先后下发《关于开展全国农村社区建设示范创建活动的通知》《关于深入推进城乡社区协商工作的通知》；2016年10月，民政部等多部门联合印发《城乡社区服务体系建设规划（2016—2020年）》；2017年2月，中办、国办下发《关于加强乡镇政府服务能力建设的意见》；2017年6月，中共中央、国务院出台了《关于加强和完善城乡社区治理的意见》；2017年12月，民政部出台《关于大力培育发展社区社会组织的意见》；2018年1月，中共中央、国务院出台1号文件《关于实施乡村振兴战略的意见》，对农村社区建设和治理提出了全面的战略指引。

## 一、我国社区建设的重点已经从社区服务转向社区治理体制创新

纵观改革开放以来我国的社区建设历程，可将其分为三个阶段。第一阶段始于 20 世纪 80 年代中期，民政部倡导发起了以"街-居"体系为主体、以社区弱势群体和民政对象为对象、以社区福利为主要内容的"社区服务"运动。当时的背景是经济体制改革的冲击使得"单位"——当时的基本社会单元的服务功能弱化，社区居民面临极度的服务短缺，社区建设是作为被动应急策略的"社区服务"。第二阶段始于 20 世纪 90 年代中期，"社区建设"概念正式被提出，是党和政府对社区问题做出的全面而积极的回应。1996 年，时任国家主席江泽民发表讲话，指出要大力加强社区建设，充分发挥街道办事处、居委会作用，启动"社区建设"战略；1998 年民政部"基层政权建设司"更名为"基层政权和社区建设司"，承担起"指导社区服务管理工作，推动社区建设"的职能；2000 年中办、国办转发民政部《关于在全国推进城市社区建设的意见》，社区建设由此在全国范围内铺开。"社区建设"包含了社区服务、卫生、文化、环境、治安各方面内容。

党的十八大以来的社区政策标志着我国社区建设进入了第三个历史阶段，即强调社区治理体制创新，使社区建设由自上而下的政府主导转型为多元主体共同参与的治理格局。20 年的社区建设实践表明，无论社区服务、社区管理还是社区文化建设，社区目标实现的关键还是在于社区治理体制的创新与转型，政府自上而下主导甚至包揽的社区建设难以照顾到日益多元化、复杂化的社区需求和社区矛盾，也不可持续。党的十九大报告指出要"实现政府治理和社会调节、居民自治良性互动"，也即强调社区建设需要政府、社会、社区居民三种力量的协同共治。2017 年中共中央、国务院《关于加强和完善城乡社区治理的意见》提出了明确的城乡社区治理目标，并把社区治理体制转型放到了为国家治理体系和治理能力现代化奠定基础的高度，即到 2020 年，基本形成基层党组织领导、基层政府主导的多方参与、共同治理的城乡社区治理体系，城乡社区治理体制更加完善，城乡社区治理能力显著提升，城乡社区公共服务、公共管理、公共安全得到有效保障。再过 5 到 10 年，城乡社区治理体制更加成熟定型，城乡社区治理能力更为精准全面，为夯实党的执政根基、巩固基层政权提供有力支撑，为推进国家治理体系和治理能力现代化奠定坚实基础。针对农村社区，党的十九大报告也特别强调，要加强农村基层基础

工作，健全自治、法治、德治相结合的乡村治理体系。

## 二、创新社区治理的关键是激发社区自治活力

社会体制改革的本质是调整国家与社会的关系，党的十八届三中全会明确提出要"解放和增强社会活力"。当下基层社会治理中普遍的问题是"强政府、弱社会"，社区多元共治中的短板在于社区自身的动力和自治活力不足，社区发展和服务"等靠要"、社区矛盾调节过度依赖政府的现象突出。同时，社区居民的分散化、原子化和社区事务的居民参与不足也造成社区居民缺乏归属感，居民的社会交往需求得不到满足，社区建设在满足社区居民最根本的生存和秩序需求之外，应从硬件建设向软件建设、从针对个体的服务向社区共同体的培育进阶。因此城乡社区治理创新的关键就是要激发社区活力，使社区由政府主导的外生型发展向以社区为主体的内生型发展过渡。

中共中央、国务院《关于加强和完善城乡社区治理的意见》提出以下要求：一是要"以人为本、服务居民"，即以居民自身的需求为出发点，"坚持依靠居民、依法有序组织居民群众参与社区治理，实现人人参与、人人尽力、人人共享"。二是厘清基层政府与基层群众自治组织的权责边界，"依据社区工作事项清单建立社区工作事项准入制度，应当由基层政府履行的法定职责，不得要求基层群众性自治组织承担"。三是要"发挥基层群众性自治组织基础作用"，"进一步增强基层群众性自治组织开展社区协商、服务社区居民的能力"。四是要"充分发挥自治章程、村规民约、居民公约在城乡社区治理中的积极作用，弘扬公序良俗，促进法治、德治、自治有机融合"。在农村，《关于实施乡村振兴战略的意见》提出要"深化村民自治实践"，包括"加强农村群众性自治组织建设，健全和创新村党组织领导的充满活力的村民自治机制""积极发挥新乡贤作用""继续开展以村民小组或自然村为基本单元的村民自治试点工作"等内容。

## 三、大力发展社区社会组织是创新社区治理、激发社区活力的关键内容

社区社会组织是由社区居民发起成立，在城乡社区开展为民服务、公益慈善、邻里互助、文体娱乐和农村生产技术服务等活动的社会组织。培育社区社会组织

在党的十九大报告和近期的社区治理政策中都被放在了突出的位置。前述《关于加强和完善城乡社区治理的意见》中特别指出"大力发展在城乡社区开展纠纷调解、健康养老、教育培训、公益慈善、防灾减灾、文体娱乐、邻里互助、居民融入及农村生产技术服务等活动的社区社会组织和其他社会组织",社区社会组织被理解为重构社区治理体系的核心内容之一。此外,在我国的社会组织政策中,城乡社区组织是四类可以进行直接登记的组织之一,2016年中共中央办公厅、国务院办公厅《关于改革社会组织管理制度促进社会组织健康有序发展的意见》将"大力培育发展社区社会组织"放到了最显著的位置,提出通过降低门槛、积极扶持等方式鼓励社区社会组织发展,发挥其在创新基层治理中的作用。

社区社会组织具有提供社区服务、扩大居民参与、培育社区文化、促进社区活动四大功能,是社区社会自组织、自治活力的重要载体。根据党的十九大精神和党中央、国务院关于大力培育发展社区社会组织的部署要求,民政部在《关于大力培育发展社区社会组织的意见》中提出了具体的发展目标:"力争到2020年,社区社会组织培育发展初见成效,实现城市社区平均拥有不少于10个社区社会组织,农村社区平均拥有不少于5个社区社会组织。再过5到10年,社区社会组织管理制度更加健全,支持措施更加完备,整体发展更加有序,作用发挥更加明显,成为创新基层社会治理的有力支撑。"

对社区社会组织的重要扶持政策包括:降低门槛,实施分类管理,未达到登记条件的社区社会组织,按照不同规模、业务范围、成员构成和服务对象,可在街道办事处(乡镇政府)乃至社区备案管理;推动基层政府将城乡社区服务纳入政府购买服务指导目录,逐步扩大购买范围和规模,支持社区社会组织承接相关服务项目;鼓励有条件的地方设立社区发展基金会,为城乡社区治理募集资金,为其他社区社会组织提供资助;推动政府资金、社会资金等资金资源向农村社区社会组织和服务项目倾斜等。

**四、创新社区治理必须发展社区协商机制、深化基层自治实践**

城乡社区协商既是基层民主建设的重要方面,也是社区社会组织等主体得以发挥活力的前提。社区仅有多元主体是不够的,还必须有相对应的社区协商机制才能为多元主体的协同共治提供平台;给予社区社会组织和居民协商、决策的机会，且协商有效能，才能充分激发社区的自主意识和参与意识。中共中央办公厅、国务院办公厅专门针对社区协商于2015年出台了《关于加强城乡社区协商的意见》；2017年《关于加强和完善城乡社区治理的意见》将社区居民参与议事协商的能力作为社区治理能力最重要的内容，提出"支持和帮助居民群众养成协商意识、掌握协商方法、提高协商能力，推动形成既有民主又有集中、既尊重多数人意愿又保护少数人合法权益的城乡社区协商机制"。

《关于加强城乡社区协商的意见》指出，社区协商的主体包括"基层政府及其派出机关、村（社区）党组织、村（居）民委员会、村（居）务监督委员会、村（居）民小组、驻村（社区）单位、社区社会组织、业主委员会、农村集体经济组织、农民合作组织、物业服务企业和当地户籍居民、非户籍居民代表以及其他利益相关方"，"协商中应当重视吸纳威望高、办事公道的老党员、老干部、群众代表、党代表、人大代表、政协委员，以及基层群团组织负责人、社会工作者参与"。协商的形式除了村（居）民会议、村（居）民代表会议制度外，还可以结合实际"采取村（居）民议事会、村（居）民理事会、小区协商、业主协商、村（居）民决策听证、民主评议等形式，以民情恳谈日、社区（驻村）警务室开放日、村（居）民论坛、妇女之家等为平台，开展灵活多样的协商活动"。同时国家提倡利用新的信息技术，"开辟社情民意网络征集渠道，为城乡居民搭建网络协商平台"。

## 五、创新社区治理必须充分动员多方面的社区资源

社区若在资源上过度依赖政府或外部资源，或在资源的使用上缺乏自主性，则很难产生内生活力和达成社区的自我可持续发展。因此最近的政策多强调优化社区资源配置和动员多元来源的社区资源。包括：（1）转变资源配置方式，增强社区资源自主权。"广泛吸纳居民群众参与，科学确定社区发展项目、建设任务和资源需求。探索建立基层政府面向城乡社区的治理资源统筹机制，推动人财物和责权利对称下沉到城乡社区，增强城乡社区统筹使用人财物等资源的自主权"，"探索基层政府组织社区居民在社区资源配置公共政策决策和执行过程中，有序参与听证、开展民主评议的机制"。（2）拓宽社区治理资金筹集渠道。"鼓励通过慈善捐赠、设立社区基金会等方式，引导社会资金投向城乡社区治理领域"；"建立机关企事业单位履行社区治理责任评价体系，推动机关企事业单位积极参与城乡社区服务、环

境治理、社区治安综合治理等活动,面向城乡社区开放文化、教育、体育等活动设施";"注重运用市场机制优化社区资源配置"。(3)农村社区尤其鼓励社会各界投身乡村建设。《关于实施乡村振兴战略的意见》提出要"建立有效激励机制,以乡情乡愁为纽带,吸引支持企业家、党政干部、专家学者、医生教师、规划师、建筑师、律师、技能人才等,通过下乡担任志愿者、投资兴业、包村包项目、行医办学、捐资捐物、法律服务等方式服务乡村振兴事业"。

### 六、创新社区治理必须充分发挥文化的凝聚力、培育社区精神

要充分重视文化对社区治理和社区凝聚力的基础性作用,强化社区的文化引领能力。包括如下方面:(1)大力弘扬中华优秀传统文化,培育心口相传的城乡社区精神。"将社会主义核心价值观融入居民公约、村规民约,内化为居民群众的道德情感,外化为服务社会的自觉行动";"发挥道德教化作用,……大力褒奖善行义举,用身边事教育身边人,引导社区居民崇德向善"。(2)挖掘社区本土文化,增强居民群众的社区认同感、归属感、责任感和荣誉感。"因地制宜设置村史陈列、非物质文化遗产等特色文化展示设施,突出乡土特色、民族特色。"《关于实施乡村振兴战略的意见》尤其强调要"传承发展提升农村优秀传统文化","切实保护好优秀农耕文化遗产,推动优秀农耕文化遗产合理适度利用"。(3)发展社区志愿服务,提升乡村德治水平。"倡导移风易俗,形成与邻为善、以邻为伴、守望相助的良好社区氛围";在农村"深入挖掘乡村熟人社会蕴含的道德规范,结合时代要求进行创新,强化道德教化作用,引导农民向上向善、孝老爱亲、重义守信、勤俭持家。建立道德激励约束机制,引导农民自我管理、自我教育、自我服务、自我提高,实现家庭和睦、邻里和谐、干群融洽"。

综上,"社区营造"强调社区自组织与自我可持续发展,强调将社区建设作为一个系统工程,很好地契合了党的十八大以来有关基层社会治理创新的中央精神,是我国基层社会建设和社会治理创新的重要实践路径。2016年7月,广东省佛山市顺德区出台了《顺德区加强社区建设,推进社区营造的实施意见》;2018年3月,成都市民政局、中共成都市委组织部、中共成都市委城乡社区发展治理委员会三部门联合出台了《关于进一步深入开展城乡社区可持续总体营造的实施意见》。这两部地方性文件标志着"社区营造"的理念在地方落地生根。

这些文件揭示了社区治理的核心精神：党委领导、政府负责、社会协同、公众参与、法治保障。党和国家已在文件中展现了宏观的顶层设计，但如何让社会协同、公众参与、法治保障落到实处？这考验着各地政府展开各型各类的"社会治理实验"的勇气与决心。社区营造及社区规划的提出，正是对这个顶层设计的呼应，旨在提出切实可行的工作步骤，将社区居民动员起来，参与到自身的公共事务之中，培育出社区多元力量，共同关心社区的公共服务，提供社区所需的资源，以实现有效协商、团结合作，共创美好生活。

## 第三节　社区营造及社区规划

### 一、社区营造的时代背景及治理基础

#### （一）社区营造的时代背景

如何使政府治理、社会调节、居民自治三者协调运作，解决纷杂的社区问题，成为今日社区治理的首要议题。社区营造正是为了给出答案而在今日全国各地展开了各式各样的"实验"。那么什么是社区营造呢？

我们在这里先为"社区营造"做一个简单的定义：政府引导（不再是政府主导和管控）、民间自发、NGO 帮扶，使社区自组织（self-organization）、自治理（self-governance）、自发展。社区之内自组织、自治理以求团结和谐，自古都有，全球皆然，但社区营造的发生却有特定的时空背景，专指工业社会向后工业社会转型过程中的社区自组织。

人类从有农业以来就有地理上定居的社区，七千年前两河流域一带就留下了社区的遗迹。在中国，孔子说"里有殡，不巷歌"，这就是社区之"礼"，是维系着社区团结和谐的乡规民俗。中国历史上最有名的社区建设大概就是范仲淹建"义庄"，自此中国的社区有了自治理的公产、公田、扶贫系统，以及祠堂、宗族长老会等议决公共事务的治理机制。民国初年，晏阳初与梁漱溟等人所做的乡村建设实验也是伟大的社区建设实验，强调识字与平民教育问题，总结乡规民俗教化邻里社会，但这些是农业社会转型为工业社会的过程中乡村社区的建设，与英国、美国工业化后原子化的社会的社区再凝聚发展情境是不一样的。

社区营造一词有很多英文概念的源头,比如"community development",谈的是社区如何从现状向前发展;"community revitalization",特别看重老旧的社区如何活化,获得新生,再度复兴;又比如"neighboring movement",谈的是社区居民如何从"鸡犬相闻,老死不相往来"的原子化个人变成"邻里相亲"。这些指的都是大同小异的一件事,到了日本则称为"造町运动"。到了中国,比如在香港,则直译"community revitalization"为"社区活化",在台湾,则称"社区总体营造"。

尽管称谓不同,但这却是一个全球共有的现象,有着共同的时代背景,使用着大同小异的工作方法,都是为了应对工业时代转型到后工业乃至信息时代过程中社会普遍发生的社区治理难题,即在工业化进程中,在市场和现代政府的压力下,社会萎缩,个人原子化,社区邻里和信任关系被破坏,以至于社区内有了一群"等、靠、要"的居民,一切仰赖政府的福利供给,失去了自组织、自治理、自我解决社区公共事务的能力,带来了福利国家财政破产的问题。

工业革命把95%以上的人生活在乡村,忽然转变为只有20%~30%的人没有城市化,这在历史上是少见的。英国、美国城市化程度在90%以上,亚洲国家人口太密了,但是城市化程度也可以到75%~80%,而且所谓的非城市化人口很多也在城郊了。城市化产生了原子化个人的问题,楼上楼下、左邻右舍互不认识,无法相互支持,于是所有的社区福利与社会工作都变成政府的责任,这就催生了现代的"万能政府"体制,现代福利制度、现代的社会工作制度就这样建立起来。但是问题是,时代在变,到后工业时代,大量生产、大量消费、统一化生活、标准化产品与服务不受待见了;取而代之的是,个性化需求、多样化服务崛起了。最后人们发现,凡是搞这套制度的走到最后的结果就是财政破产。

社区营造始于20世纪初期的英国,第一个走完工业化进程的国家。英国出现了第二故乡运动。一群人开始感到"我"的乡愁让"我"非常忧愁,为什么经过了一百多年的工业发展之后,"我"的根不见了,每天都在忙碌着,却茫然不知方向,生活到底还有什么意义?

在这种情况下,很多英国人愿意跑到乡下,甚至整个家族跑到乡下,跟那个地方的人变成相邻的好朋友,找到在都市当中无法感受到的感觉,人们要在社区中找回归属感与安全感,这成为现代社区营造的滥觞。美国在20世纪30年代就开始有了面对工业化发展问题的重新检讨。在诸多因素的影响下,美国大城市出现了邻里组织运动或邻里政府运动(the movement for neighborhood government,简称邻里运动），这是一种旨在复兴社区发展、增加社区控制、改善基层服务效率而大量设立各类社区邻里组织（社区发展社团、社区理事会、邻里政府、私人邻里组织、各种居住区协会等）的社会运动，是连接城市政府与市民之间自治理的新模式，其在满足多元化的基层需求方面发挥了显著的作用。这一过程中还产生了一位很有名的"社区营造师"——后来成为美国总统的奥巴马。

英国从1733年纺织机发明到1930年走过了近200年，第一个完成了工业化，此后，人们不再满足于在都市中当一片连左邻右舍都不认识的漂萍。美国的工业化在1930年达到了一个高峰，它的生产总值在经济大恐慌前已超过第二、三名的总和。当时发生了一系列反资本主义运动，比如号召工人起来罢工，罢工未遂就破坏机器，或者是偷偷摸摸去工厂，"砰砰砰"敲机器，如果机器不动了，就可以放假。

到了20世纪五六十年代，反对资本主义、反对工厂制度的激进主义者又打又闹二三十年，但发觉这是螳臂当车。这怎么可能改变资本主义的体制？这怎么可能改变现代化的发展？他们回过头来发觉，只有改变人心才有可能改变这个世界。于是一个个街头小霸王就变成了邻家好大叔，激进运动成了"基进运动"——进入基层的运动。社区营造是一个互为主体性的过程，不只是我"造"社区，社区也造就了"我"。

于是，20世纪30年代社区营造始发于英国，美国、日本紧随其后。不论城乡，都是由下而上的自组织在后工业社会转型中发挥出新治理模式的功能。再往后是20世纪70年代的日本、20世纪90年代的韩国。同时，新治理模式也进入中国人的社会，在中国台湾、在中国香港，都发生了类似的运动。在台湾地区，1994年"文建会"提出"社区总体营造"政策，旨在积极探求解决社区问题的良方，以期创造更好的生活环境。台湾地区将社区营造定义为"……以'社区共同体'的存在和意识作为前提和目标，借着社区居民积极参与地方公共事务，凝聚社区共识，经由社区的自主能力，配合社区总体营造理念的推动，使各地方建立属于自己的文化特色，也让社区居民共同营造'产业文化化，文化产业化''文化事物发展''地方文化团体与社区组织运作''整体文化空间及重要公共建设的整合'及其他相关的文化活动"。如此，因社区居民的自主与参与，生活空间获得美化，生活质量得以提升，文化产业再行复苏，原有的地景、地貌焕然一新，从而促使社区活力再现。

到了2010年，中国大陆工业产值占总产值的比例也达到了最高峰，然后开始回落，后工业时代、服务业经济正在到来。我们面对的是从未有过的时代背景，一是我们国家幅员辽阔、情况复杂,有的地方已从工业社会向后工业社会转型,有的地方已有进一步转型成信息社会的压力,而一些地方还正在从农业社会向工业社会转型,三者并存。二是我们的一些一线城市面对的是后工业社会与信息社会转型在同一时间扑面而来。三是智能家居、智能城市、人工智能、大数据等正在深刻改变社会治理的模式。

这一现实使得曾经有的一整套社会治理的答案突然之间都失效了。最近一连串事件尤其让西方世界吃惊,英国脱欧、特朗普当选、意大利公投失败、极右派上台,一只只黑天鹅飞出来,工业时代形成的社会格局竟然在一夕之间瓦解。我们不禁要问,治理机制要怎么变,基层到底要怎么治理?这成了一个全世界在信息社会中都不得不面对的难题。

社区营造及社区规划在信息时代到底要干什么?我们可能会想到雄安新区。雄安新区的建设是全世界此前都没有的未来新型城市建设,社区规划在这里找到了面向未来的实验点,所以中国一定会在这里提出最先进的经验。为什么?因为全世界没有其他地方能有这样尺度的智能城市的建设,没有办法像中国有这么大的国家力量,搞出这么大的一片土地,为了迎接新世纪的到来,建立高标准的资源再循环体系,目标是普及智能家居、无人驾驶,到处都是物联网,人与人高速移动互联积累的大数据可以用来改善治理机制。雄安新区在试验智能时代的人类生活方式是什么样子。我们面对的既是各国遇见的难题,又是世界都在摸索的未知,我们将会有不完全一样的答案,而这答案在全世界都将有参考价值。

## (二)社区营造的治理基础

治理理论相关的议题,已经诞生了四届诺贝尔奖五位得主,这是一个庞大的知识体系。我们只谈核心的议题,以及社区营造及社区规划的理论基础——自组织治理。

治理(governance)是一个非常重要的概念,国内的社会学者、经济学者、公共管理学者乃至企业老板都在谈治理,又比如很多学者谈中国治理模式,治理到底是什么?治理的整个研究过程是如何来的?这个概念如何得出的?治理谈论的核心是什么?

治理其实是整个社会科学(不仅是社会学、经济学等)最关心的议题,治理研究的核心是秩序,政治学说的创始人之一霍布斯(也有很多人说社会学的开山宗师是孔德），他谈的核心议题就是如何产生社会秩序。霍布斯认为大家把权力交给领导，大家互动时有公平的裁判者，就不会打架。这是最早的治理理论，开启了层级治理（hierarchy）的思维。亚当·斯密（Adam Smith），公认的经济学之父，认为市场就是一只看不见的手，它可以维持交易秩序，只要有信息充分的市场，自利的交易者货比三家不吃亏，大家就不会欺诈，这开启了市场治理（market）的思维。

近代治理理论开山宗师是西蒙（H. Simon），他的研究开启了秩序问题的所有理论基础。他率先把心理学、行为科学整合进经济学中，提出了有限理性假说，也就是人想理性但理性不了，因为信息沟通不对称或者信息有限性，无法做到"货比三家"，防止不了欺诈的可能，于是就开启了信息经济学、交易成本经济学等的研究。在所有社会交换或经济交换之中，都存在信息不完整、信息不对称的情况。交易不安全，交易对手就有机可乘，从而出现机会主义行为和道德风险。如何在这样的现实中维持经济交易或社会交换的秩序，就是现代治理理论的核心。这些成了治理理论的基石。

西蒙的理论结合了新制度经济学的发展。科斯（R. Coase）专门研究企业间合约，还有合约怎么被执行，到了1937年，他提出了"市场或层级"的理论，只是这个理论一直到1981年，科斯终于获得了诺贝尔奖，才产生了重大的影响，促生了新制度经济学。科斯讲交易成本，讲公司的本质，这是层级制度的本质，还讲一个非常重要的理论，就是市场与层级间的互换，终于把两种维持交易秩序的治理机制联系起来。他强调，如果一笔交易放在市场上会有交易成本，第一，事先需要搜寻市场信息，信息搜集有成本，货比三家才不吃亏。事中还需要一堆律师签约，这是法律成本，还需要第三方监管，比如我们房地产交易的成本特别高，因为大陆都是政府监管，有网签，有一堆证明，虽然交易安全性也高。事后，还有监管成本，因为事后还有品质检查，还有服务和后续追踪，如果有违约需要打官司，这个官司又需要成本，这些都称为事后成本，这些成本加起来就是交易成本。如果交易成本太高了，那怎么办？科斯认为这就是公司存在的原因，当市场交易成本太高时，不如拉到公司里面交易，比如我是总经理，我和上游供应商交易成本太高，那我就把你的公司兼并进我的公司，花一大笔钱买进自此以后变成我的。当然部门扩大，管理成本就会变高，但科斯定理主张，交易成本高于管理成本的时候，不如干脆内化这类交易，使之成为层级治理，把市场内交易内化成组织内交易。就这样，市场治理与层级治理之间就有了相互转换。

格兰诺维特（M. Granovetter）、鲍威尔（W. Powell）以及奥斯特罗姆（E. Ostrom）等人又进一步提出了社区（community）的治理机制。社区是社会学者所用的词，经济学者及管理学者则使用网络（network），研究治理的学者，如奥斯特罗姆，则称之为自组织的自治理机制。其核心就是一个少至三五百人，多至两三万人的社区，包括了地理性的也就是本手册主要在谈的社区；实体性的社区，如行业协会、兴趣俱乐部等；以及虚拟性的社区，如网上兴趣社群、粉丝团及朋友圈等，因为大家不是"朋友"，就是"朋友的朋友"，所以有一定的信任感，在很短的社交距离内可以找到信任的人来查证不对称的信息，从而消灭了信息死角，又因为相对封闭，大家"乡里乡亲""熟门熟路"的，起到相互监督的作用，从而使欺诈行为得到抑止。因此在社区的交易或交换因为信任关系的存在，也可以得到一定的秩序。

一个社区内的信任往往要有成员间信任关系以及社区成员的认同作基础，这类关系往往是情感性的，如亲情、友情、爱情；或是认同性的，如共同志愿、共同愿景、共同记忆，或是共同兴趣。基于情感与认同产生的社区，会凝结大家互动的经验而产生共同规范，可以是乡规民俗，也可以是行业伦理，这就是我们所说的"礼"。社区内大家以"礼"相约，相互砥砺也相互监督，产生了社会学家费孝通所说的"礼治秩序"。

如表0-1所示，层级制的运作主要依靠科层服从和命令系统。成员在其中的身份是集体化的，遵循权力逻辑，权力是自上而下的。层级制需要建立一套自上而下的完备的科层体系，因而会产生较高的管理成本。

表0-1 三种治理方式的对比

|  | 市场 | 社区或自组织（社会） | 层级（政府） |
| --- | --- | --- | --- |
| 权力基础 | 个人权利 | 小团体自治权 | 大集体的暴力垄断权 |
| 人性假设 | 理性经济人 | 镶嵌于社会网的人 | 组织人 |
| 关系基础 | 交易关系 | 情感、认同关系 | 权力关系 |

市场的运作是依靠自由竞争。成员可以在市场上自由选择交易伙伴，遵循合约与交易的逻辑，权力是分散化的，握在每个交易者的手上，市场会带来交易成本。

自组织制则主要依靠成员间的合作运行，其内部成员身份是志愿性的，遵循关系逻辑，权力是自下而上组织起来的。关系和信任是自组织的重要因素，因而为了建立和维护关系，自组织治理会产生关系成本。

这三类治理放在一个国家或一个社会的范围内说，对应的就是市场、社会与政府。

社区营造正是要把城市化、个人原子化的居住小区恢复成社区，其理论根基正是在于治理理论的自组织治理机制，通过自组织、自治理，居民能够有序地协商，共议公共事务，共同参与，并承担起执行的责任。

## 二、社区规划

### （一）城市发展转型背景下社区规划的演变历程

相对于社区营造强调自下而上的居民认同和关系连接的营造，社区规划这个概念的提出更多来自于对于社区未来全面可持续发展的谋划。追溯其演进脉络，始终是围绕着现代城市规划与建设发展转型的背景展开的。

社区规划（community planning），有时也被称为社区发展规划（community development planning），虽说作为一种规划形式诞生不过百年，但其核心思想却是早已有之，体现出人类社会长久以来对于营造理想生活单元的不懈追求。在中国，早在秦汉时期的营城和人居治理中，就可清晰看出"里"作为基本的居住单元和管理单元的存在[①]。在西方，伴随工业革命的兴起，诞生了现代意义上的城市规划。快速工业化和城市化进程使得大量人口涌入城市，导致了卫生条件恶化、生态环境被破坏、居住条件窘迫等一系列的城市问题，一批先锋思想家从如何更好营造宜人城市环境的角度提出了富有开创性的方案构想，包括埃比尼泽·霍华德的"田园城市"、勒·柯布西耶的"光明城市"，以及弗兰克·劳埃德·莱特的"广亩城市"等经典理论。如今我们提及这些时，往往仅聚焦于他们对未来理想城市空间形态的设想，但其实某种思想背后都是围绕经济生产、社会生活、自然生态等多维度协调的综合发展理念，而且谋划长远，很多理念直至今日也不失启示之光。所以说，城市也好，乡村也罢，都是内部高度耦合的系统有机体，其发展规划也必然要求是系统有机的。只不过，随着现代科学的发展，专业分工日益细化，同样关注城乡发展的学者们和实践者们开始分别走向社会学、经济学、环境学，以及更加关注空间层面的城乡规划学和建筑学等，并日益强化其学科特点，试图不断巩固学科地位。

---

① 参见吴良镛：《中国人居史》，北京：中国建筑工业出版社，2014年。

第二次世界大战以后，全球范围内快速的城市化浪潮，更是将城乡规划的作用推向了前所未有的地位。大规模城市新城/新区的开发建设展开，一个个现代化园区和居住区拔地而起，在工业化运行机制下，追求大规模资源投入和效率至上的"造城"浪潮，使得城市规划的空间性特征以及自上而下的运作模式被不断放大和强化。大规模城市更新和拆迁运动对当地社会网络和生态环境的严重破坏，引发了广泛而深远的社会运动，以此迫使政府和专业精英们开始反思所谓"经济增长"和"现代化面貌"背后的核心目标，从关注"投入什么"转向"产出什么"乃至"为本地留下什么"，从关注"今天的招商引资"转向思考"未来的发展动力"，从"以生产为中心"转向"以生活为中心"。由此，自20世纪中后期起，大量西方城市面临城市规划和建设模式的重大转型，即从外延粗放式扩张转向内涵提升式更新，而这一挑战也同样出现在了今天的中国。在此背景下，社区成为城乡规划和建设转型中一个至关重要的基础单元，以社区为本体的社区规划也日益得到关注。

那么，社区规划是否就是城乡规划在微观邻里空间的投影呢？回顾社区规划的发展历程，其背后蕴含着对于社区理解的不断深化。

20世纪初到"二战"前，在大规模工业化与城市化进程中，社区规划更多是作为一种发展的工具介入城市空间的生产过程。在美国人科拉伦斯·佩里（Clarence Perry）提出的"邻里单元"（Neighborhood Unit）等思想的影响下，邻里社区取代了之前基于方格路网划分的街区，成为城市规划中一种功能复合的微观社会-空间单元，旨在创造适合家庭生活的、舒适安全且设施完善的居住社区环境。

"二战"后到20世纪60年代，面临城市更新背景下城市社会问题频发的状况，人们希望通过改善社区层面的物质环境来服务于社会改良的目标。但在现代主义建筑与空间设计思想主导下，大规模的物质空间更新忽视了社区日常生活、地方关系和社会网络，很多时候不但没能解决社会问题，反而加剧了社会矛盾和空间区隔，从而引发了人文主义城市思想对此的批判与反思。

20世纪60年代到20世纪末，社会的全面发展成为关注焦点与核心诉求。规划师们认识到采取空间途径解决社会问题的局限性，社区规划成为一种社会、政治、经济和空间发展的综合方法，并开始关注政府权力下放、市民参与、市场力量介入等规划制定程序与治理的问题。一方面社区规划的模式走向多元化，涌现出社区发展战略、社区行动计划等多种形式；另一方面，综合型社区规划成为普遍趋势，通过整合环境、经济、社会、空间等发展议题，强调政府、市场、社会多元主体协同参与,以社区行动为落脚点,制定系统性操作框架。

21世纪以来,社区规划开始面向更多全球化的新问题、新挑战,包括气候变化、能源问题、灾害应对、可持续发展等,在地方性与全球性相叠合的视角下,将社区置于广泛的自然、社会、政治、经济、文化、种族等背景下来理解其意义、功能与结构。总结当代社区规划,其呈现出以下发展趋势:(1)多学科协同推进。城乡规划、社会学、地理学、公共管理、公共卫生等众多相关学科共同探索跨学科路径,不断充实和完善社区规划的实践和理论研究。(2)从"为人的规划"(planning for people)转向"与人的规划"(planning with people)。伴随政府权力下放,社区层面参与主体与其利益诉求日益多元,公众参与意识越来越强,多方参与的协商式/沟通式规划逐步兴起,改变了昔日政府和专业精英全权代言的"家长制"规划模式一统天下的格局。(3)从政策工具向行动过程与社会过程的转换。随着社区规划过程中社会关系与行动日趋复杂,传统静态的、结构的视角逐步为动态的、过程的视角所取代,一类是行动过程视角,关注社区的能力建设、社区主体性建构、社区集体行动组织、社区规划中的公众参与以及多方协作等;另一类则是社会过程视角,关注社区规划在建构社区公共领域中的作用,包括多元文化的包容性问题、社区社会资本和社区共识的建构、行动者之间权力结构和互动关系等。

### (二) 从住区规划到社区规划[①]

聚焦到我国现代城市居住空间规划的模式演变,可以将其总结为三个主要阶段:从单位制住区规划到商品房小区规划,再到当前社区规划。大的背景是国家社会经济体制的全面转型,但更核心的是城市规划和建设目标向"人"的回归和强化。

新中国成立后,很长一段时期采取以计划经济体制和单位制为主体的社会经济管理制度,几乎所有社会个体和群体的生产、生活及其空间需求都是在国家的计划安排之下,反映在居住空间形态上,体现为以单位大院为主要载体的职工住(宅)区规划。可以说,当时均一的社会供给制度形塑了均质化的住区规划模式,因为单位制下的居住群体是既定的并且高度同质的,规划主要根据住户规模和家庭结构来配置住宅规模、户型结构和服务设施。

---

[①] 此部分内容已发表于刘佳燕、邓翔宇:《基于社会-空间生产的社区规划——新清河实验的探索》,载《城市规划》,2016(11)。

随着20世纪80年代住房体制改革的推进和房地产市场随后的蓬勃发展,开发商和社会资本主导的新建商品房小区规划和设计逐步成为塑造城市居住空间的重要力量。面对改革开放后逐步多元化的社会主体,市场主导下的小区规划逐步开始对购房群体进行细分并开展针对性研究,对多维度社会经济要素的关注成为规划设计的前置条件,包括市场调查、客户群需求和支付力评估、生活方式研究等,由此带来小区规划与设计中空间和景观形态的多样化和精细化。在商品房预售制背景下,小区的使用人群是预设而未知的,开发商常常通过绚丽而极富想象力的广告和小区规划意向图描绘出假想的未来生活场景,来吸引那些潜在的目标客户群体。

总结可见,在传统的住区规划和小区规划中,规划、设计到建设这一生产过程的目的和产出都指向同一个目标:空间。通过"生产空间",产出舒适的住宅、优美的住区环境、适宜的配套设施和良好的步行环境等。其关注地域主要限于以新建项目为依托的住区或小区空间范围内。

然而在此过程中,空间的设计主体(规划师或设计师)、生产主体(政府机构、开发商或建造商)、运营主体(物业或相关管理组织)、行政主体(社区居委会)和居住主体(居民)基本是相互分离的,在场时间上也是分离的。由此呈现出空间与社会的脱节,也带来空间和需求之间的脱节,伴随以一系列社会与空间不适应的问题,诸如环境设计缺乏对居民实际生活方式的考虑,居民反映住区问题却遭遇开发商、居委会和物业的相互推诿等。

经历三十余年城市建设和商品房开发浪潮之后,大量的居住区空间业已形成,我国城市规划与建设也从早期的增量扩张逐步转向存量提质。面对日益缩减的城市新增建设用地指标,日趋复杂的规划设计和实施影响因素,以往"白地起楼"、聚焦空间形态的规划模式面临重大挑战。同时,大量已建成区面临空间改造和品质提升的迫切要求,由此催生了存量规划背景下对于社区规划的巨大需求市场。

进入新世纪以来,社区规划在各地逐步兴起,核心是弥补长期以来社会发展和居住环境建设相对滞后的欠账。主要途径体现为政府相关机构或组织通过征集民意,了解社区问题和居民需求,形成需求优先权排序,从而指导公共资源投放,改善公共环境和设施建设,例如社区空间环境的整治、绿化景观的美化、步行和停车空间的优化,以及增设图书室、老年活动中心等社区公共服务设施。与之前的两类规划相比,社区规划的关注核心开始转向社会,通过"空间的生产",实现公正、健康和减少贫困等社会性目标。其中,空间既非单一的,也不是最终的规划目标,而是通过空间规划和生产实践的过程,最终指向对社会的再造。

从"生产空间"到"空间的生产",这一转型很大程度应对了我国当前城市建设重心从增量向存量的转型趋势,更重要的是反映了城市发展主旨思想的转变:从改革开放的前30年聚焦经济和增量导向,转向如今更为强调以社会建设为核心的生活质量的提升。体现在社区规划中,"社会"逐步取代"空间",重新回归生产的目标核心:构建多元主体共建、共治、共享的行动模式,以空间为主要生产手段,营造有主体意识和发展能力的社区共同体。

### 三、社区营造的东亚实践

联合国自1951年开始在全球范围内推广社区发展运动,旨在通过地方社区自身的力量促进社区协调与整合,从而为地区找到一条有效发展的道路。东亚地区的社区营造工作逐渐萌芽并且发展起来。

#### (一)日本社区营造发展概况

日本社区营造是60年代"市民运动"的产物之一,主要从农村发展到都会区。而作为社区营造重要参与主体的町内会大致经历了"行政末端""半官半民""准公民团体"三个阶段,展示出民间公共意识的生成和自治能力形成离不开国家与社会的协调与合作;与此同时,在社区营造发展过程中,政府也通过对部分公共议题的处理和特定政策的制定进行了有力的辅助支持,并在社区参与制度规范层面制定相关立法制度加以完善和调适。

日本社区营造发展大致经历了三个阶段:

"诉求与对抗型"社区营造(20世纪60年代—70年代):这一阶段日本处于经济发展高速时期,大量历史建筑、历史街区被破坏或濒临破坏,市民发起"历史街区保护运动",这一市民运动过程也是街区保全性社区营造的过程,是最早时期的社区营造。在历史街区保护运动过程中的各地市民团体力量使政府改变发展政策,并在与市民团体协商过程中出台了许多相关的法律和措施保护历史街区。此阶段的社区营造逐渐出现由"诉求与对抗型"向"市民参与型"过渡的趋势。

"市民参与型"社区营造(20世纪80年代初—90年代中期):80年代到90年代初期,许多地区在开发和建设过程中开始出现了诸多的问题并对社区发展模式及生活方式进行了思考与反省,早期的法律也难以解决不同地区的特殊问题,各地开始出台地区性的社区营造条例,同时这一阶段的社区营造也不再呈现出对抗的特征,转而以理性平和的方式与政府进行协商诉求,进而完成市民群体自主参与的角色转换。

"市民主体型"社区营造(20世纪90年代中期至今):90年代中期,日本诸多社会问题开始呈现,这一时期的社区营造亟须解决的是人口老龄化、经济结构变化、人口流动等普遍性难题,大量NGO和NPO活动开始活跃在各个地区,政府也于1998年年底出台了《特定非营利活动促进法》促进非营利组织的健康发展。这一时期的社区营造更多呈现的是市民自发行为背景下的活动与服务,而非营利组织在社区营造中发挥的重要作用也使得社区营造空前发展。简而言之,日本社区营造的历史本身就是一部市民参与的历史。滕尼斯提出的"共同体"概念正是日本社会的一个重要特性。埃德温·赖肖尔认为日本很早就存在个人对"超越家族的社会团体"效忠的社会规范,这一强烈的集体归属感是其参与社区营造的重要精神动力。

**(二)中国台湾地区社区营造发展概况**

一个好的社区建设需要不断获取社会资源,社区的发展离不开人,尤其是居民,这是社区建设的根本,也是社区拥有的最重要资源。中国台湾地区的"社区营造"模式是一个长期的社会工程,居民的自发、自主参与是核心关键。

台湾地区社区营造主体包括政府部门、社区居民和专业团队三类,社区营造模式主要有政府推动型、NGO帮扶型、返乡知识青年型三种模式。其社区营造政策变迁的政治逻辑在于当局谋求合法性地位,以此收编社会力量,同时呈现出"在地性"与"文化性"的特征。

台湾地区社区营造发展可分为四个阶段:

传统社区发展时期(1965—1993年):"二战"以后,为协助战后各国经济复兴,联合国提出了"社区发展"概念,并倡导、协助有关国家和地区推行社区发展运动。为此,台湾地区于20世纪60年代从联合国引入"社区发展"概念,取代过去的"基层民生建设",开始实施多项社区发展计划。伴随经济腾飞,七八十年代台湾社区建设取得一定成绩,尤其是在社区基础设施建设方面成效显著。这一时期的社区营造主要采用的是"自上而下"的建设模式,由民政部门主导社区发展。90年代以后,整个社会进入"社区热潮"。

"社区总体营造"时期(1994—2001年):这一时期是台湾地区社区营造的起步阶段。1994年,台湾地区"文建会"掌握社区主导权,各地积极推动"自下而上"和"居民参与"理念,提出"社区总体营造政策",把社区营造定义为"……以'社区共同体'的存在和意识作为前提和目标,借着社区居民积极参与地方公共事务,凝聚社区共识,经由社区的自主能力,配合社区总体营造理念的推动,使各地方建立属于自己的文化特色,也让社区居民共同营造'产业文化化,文化产业化''文化事务发展''地方文化团体与社区组织运作''整体文化空间及重要公共建设的整合'及其他相关的文化活动"。

"新故乡社区营造计划"时期(2002—2007年):这一时期是台湾地区社区营造的发展时期,2002年"文建会"成立四个社区营造中心作为专业辅导管理单位,同年行政部门提出"新故乡社区营造计划",2005年提出"台湾健康社区六星计划",清楚地指出社区生活中值得投入营造的六个面向:产业发展、社福医疗、社区治安、人文教育、环保生态、环境景观;"社区营造"业务由此开始从以"文建会"为主的有限部门扩展到其他部门,同时激起各地行政管理机构重视社区的风潮,开启县市政府各局处间以"社区营造"为焦点的对话与合作。

"新故乡社区营造第二期计划"时期(2008年至今):这一时期是台湾地区社区营造的成熟阶段,2007年10月台湾当局再以"地方文化生活圈"区域发展的概念为出发点,规划"新故乡社区营造暨地方文化馆第二期计划",有学者称其为"磐石运动",即辅导美化地方传统文化建筑空间计划。这一计划重点强调居民参与,旨在培养居民的"市民意识"、提升居民社区文化生活水平及提高社区自治质量。2012年5月20日文化事务主管机关(前身为"文建会")正式成立,提出"泥土化""产值化""国际化"及"云端化"四大政策方针,进一步推动了台湾地区社区营造的发展步伐。

台湾地区几十年的社区营造已对台湾社会产生深远影响,逐步累积了不少成果。社区理念在都市社区持续推广,培养了民众间的感情,塑造了共同体意识,营造出了新型社区。而在乡村社区,居民找回了自己的文化与特色和以往的乡村互助精神。但社区营造理念需要长久酝酿,逐步推广,并因应各个阶段的问题进行策略性调整。在全球社区发展的热潮下,持续关注台湾地区的社区营造运动,对透析台湾社会结构、把握台湾社情民意大有裨益。

### (三) 韩国社区营造发展概况

20世纪70年代末,韩国政府行政主导启动"农村开发运动",希望从基础建设入手,改善社区环境。居民参与正式融入"社区营造"可追溯到20世纪80年代,当时首尔市钟路区嘉会洞北村地区为了保护发展社区,自发组建北村营建会,1991年正式注册法人团体,掀开了韩国居民参与社区营造、自主改善居所环境和保护历史文化的序幕。同时随着日本"社区营造"概念和案例的引入,这一运动逐渐转向以居民为中心、居民及其团体在行政部门和专家的共同帮助下进行的小规模物质及非物质环境改善活动。作为注重居民自主改造的社会建构过程,韩国的社区营造在运用政府行政资源、倡导专家学者参与以及激励社区热心人士贡献力量的前提下,是一种意在激发社区自主性、改造地方人际网络、美化生活环境、塑造地方文化产业,乃至培植公民社会基础的本土性社会文化运动。

1996年的"想漫步的首尔营造"运动中,市民团体、专家和市议员通过集体协作和共同认可制定出了《城市步行者条例》,这激发了更多的市民积极参与到政府条例的制定和相关制度的修订活动中。1998年大邱市发起"推翻围墙运动",搬到大邱市地区的新居民成功说服房主们拆掉围墙、营造庭院和绘制墙画,与其他居民共享自己的院子,从而吸引了社区居民经常性地利用这里的庭院举办展览和儿童绘画比赛等活动。该做法获得了其他地区的高度关注和竞相效仿,有力推动了社区营造思想在韩国的传播。

2000年以后,韩国以改善日常生活环境为目标的市民团体活动与项目开始突增,由地方自治团体主导的社区改进举措也明显增多。韩国于2003年进行了分权改革,将部分中央权力转移到地方,为社会基层治理和社区的发展提供了重要的法律保障。2005年,韩国政府首次在政策议题中直接提及社区营造的理念,引发了广泛的社会关注,随后"社区营造示范项目"在韩国正式实施。2007—2009年,韩国政府共实施了3次社区营造推进计划——"营造想生活的城市",通过示范城市、示范社区、规划费用支援城市、成功案例支援城市4类予以落实。由此,韩国从城市规划到建设实施的整个社区营造过程都有效实现了真正意义上的居民参与。

2010年10月,韩国制定并公布了《地方行政体制改编特别法》,强化了邑、面、洞(基础自治体管辖下的下级行政机关)的居民自治职能。据此,中央政府各部门也积极投入到社区营造的相关事业中,各地区各式各样的社区营造事业日益增多。

2012年,韩国《城市及居住环境整顿法》首次提出了"居民参与型城市再生"的概念,自此"居民参与型城市再生"替代"社区营造"登上了历史舞台,弥补了原来城市整顿过程中的种种不足,发展和演进了韩国城市再生的新范式,开始得到韩国社会各界的认可。

韩国社区的成功发展,原因不仅在于居民的积极参与,也在于他们从社区运作机制开始,政府保证社区有自主权,充分调动居民积极性。同时,社区组织的活动填补了政府机构和个人活动之间以及市场机制和个人活动之间的空白,使居民和政府之间的对话变得容易进行,社区充分发挥了中介的作用,为政府和居民提供了沟通的桥梁,也为居民提供了一个在基础层面上进行经济活动和政治参与的平台。

**(四)中国大陆城市社区营造发展概况**

中国大陆地区的社区发展是由政府引导、民间自发、社会组织帮扶的动态持续过程。20世纪80年代开始,随着改革开放的不断深入,住房制度改革也由探索阶段逐渐深化推广,商品房开始兴起并以迅猛之势发展,社区由"熟人社会"向"陌生人社会"转变,居民之间几乎互不相识,彼此缺乏良好的信任与互动,与此相应的社区问题也接踵而至:一方面,社区业主参与社区公共事务不足,缺乏对社区的认同感;另一方面,社区行政化倾向严重,自治功能缺乏必要的保障,难以调动居民参与社区建设的积极性;此外,社区治理效能低下,不同利益方之间矛盾冲突时有发生,造成严重的内耗。

针对这一系列的社区问题,20世纪90年代初期学术界和民政部借鉴国外"社区发展"概念,提出了"社区建设"口号,经过一段试点工作后,社区建设开始在全国推广,从民政部主导的以社区服务工作为主要内容,上升到基层政权建设的高度,成为国家加强基层社会管理的重要方式。新世纪以来,随着社会经济转型和城市化进程加快,社区治理问题日益突出,宏观层面的技术援助式社区发展政策发生了变化,民间自发的实践活动也多样而有活力,社区建设呈现出自上而下与自下而上同时并存的多元发展格局,诸多地区纷纷加入社区建设模式探索的队伍。

清华大学社会科学学院罗家德教授在2008年汶川地震后组建了清华大学可持续性乡村重建团队,协助一个羌族村寨进行灾后重建和社区营造,并以社会学实验方法研究了社区自组织的议题。自那时起,罗家德就与"社区营造"结下了不解之缘,他于2011年11月7日推动清华大学成立信义社区营造研究中心,帮助社区成立"自组织"进行自我管理,目前正在推动北京大栅栏地区的社区营造工作。

发起于2009年、成立于2011年的成都爱有戏社区文化发展中心在多年扎根社区的实践后开展义仓、义集等系列活动,于2012年提出营造有幸福感的社区,开成都社区营造之先河。

南京翠竹园社区互助会于2010年萌发,2013年成立南京雨花翠竹社区互助中心,2014研发社区互助参与营造手册1.0版本,以相信、参与、承担、互助为价值观,以丰富居民生活、挖掘社区领袖、倡导社区结社、提升公益意识、提高幸福指数为愿景,以促进居民的参与感与志愿者精神、促进家庭社会向社团社会转型为使命,致力于社区互助参与营造的实践与推广。

上海同济大学博士刘悦来从2005年起研究了日本、中国台湾社区营造案例,开展了系列规划设计,引入管治的理念,于2014年年初成立四叶草堂,将该组织定位为"一家旨在社区营造的自然教育机构",开始了社区营造的活动与实践。

2013年厦门市发起"美丽厦门 共同缔造"活动,尝试海峡两岸跨界的共同缔造试点计划,各区纷纷去台湾学习社区营造经验,并运用于社区工作中。厦门市于2014年被民政部确定为"全国社区治理和服务创新实验区",其以民生需求为导向,以社区减负为突破口,以完善社区建设为基础,初步探索了一套社区治理创新体系。

厦门市思明区曾厝垵文化创意产业协会理事长宁军在2014年带领团队参与厦门曾厝垵的社区营造,推进组织建设、品牌规划、环境提升、治理创新、网络营销,基于"美丽厦门 共同缔造"的"五共"模式创新性地建立了CSMM社区营造体系,搭建了社区营造团队,为全国城中村转型升级提供了全面专业的公众参与解决方案、空间规划设计思路。

2014年,广东佛山顺德区人民政府办公室发布《顺德区社会体制综合改革2014年工作要点》,提出"推动社区营造,挖掘社区资源、培育社区组织、促进社区参与、发展社区经济,打造社区发展共同体,为促进社区全面发展探索经验",顺德区的政府工作开始注重社区居民的公共意识培养、社区组织培育,以及发展社区经济等方面,已经超越了传统意义上政府主导的行政管理和社会服务。

2014年年底正荣公益基金会发起"你好,社区"项目,通过自然和艺文教育等主题活动,带动社区居民开展多元化的社区营造行动,以凝聚社区的力量,提升社区自治和社区互助。

2014年开始至今，清华大学社会科学学院李强教授带队，组建了覆盖社会学、城乡规划、建筑学与公共管理学等领域的专家团队，在北京市海淀区的清河街道开展"清河实验"，旨在通过干预式社区实验推动基层社会治理模式创新，从社区治理、街区规划与社区民生等三个维度全面开展跨学科工作，探索了"社区议事委员制度""社区规划师制度"与"大数据平台"等与社区治理工作的整合，实现了政府治理、社会调节与居民自治之间的良性互动。

2014年10月清华大学社会科学学院信义社区营造研究中心实验基地在上海嘉定创办，深入进行城市社区生活实践的探索。在信义置业项目中，楼盘尚未开盘已经开始启动社区营造工作，居民在入驻前已经成为朋友，可以说开了前置式城市社区营造的先河。

2007年开始，上海市嘉定区启动"嘉定睦邻"活动。从2015年开始，嘉定区把社区共营的理念融入社区治理中，切实发挥制度文件的导向作用，形成居民共同参与社区治理的可操作执行的新实践，系统推动新形势下社区的可持续发展。经过三年多的探索与实践，社区共营从最初的理念认识，发展到全区所有社区由居民骨干参与的初阶动力营造渐进式培训，在此基础上，2018年开始全面进行愿景行动（初阶社区规划师）的培训和认证。

长沙市HOME共享家成立于2011年12月，2014年正式在长沙市民政局登记注册为民办非企业单位。其以推广并践行可持续的生活方式为理念，以"共建共享"的方式集合各行各业的人士开展文化、教育、社区、乡村建设四大板块的公益项目，2015年9月推进社区营造公益大赛，2016年参与丰泉古井社区营造，扎根社区，和政府、企业与居民一起实现社区治理。

2016年4月深圳市光明新区凤凰社区开启由政府、企业、社会共同参与的社区营造实验，希望通过"社区营造"模式激发社区活力，形成"专业力量＋义工＋社工"的营建模式，把凤凰社区拥有的自然和人文生态充分利用起来，使之"涅槃"成一个富有活力的美丽社区和人际关系紧密和谐的熟人社会。

2016年9月，在省会级城市中，成都市第一个提出全市范围内实施以社区总体营造理念为核心的城乡社区可持续总体营造行动，支持和鼓励公益性社会组织参与社区营造，推动以居民为主体的集体行动，社会组织在社区进行参与式陪伴，社会工作者对居民骨干进行能力建设，社区居委会整合资源支持居民组织参与社区公共事务，提升社区公共精神，弘扬社区公益文化，把城乡社区建成守望相助、崇德向善、绿色生态、舒心美好的家园。2018年，成都市所有社区开始推进社区营造行动。

2017年8月，乡愁经济学堂团队推动泉州"美丽古城　家园共造"社区营造行动，旨在通过社区营造培训计划，筹建民间工作队伍，学习借鉴先进经验，切实调动居民参与社区自治的主动性，提升自治能力，打造与政府互动、与市场接轨、多方共同参与的社区有机更新和综合提升、全面活化的良好机制。

2017年年底，中国社会工作联合会发起"美好社区计划"，希望发挥社工专业优势，搭建平台，组建专家团队，整合多方资源，与服务商建立战略合作，重点从社区产业、社区治安、生态环保、景观设计、智能社区、社区养老、远程医疗等方面着手推动。由城市治理、农村发展、社会工作、文化保护、建筑设计等多领域专家组成的专家委员会，将是我国社区营造领域的顶尖智库。

不管是社区营造要将工业社会原子化的个人转变成重新凝聚到一起的有温度、有归属感的人，还是社区规划要以"社会"逐步取代"空间"，重新回归生产的目标核心，它们都有相同的理论与实务的基础，就是要让社区居民打破冷漠，重新参与到社区的公共生活中来，形成多元的力量，协商共治，一起解决社区从软性的社区养老、育幼，到硬件的公共空间、参与规划等方方面面的问题。

所以社区营造及社区规划的共同理论基础都是要在社区中加入自组织的治理模式，并和基层政府的管理有效结合，相融相生，共创社区居民对美好生活的向往。下面各章所要介绍的，正是社区营造及社区规划在深入解决方方面面的社区公共问题之前可以采取的实务步骤，旨在让居民走出家门，打破冷漠，走到一起，让社区公共事务从你的事变成我的事，再进一步变成我们的事。

# 第一章

# 社 区 组 织

## 第一节 社区自组织和自治理[①]

### 一、自组织治理的本质

什么是自组织？什么又是社区自组织？三种治理机制什么时候适用哪一个？

2009年威廉姆森（O. Williamson）和奥斯特罗姆同时获得诺贝尔经济学奖，他们俩人的理论就正好回答了上述的问题。威廉姆森的交易成本理论（1985）认为，交易频率、资产专属性、环境暨行为不确定性会影响治理机制的选择。当交易频率高并且交易对象的资产专属性高，环境暨行为不确定性也高时，交易的不确定性大，此时交易成本太高，不适合市场治理，而适合采用层级制治理，将交易内化到组织内部，这样能够降低交易的风险和成本。反之，采用市场的方式获取资源更为经济。在威廉姆森的分析中，网络治理方式（如战略联盟、外包等）首次被提了出来。在组织与管理理论中，自组织被称作网络，主要是指它的结构形态，而自组织一词

---

① 本章内容部分来自罗家德：《自组织——市场与层级之外的第三种治理模式》，载《比较管理》，2000，1(4)。

则指它的组织方式。但它只是市场和层级中间的过渡形态,是一种居于中间的选择,而且是不稳定的,容易滑向两端。

三种治理的特点对比详见表 1-1。

表 1-1 三种治理机制行动逻辑特点比较

|  | 市　　场 | 自组织(社群) | 层级(政府) |
| --- | --- | --- | --- |
| 思想基础 | 个人主义 | 社群主义 | 集体主义 |
| 行为逻辑 | 竞争逻辑 | 关系逻辑 | 权力逻辑 |
| 道德基础 | 守约 | 社群伦理 | 为大我牺牲小我 |
| 秩序来源 | 看不见的手 | 礼治秩序,小团体内的道德监督 | 看得见的手 |
| 适合环境 | 频率互动低、资产专属性低、行为及环境不确定性低时 | 频率互动高、资产专属性高、行为及环境不确定性高,但交换双方行为不易于观察、衡量及统计,需要双方信任时 | 频率互动高、资产专属性高、行为及环境不确定性高,但交换双方行为易于观察、衡量及统计时 |
| 追求目标 | 效率、效能 | 可持续性发展 | 集体的一致性、稳定性 |

简单来说,资产越具有专属性,市场交易风险就越大,产品、技术、时间、地域等都有专属性,当一家厂商为单一的客户发展出产品,研究了新技术,建立起快速送货的系统,甚至把工厂开在了大客户的旁边,专属性就越高,这家客户不买货时,损失也越大,这就是交易不确定性。交易频率也会提升不确定性,多次交易带来的投入比单次交易多,当市场不稳定时,不确定性就会增高。环境不确定性是外围交易环境中隐含的风险,比如大海啸带来核电站爆炸,比如产业经济循环,市场形势突然变坏了,等等。行为不确定性就是产品或服务的品质是否能有效衡量、有效预知,比如我买电视,送货到家,插电测试,发现没问题,就可以认为产品没问题了,再签个两年维修保证合同,这个产品的质量就非常确定了。但是像餐厅服务、一对一贵宾理财服务,我想要优质服务,可什么是优质服务?你心情很不好,菜明明又贵又难吃,可想给他差评的时候,餐厅的员工来了一通聊,变成了心灵导师,你又改打好评了。这就是行为不确定性,因为服务质量的评判很难标准、客观。威廉姆森理论简单地说,有三点:第一,资产专属性;第二,交易频率;第三,环境和行为不确定性,三者高,就提升了交易不确定性,这种情况下,交易成本要很高才能保证交易秩序,市场治理就越不合适,而该改用层级治理,将交易内化到组织中完成。

奥斯特罗姆是政治学者，提出了 CPR 理论（Common Pool Resource），我把它翻译为"共同池塘资源"，或"共有财"，以有别于"公有财"。奥斯特罗姆简单划分出私有财、共有财和公有财，什么是公有财？就是不能排他使用的资源，比如外面的不收费的公路，谁都可以使用，对于公有财，私人是不愿意投资的，市场上也无法买卖，最好的就是层级治理，由政府投资与管理。私有财是产权私有、排他使用。像城市的房产产权比较明晰，有土地使用权、房屋所有权，就适于市场治理。但是乡村的集体财产就有产权不明晰的问题，很难在市场上买卖。此外，产权的确权是一个演化的过程，很多东西过去是不能交易的，现在可以交易了，像我们现在都有权利保护自己的肖像，肖像权可以拿来做广告收费。过去奴隶是可以买卖的，而现在任何人都不是别人的财产，所以不能在市场上买卖了。总之，产权私有就排他使用。

什么叫共有财？共有财产权私有但是不排他使用，比如水资源，一个村庄就一口井，隔壁村不能来。整个村子用一口井的水，这水就为村庄所私有，但谁都可能来用，村民就必须组织起来，才能有效分配水给村民，并排除其他村子的人来使用，以保护水源不枯竭。又比如，一个山头的草是共有的，但是如果每个人都养羊，就会把草给吃没了，大家都没得用，这就叫"公地悲剧"（The Tragedy of Commons）问题。如何解决？比如可能终于有热心人士觉得这样不行了，大家的羊都没草吃了，于是号召村庄来组建一支护草大队，大家来商议如何分配草场使用量，如何巡逻不让别人使用。而大队成立时，100 户农家只来了 5 户，但 100 户人家都说这是我们的公地，我们的羊都要来，可是只有 5 家愿意出力管理，这就是"搭便车"（Free Rider）问题。奥斯特罗姆的研究就是希望找到一套方法阻止搭便车的行为，阻止公地悲剧的发生。比如针对水源这个问题，成立巡逻队去保护本村的水井，形成治理机制里面的操作机制，规定一户一天只能提两桶水，同时实行分级制裁，例如要是有人为了多用去堵水源，那就几个村子联合起来，一起监督，提出制裁。

基于这些理论的综合，尽可能简单地说就是，当一笔交易的不确定性高，维持市场治理的交易成本高，它就不合适在市场上进行。那在层级与自组织之间如何选择呢？当供给与消费双方信任需求很强，而信任的供给也充裕时，比如在一个社区之内，有情感性或认同性关系时，自组织就是最好的治理选择。简单归类下，交易如果有下列特性，则需要双方的信任：

（1）行为不确定性高，很难用可观察到的评量工具收集绩效指标，尤其难以用统计数字说明绩效。

（2）产品是多区隔的，甚至是一对一的。这需要相对独立的团队直接面对消费者，可以随机做出决策以满足多样化的需求。

（3）产品是感受性的，同样的，这需要相对独立的团队直接面对消费者。

（4）产品是合作性的，要供给及消费双方合作，产品才能产生效用，如教育、医疗、社区治安，等等。

（5）环境高度不确定，需要弹性地随时应变。

（6）交易双方没有利益冲突，比如一些对赌的金融产品就会破坏信任。

（7）信息高度不对称，如律师、会计师、知识产业研发人员掌握的专业知识，普通消费者很难全懂。

当一笔交易有了这些性质，则它需要较强的人际信任才能完成，如果刚好信任的供给也充足，此时最好的治理机制不是层级，而是自组织。如果人际信任不足，一定要用制度去规定所有交易行为的细节，则在层级制中，管理成本也会极其高昂。

虽然不同的交易对象与交易环境有其适用的治理机制，但善治从来不是依靠单一治理机制就可以完成的，一定是三者共用、融合相生、截长补短得到的。以奥斯特罗姆长期研究公共财的发现为例，她分析了大城市中警察局的运作发现，警察局提供的服务可以分为两种类型：一种是直接服务，如地区的巡逻等。这种服务需要耗费大量的人力，通常需要公民的协作配合，而其产出则往往难以衡量。另一种是间接服务，包括相关的专业培训、犯罪实验室分析和调遣服务等。这种服务的性质更加专业，前期所需要的时间和资金投入更多。奥斯特罗姆通过研究验证了直接服务供应中的多中心理论，即当大城市将警察权力下放，使其不再是向上隶属的几个大机构，而是变成许多小规模的组织，并受地区委员会管理时，警察局直接服务提供的效果变得更好。可见治安"产品"的提供就要兼及层级与自组织，这样才能得到最佳供应。

## 二、自组织过程

现在常常谈社会治理创新，什么是社会治理创新？使三种治理在任意一个社区中相生相容，产生治理机制，就是社会治理创新。如前所述，这些精神都被写进了中央最新的文件中，特别强调要因地制宜。但是我们社会最缺的是自组织在基层的作用，一定要先培育自组织的能力和自组织治理，发挥其功能，这样才能讨论如何进行与市场和层级的整合，这就是社区营造的使命所在。

在奥斯特罗姆自治理模型（Ostrom,1998）的基础上，我们提出了自组织过程理论（罗家德、李智超，2012），即通过自组织能力的提升产生出自组织治理机制（见图1-1）。

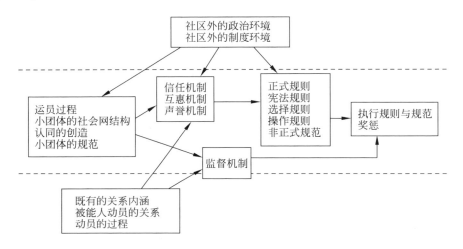

图1-1 自组织过程理论框架

自组织治理运作机制的过程架构横跨了微观层次（关系层次）、中观层次（小团体层次）以及宏观层次，通过中观层次将微观层次和宏观层次串联起来，形成一套整体的自组织治理运作的逻辑。

微观层次的理论是基于清华社区营造研究团队在参与灾后重建过程中，针对数个有社区营造实验的村落做长期驻村或追踪研究，并以附近一些没有社区营造的村落作比较样本，进行比较研究，从而归纳出的一些基本类似的过程得出的，详见于罗家德、孙瑜与楚燕所著的《云村重建纪事》。自组织形成的第一步是能人的动员过程，通过已存在的既有关系，例如亲情、友情、邻里情，以及能人的动员而形成初始行动的小团体，展开一系列的公共行动。此时因为参与的人不多，公共事务新创，初始参与的人要付出很大的成本，却一时看不到什么回报，所以这一阶段参与者会是志愿者，也就是乐于接受"牺牲享受、享受牺牲"的人。能人的来源则各有不同，发动的公共行动也各有千秋。其中有政治能人，如村支书；也有社会能人，如在外头打工有较多社会资源的人;更有政治加社会能人,比如云村房屋重建的领头羊过去做过旅游区生意,现在是村支书。公共行动则有经济的,如带头培植大棚蔬菜;有社会性的,如在村中做环保;也有建设或社区规划性的,如云村就是做社区重建。

在中国,我们发现,在理念的动员之外,关系动员也很重要,不像西方的社会运动精英(Movement Elites)较常做的是,用理念动员弱连带甚至陌生人参与,在中国,初始关系动员占了更大的比重。动员的关系中有党员,有一起打工的朋友,更多的是亲戚,当然在关系较紧密的社区中,邻居本身就是可动员的对象。

随着公共事务推动渐有成效,参与的人也会越来越多,小团体形成,分析也进入了中观层次,清华团队的研究也发现,一个健康的社会网结构十分重要,分裂的结构、核心人员不够紧密以及边缘会员较多,都会带来不利影响。此时,还要通过不断地行动,在自组织内部创造出认同,使得参与者有一种荣誉感,即以属于这个小团体而自豪,团体成员之间也因此有相互的认同感。这时会进而出现小团体规范。团体规范最初通常来自当地的乡规民俗,这些非正式的规范使得小团体的成员有共同行为的法则,保持了集体行动的秩序。

小团体发展到关键人数时,会发生重大变化,一是因为参与的人够多,成本分担渐轻,二是因为公共行动的效果越来越明显,规模扩大也带来了规模经济,此时大家能分得的利益会超过成本,参与的人变得十分踊跃,小团体变成一个协会、一个组织,内部不再都是熟人。这时自治理机制变得十分重要,这正是奥斯特罗姆理论的关键所在。自组织内部发展出的治理机制,包括信任机制、互惠机制、声誉机制以及监督机制,同时也包括正式规则和非正式规范,以及分级协商和对违规者的惩罚机制等。

组织内部规则在形成的过程中,往往受到宏观层次的外部环境的影响,例如受到社区外的政治环境和制度环境的影响。

通过自组织理论过程框架图,可以梳理出社区自组织理论流程图(见图1-2),并且根据每个阶段社区自组织的发展程度,将其分为育种阶段、种子萌芽阶段、小苗阶段、小树阶段以及大树阶段,在每个阶段中,社区自组织的能力、组织特征以及表现形式也有明显的差异。图1-2中所示,正是社区自组织成长过程中自发展、自治理所需要的能力,也是基层政府或外来社会组织在每一阶段辅导其成长的工作指南(罗家德、梁肖月,2017)。

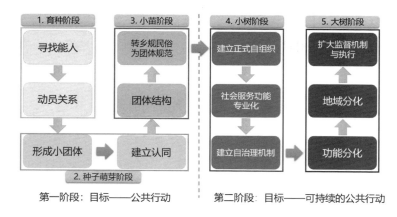

图 1-2　自组织过程理论流程

## 1. 育种阶段

此阶段是从寻找社区能人开始的,通过原有的关系结构进行更广泛的关系动员,而动员的动力来自社区能人的兴趣爱好或共同目标。在此阶段,最为关键的能力是动员能力,是否可以结合当地特点和关系结构动员更多的能人,是从这一阶段走向下一阶段的关键点。当动员过程聚集了一小群能人之后,便形成了小团体结构,进而进入到种子萌芽阶段。

## 2. 种子萌芽阶段

种子可以理解为小团队,当社区能人与能人之间达成了共识并形成了认同感,且初具组织形态,形成小团队,一般认为进入种子阶段。初始团体一般人数不多,主要依靠志愿者精神来维系,会产生组织内部的认同感。这种组织内部的认同感,实际上在后期一直存在,并需要不断找到达成内部认同的基础,例如台湾桃米村村民的环保意识便是一种共同的骄傲。此阶段属于成本大于利益的时期,在此阶段主要需要培养自组织内部形成核心团队,这一团队要有职责分工,团队成员根据共同的兴趣爱好,尝试进行团队协作。例如共同组织一场活动、共同申请一个项目,逐步提高其举办活动的能力或项目管理的能力、活动记录和档案资料留存的能力,以及项目资金规范使用的能力。

## 3. 小苗阶段

小苗可以理解为小协会,约有三五十人。在此阶段,需要引导其建立团队规范,关注社区公共事务,鼓励个人发挥自己的智慧和力量,不仅仅是自娱自乐,而且参与到社区公共服务当中,并开展持续性的行动,在持续推动的过程中,进而有更多的志愿者加入到这个小协会当中。在此阶段需要培养其组织管理能力,使组织制度化、自治理,进而使小协会更具可持续性。

4. 小树阶段

小树可以理解为正式的协会,具有独立法人资格、独立资金账户的实体。例如一个社会服务机构、民办非企业单位、社会团体或是工商注册的公司等。同时这个阶段也是一个地区组织之间融合的过程,一个自组织间配合协作的过程,更有利于社区自组织长期扎根于当地社区。例如以一个社区范围内的组织为基础,在一起讨论社区公共事务或公共议题,并且通过分工合作的方式共同解决或处理社区内的公共问题,从而形成社区内的自组织协会。在此阶段需要引导组织内部建立自治理机制,培养其独立申请外部资金,或逐步进行自我造血的能力。例如通过众筹、自筹、捐赠、政府资金申请等渠道,获得更多的资金和资源,所做的事情能够跟本地社区公共事务相结合,具有更高的社会服务功能。

5. 大树阶段

大树可以理解为当地社区协会,可以从一个社区扩展到多个社区,同时功能开始出现分化,从一种功能扩大到多种功能。在此阶段需要培养其协调、盘活当地资源的能力,例如在一个街道或乡镇范围内,将本地资源再分配,吸引更多外部资源。需引导其逐步扩大执行和监督的范围,建立完善的治理机制。

往往一个地区能够有一棵大树,整个就活了。当地文化得到活化,资源得到有效利用,自组织就具有了自我造血的能力。但这一过程也是相对漫长的,从一粒种子开始,通过培力和陪伴,逐渐发展成为大树,这需要各方的协力,更是一个改变人的思想和行为的过程。在此过程中,有时社区自组织无法自己具备这些能力,需要外力进行辅导或培力,同时也需要更多政策上的支持或资金上的支持。但无论是哪一方外力助力社区自组织的发展,依旧需要遵循社区营造的理念,即不强求、纯自愿、不揠苗助长,给浇水、给施肥、给阳光,更需要给时间,等着自组织成长起来。而在这一理念支持下成长起来的自组织,会更为独立自主,摆脱以往等、靠、要的心态,会将关注视角放在地区内部,更加扎根于本地区,并在本地区充分发挥自己的优势及作用。

## 第二节　参与社区营造的组织分类

社区社会（自）组织是由社区居民发起成立，在社区开展为民服务、公益慈善、邻里互助、文体娱乐等活动的社会组织。培育发展社区社会（自）组织，对加强社区治理体系建设、推动社会治理重心向基层下移、打造共建共治共享的社会治理格局具有重要作用。

社区社会（自）组织分为专业社区营造组织和专项型社会组织。这些组织既包括在民政部门注册的社会团体、基金会、社会服务组织，也包括在社区备案的社区自组织。

### 一、专业社区营造组织

作为社区级别自发性、内生性、支持性、枢纽性的社会组织，专业社造组织致力于扩大居民参与、培育社区文化、促进社区和谐，为专项型社会组织的创建，推动社会组织专业化、规范化发展提供一系列的服务和支持，承担了基层社会组织的功能。

在基层党组织领导下，专业社造组织可以发挥其内生扎根社区、贴近群众的优势，广泛动员社区居民参与社区公共事务和公益事业。引导社区各类社会组织协助社区居委会推动社区居民有序参与基层群众自治实践，依法开展自我管理、自我服务、自我教育、自我监督等活动。引导社区居民在参与社区社会组织活动过程中有序表达利益诉求，协商解决涉及社区公共利益的重大事项、关乎居民切身利益的实际问题和矛盾纠纷，协助提升社区矛盾预防化解能力，参与物业纠纷、家庭纠纷、邻里纠纷调解和信访化解，参与群防群治及平安社区建设，助力社区治安综合治理。鼓励社区社会组织参与制订自治章程、居民公约和村规民约，拓展流动人口有序参与居住地社区治理渠道，促进流动人口社区融入。

要发挥专业社造组织在完善社区公共文化服务体系中的积极作用，丰富群众性文化活动，提升社区居民生活品质。鼓励社区社会组织参与社区楷模、文明家庭评选等各种社区创建活动，弘扬优秀传统文化，维护公序良俗，形成向上向善、孝老爱亲、与邻为善、守望互助的良好社区氛围，增强居民群众的社区认同感、归属感、责任感和荣誉感。

## 二、专项型社会组织

专项型社会组织是主动融入城乡社区便民利民服务网络,为社区居民提供在社区内的健康、环保、文化、教育、体育、扶贫帮困、公共事务等某一领域或某几个领域活动的社区社会组织。在其专业领域,针对服务对象的不同特点,提供专业化、差异化的产品、服务及解决方案,承接社区公共服务项目,满足老、中、青、少、幼的所有社会需求,实现社区居民自我服务与自我管理。

基于社区的需求,我们把社区专项型社会组织及自组织分为以下七大类。

1. 公共事务类

这里所说的社区公共事务,指的是基于公权的、跟居民权益息息相关的公共事务。这一类型的社会组织及自组织表现形式如社区互助会理事会、业主大会及业委会、业主参事议事、志愿者服务队等。

2. 健康类

健康包括生理和心理两个方面,健康类活动包括医治病人、帮助残疾人,同时促进公众理解和认识健康风险、疾病和残疾等,活动表现形式可以是居家养老、心理咨询、瑜伽练习、老年大学等。

3. 环保类

环保问题与每一位社区居民息息相关,居民应当成为环保的主体,努力地成为具有主体意识的环保人,积极主动地参与环保活动,投身环保事业。环保类活动致力于保护环境和传递绿色生活观念,表现形式可以是垃圾分类、环保教育、公益屋等。

4. 文化类

文化是以精神文明为导向的,凝结在物质之中又游离于物质之外的,能够被传承的国家或民族的历史、地理、风土人情、传统习俗、生活方式、文学艺术、行为规范、思维方式、价值观念等,是人类普遍认可的进行交流的一种意识形态。文化类活动如社区沙龙、英语角、美食烹饪、摄影、阅读等。

### 5. 体育类

体育运动是人们遵循人体的生长发育规律和身体的活动规律，通过身体锻炼、竞技比赛等方式达到增强体质、提高运动技术水平、丰富文化生活目的的社会活动，如网球、羽毛球、乒乓球、篮球、足球、轮滑、跆拳道等比赛活动。

### 6. 教育类

社区教育是运用本社区教育、文化等资源，面向本社区全体公民，以促进本社区人的发展与社区发展为目标的各类教育活动。教育类活动为各年龄段居民提供学习机会，从幼儿教育到老年教育，覆盖全生命周期，同时促进先进教育理念的普及，如社区学院以及"明志书屋""无敌少儿团""小小建筑师"等。

### 7. 扶贫帮困

扶贫济困、乐善好施是中华民族传统美德，社区开展扶贫帮困类活动可以更好地发扬互济互助的传统美德，营造和谐温暖的社区氛围。表现形式如"至善黔程""彩虹屋"等。

基于专业社造组织的特征，推动社区营造工作便意味着必须先从成立专业社造组织开始；另一方面，专项型组织的类型也决定着其萌芽和发展的难易程度，例如，即使无法得到支持和帮助，社区中的诸多文体队伍也可以一直保持活跃性。

因此，不论何种类型，只有社区社会（自）组织履行自身的职责，社区营造工作方可顺利开展。

## 第三节 专业社区营造组织

社区营造从"人、文、地、产、景"五个维度出发，旨在通过激发社区居民活力、开展各种类型的社区活动、挖掘社区领袖、倡导社区结社、培育社区组织、助力社区治理，将社区成员对生活和社会的要求转化为活动，为活动的实施提供专业服务，构建社区互助平台，激发志愿者精神，提升居民的公益意识，提高社区幸福指数，变生疏的邻里关系为互相信任、扶持的邻里关系，重拾契约精神，使更多的人能够参与到社区活动中，主动承担公共事务，统筹社区资源互帮互助。专业社区营造组织有助于社区的总体营造与综合治理，其成立是整个社区营造体系中最基础也是最重要的一步。

## 一、专业社区营造组织的作用

专业社区营造组织承担着如下作用：

第一，经营范围涵盖社区各类需求，并且谋求和社区居委会、物业、开发商、业委会等组织建立良好联系，互相通气和帮扶。

第二，给予多方参与者一个平台，以参与为导向，挖掘社区领袖、促进社区结社，并为各个组织提供能力建设和资源对接等服务。

第三，增强社区居民的公益意识及社区黏性，提升居民对社区的自豪感和自身幸福感。

## 二、专业社区营造组织业务

### （一）搭建信息平台

专业社造组织承担着社区中信息平台的作用，要为社区中的各个俱乐部和自组织提供信息传播的途径，综合运用杂志、公众号、微信群等各种线上线下的宣传方式，建立一套完整的立体化传播体系，尽可能实现居民间信息传递的对等性。

### （二）挖掘社区领袖

专业社造组织要持续调研社区中居民的各种需求，对其进行发布，在满足居民需求的过程中还要不断挖掘社区领袖，进而建立社团。

### （三）提供信息咨询

社区中普遍存在信息不对等的问题，专业社造组织要利用自己的专业性，为初创的社团及俱乐部提供业务、团队、制度咨询，使其尽快完善自身的架构体系和规章制度。

### （四）促进能力建设

为自组织及社区领袖提供能力建设的培训，比如活动组织能力、财务管理能力、信息传播能力等，早日实现自组织的自我运营、自我管理、自我造血、自我发展。

### （五）建立资源对接

专业社造组织要利用自身资源优势，充分链接社区内外各种资源，为社区自组织和外部公益组织提供场地、资金、人员的对接。

### （六）提供外部服务

专业社造组织要发挥自身的桥梁纽带作用，为社区外部公益组织及志愿者提供对接落地社区的途径，简化程序，解决具体细节问题。

### （七）给予空间托管

专业社造组织要对社区公共空间进行托管，优化组合活动场地，使其得到更好的利用，有效激发居民参与。

### （八）加强宣传倡导

专业社造组织要发挥自身的文化和舆论引导作用，对社区文化进行立体化、全方位的倡导和宣传，为社区带来更多的正能量。

> **Tips　专业社造组织八步走**
> 1. 挖掘社区领袖，召集热心居民了解社区营造的基本理念；
> 2. 在社区居委会协同下与社区领袖、居民初步做社区调研；
> 3. 初期调研结果评估，撰写社区营造规划；
> 4. 深度对社区"人、文、地、产、景、治"等信息进行全面调研；
> 5. 创建社区互助会网上群，做活动计划并开展活动预热；
> 6. 以大型活动如跳蚤市场作为社区营造切入点启动嘉年华活动；
> 7. 社区自组织、俱乐部、志愿者招募；
> 8. 常态化地支持工作开展。

### （九）链接协商民主议事平台

互助会要联同社区居委会、业委会、物业等各个利益主体建立联动会议机制，合力营造社区营造氛围，构建和谐社区。

## 三、社区营造的两大原则及五大运营规则

### （一）两大原则

在社区营造的过程中，我们通常要解决以下问题：人、财、物。物一部分可通过社区资源的挖掘解决，另外一部分可以通过购买或者人际资源的发动来解决，而剩下的人和钱的问题怎么解决呢？我们研究出来两大原则：公益不是免费，谁主张、谁负责、谁受益。

经常有居民提出：你们的活动是公益活动吗？公益活动不就应该是免费的吗？更有甚者很多人参加社区活动都是冲着免费的礼品来的，我们把这类需求称作假性需求，这种参与也就是虚假的社区参与，这种贪小便宜和搭便车的行径实际

上对社区营造的开展有很大的损害。

任何事情都有成本：人力、物力、时间、金钱……抛开那种以公益为幌子的商业营销不谈，社区中一些社会服务成本由资助方如政府、基金会、社会组织等承担，这样就出现了免费的服务，长此以往给大家的印象就是公共服务都应该免费。

这种免费的供给一般会有以下问题：

第一，本身的供给就是受众所不感兴趣的内容，需要用免费或者礼物来吸引"群众演员"；

第二，成本限制导致服务的质量下降；

第三，用免费的方式为其他目的进行推广和营销。

而免费的东西往往大家都不珍惜，在此种情况下我们提出"公益不是免费"的理念，首先要让大家意识到我们所做的每一件事都是有成本的，如果有人、组织付费，我们要对他们的付出有一颗感恩之心；其次我们要做的事情本身是老百姓愿意做的事情，使用者付费是基本原则，那么他们会愿意为此事买单。社区中缺的不是经费、资源，而是组织和信任，当居民们发动起来做自己愿意做的事情的时候，我们会发现钱根本不是问题。解决了钱的问题，我们看看人的问题怎么解决。

在社区中经常会听到类似的对话，当一个孩子的家长发现孩子想踢足球没有玩伴，就会在社区群里面问群的组织者："我们社区有没有足球俱乐部啊？""好像没有哎。""那你能不能帮我们搞个俱乐部啊？"这种情况下，"谁主张、谁负责、谁受益"这个原则就要运用起来："你这个主意挺好，你来负责怎么样？"如果这个人有强烈的驱动力，我们助推一下他就会很容易将这个事情进行下去。而如果需求不很强烈，不妨再等等，也许有更合适的人出现。切记：社区营造不是单纯的社区服务，更多的是强调激发成员的参与感和志愿者精神，促进居民的自我服务和自我管理。否则，社区中形形色色的社会服务都由支持性社会组织承担是不可能的。

提出主张的人去做这个事情自然会尽心尽力，当然他也是最大的受益者，这个受益可能是经济上的受益，但是更多的是个人的社会资本的增加：孩子们踢球有了玩伴，丰富了生活；爸爸妈妈们成为好朋友，爷爷奶奶在等待孩子们的时候拉家常发现了其他的共同爱好……在社区中通过社群产生的信任关系可以提供很多边际效应，降低我们的生活成本。

综上所述，有了这两大原则，当贪小便宜和搭便车的人出现的时候，我们不妨设置一个小小的门槛，有时候虽然有资助方的资助，我们也让每个参与者掏一点点钱或者付出一点志愿者服务，这样慢慢地大浪淘沙，就可以让真正的需求出现，这样社区才能够长期有效、有活力地营造下去。

### （二）五大运营规则

社区社会组织虽然是非营利组织，但是在运营中也应该学习借鉴企业的管理方法，为了能够让社区组织长久地运营下去，需要遵循以下五大原则：

1. 组织架构清晰化

每个组织都应该有清晰的组织架构，建议采用进化型组织的管理模式。在社区社会组织中，由于大多数人都是志愿者，没有足够的时间参与组织治理，所以要让每个组织内的人都拥有自己的角色，认领自己胜任的工作，尽力而为、量力而行。

不建议每个组织的负责人一人独大，应该有两个以上的负责人，避免负责人不干了组织就灭亡了的情况；太大的组织建议拆分成几个小一些的组织，方便有效地运作，但是要考虑这些组织之间每年的主动互联；同时做好人才的储备，提前物色好接班人，避免青黄不接的情况发生。

2. 需要挖掘精细化

许多居民的需求隐藏在日常生活中、交谈中，也许他自己都没有意识到。遇到这种情况，我们要用优势视角挖掘社区资源，运用敏锐的视察力和转化的能力，精细化地引导资源和需求匹配。

一般情况下，社区的需求一直在那里，需要激发居民自我服务、自我管理，我们一般会以社交网络为交流平台，辅助线下深入交流，同时采用"事件营销"的方法，当出现一件具体的事情，比如有老人摔倒没有人管，我们就可以促发大家思考成立互助养老合作社，同样，关于孩子、中青年的痛点出现的时候，挖掘需求，呼吁更多人参与会更有效、事半功倍。

3. 活动流程标准化

大量的社区活动都是由志愿者参与完成的，而志愿者的流动性相对较大，导致这一次参与的人和下一次参与的人很可能不是同一批人，如果能够把活动的流程标准化，从项目策划到志愿者培育到活动流程完成，每次活动都在前人的标准化指引下进行，同时对每次活动进行总结复盘，并且记录在案，这样就可以避免犯很多前人犯的错，保证活动的质量，把良好的制度传承下去。

### 4. 财务管理透明化

由于公益慈善事业在国内并没有良好的基础，大量居民对组织的道德期望较高，不能宽容组织出错，尤其是用钱时不谨慎导致的瑕疵，所以建议将一切信息透明公开给会员和相关人员，多渠道披露财务信息，做到有据可查、信息对等，主动对财务的收支定期汇报。一般组织的领导者会不太关注这方面的工作，以为自己付出了很多，财务上马虎一点也无所谓，这样反而给别人提供了质疑的机会，当被责难的时候又不能保证良好的心态，最后一走了之，对组织发展有很大的影响。应事先把权力关进笼子，尤其是和钱有关的事务，一定要谨慎，避免被别人诟病。

### 5. 组织管理企业化

社会组织的管理也要高标准、严要求，不能因为是非营利组织，服务标准就低于商业的服务标准，相反要比商业组织做得更好，因为支持型社会组织比它们更有"发心"，同时还有专业的运作方法。在机构管理中应该运用企业成功的管理技术、方法和手段，如团队建设制度、激励体系、议事规则、高效会议规则、ISO管理体系等，提高机构的治理能力和竞争力，更好地为居民服务。

**（三）专业社区营造组织成立案例**

1. 组织成立

（1）人员结构。

在社区营造体系中，社区支持型组织一般由至少4名从业人员组成：2名专业社工＋2名本社区居民。

2名专业社工可以由以下人员转化：

其一，社区工作人员；

其二，外部的、从事过社区互助参与营造工作的人员；

其三，社会学、社会工作、心理学等相关专业毕业，有志于从事社区营造工作的应届毕业生（本科及本科以上学历从优）。

2名本社区居民可从以下群体中挖掘：

第一，当前活跃的社区领袖；

第二，自己成立过社会组织的居民；

第三,对社区营造理念高度认同的社区居民。

(2)组织注册。

专业社造组织在机构注册时需要注意的是法人和理事会的相关人员组成。一般情况下,无论支持型组织的发起人是哪一方,均建议法人为非社区工作人员(以保证该组织的独立性和职能边界),法人可以为在该社会组织从业的专业社工或本地居民领袖。此外社区支持型社会组织的理事会组成一般包含社区居委会代表、社会组织专职员工及居民三类人,其中主要理事应由社会组织专职员工担当,监事可由居民和社区居委会工作人员担当。

2. 组织运营

专业社造组织在运营过程中,除社区调研需要前置以外,其余活动无明确的先后时间顺序,即可以同时进行亦可分阶段执行,但这并不意味着毫无计划和章法,"想干就干",专业社造组织对社区进行调研后,需制定出适合本社区特色和组织构成的营造方案(建议三年一规划,规划周期至少一年),并配合项目进度甘特图(如图1-3所示),以确保社区营造工作有序开展。

(1)社区调研及需求挖掘。

专业社造组织是以丰富居民生活、挖掘社区领袖、倡导社区结社、提升公益意识、提高幸福指数为愿景的组织,所以社区支持型组织在开展工作的起初需要就社区"人、文、地、产、景、治"、居民兴趣爱好及需求等进行综合性的调研。在此基础上整理出社区自身的资源地图。同时,在走访和调研过程中,及时获得居民的具体需求,准确识别需求的类型并根据已有资源,找出解决方式。

(2)空间托管。

社区营造需要公共空间,即社区服务中心方可营造,专业社造组织对该公共空间统一管理,并可以结合社区需求、居民爱好等对公共空间进行合理功能布局及调整。互助参与营造模式倡导激发居民参与社区公共空间的管理,即发动具备相关功能或长期使用该空间的居民自组织对空间进行管理,例如南京翠竹园社区童书屋的管理,借阅制

> **Tips**
>
> 在城市社区,尤其是商品房小区,很多社区矛盾都来源于业主与开发商或物业之间的矛盾,此类矛盾多由事发小区缺少相应组织(如业委会)或相应组织不作为而造成。专业社造组织的职能并非越俎代庖,任何事情都包办,但需要具备准确识别问题根源和判断解决问题相关方的能力。

# 第一章 社区组织

| 目标(N) | 任务(N.N) | 活动(N.N.N) | 工作包(N.N.N.N) | 形式 | 指标量 | 对象/人数 | 地点 | 负责人 | 时间 1月 2月 3月 4月 5月 6月 7月 8月 9月 10月 11月 12月 |
|---|---|---|---|---|---|---|---|---|---|
| 互助会平台搭建 A | 招募本地居民 2名 A01 | 确认可招募人群 A0101 | 发布召集信息 从志愿者中选取 社区等推荐 | 微信朋友圈推送 面谈、活动 面谈 | 1次 2～3场 1次 | - - - | - - - | 飞 杨 杨 | |
| | | 面试 A0102 | | 面谈 | 2～3次 | - | - | 杨 | |
| | | 录用成为准成员 A0103 | 作为核心志愿者 | 活动观察 | 2～3月 | - | - | 朱 | |
| | | 入职 A0104 | | | | | | | |
| | 团队学习 A02 | 2.0平习 A0201 | | 自学 | 1次 | 国内所有人 | - | 思颖 | |
| | | 互助会分享PPT A0202 | | 面谈 | 1次 | 国内所有人 | - | 总颖 | |
| | | 外部培训(一) A0203 | | 外出培训 | 6人/2类 | 国内所有人 | - | 总颖 | |
| | | 外部培训(二) A0204 | | 外出培训 | | 国内所有人 | - | 总颖 | |
| | 机构注册 A03 | 法人及共同人、理事单数、监事1个 A0301 | 拟定人选共计人、与社区服务中心对接 | 面谈、名单、投票选举 | 一份营业执照 一个银行账户 | - | 会议室 | 甲辅 | |
| | | 相关材料准备 A0302 | 南花指定签署处、公安指定签署处、地铁、图纸、南花台金景中心、银行 | 面谈 面谈 面谈 | - | 相关所有人 相关所有人 相关所有人 | 相关处 相关处 相关处 | 甲辅 甲辅 甲辅 | |
| | | 相关理事会筹备 A0303 | | 面谈 | - | - | 会议室 | 朱 | |
| | 会议 A04 | | 申请 申请联系 | | | | | | |
| | 督导 A05 | 会议从A0401开始顺延编号 | | 面对面会议 | 1次/周 | 国内所有人 | 会议室 | - | |
| | 联席会议 A06 | 会议从A0501开始顺延编号 | 设计方案 修改方案 | 面对面会议 | 图纸一套 | - | 相关处 | - | |
| | | 会议从A0601开始顺延编号 | 设计样图 送货家具 | 面对面会议 | 图纸一套 | - | 相关处 | - | |
| | 社区装修 A07 | 设计 A0701 | 与社区沟通 | 面谈 | 一份调查表 | - | 会议室 | - | |
| | | 软装 A0702 (6月完成) | 区内布置 | 面谈 | | - | - | - | |
| | | 资料上墙 A0703 | 资料准备 | 图片准备 | | 社区服务中心 | - | - | |
| | 社区调研 (基础调研) A08 | 社区调研表 A0801 | 沟通社区 | 文案、图片准备 | | | | 小胡 | |
| 大型活动 B | 联谊演出"八一"军民团结一家亲 B01 | 活动所有相关表格从AB0101开始顺延编号 | 活动筹备 主题策略确认 场地预约确认 物资准备 活动所有流程会议 现场活动 复盘 | 面谈 微信、海报、群、电子屏 对接社区 制作、购买 会议 | 1次 | 社区 物业 | 会议室 | 杨 杨 飞 | |
| | 新年晚会 B02 | 活动所有相关表格从AB0201开始顺延编号 | 活动筹备 活动宣传 场地预约确认 物资准备 活动所有流程会议 现场活动 复盘 | 聚餐、会议 微信、海报、群、电子屏 对接社区 制作、购买 会议 聚餐、会议 | 对应志愿者数 1次 1次 1次 对应主要者 1次 1次 | 互助会/志愿者 互助会/志愿者 互助会/志愿者 互助会/志愿者 所有相关方 互助会/志愿者 所有相关方 | 会议室 会议室 会议室 会议室 会议室 会议室 会议室 | 总负责人 苏 | |
| | 厨艺比赛 B03 | 活动所有相关表格从AB0301开始顺延编号 | | 微信、海报、群、电子屏 主题宣传 对接社区 会议 聚餐、会议 | 1次 1次 对应主要者 1次 1次 | 互助会/志愿者 互助会/志愿者 互助会/志愿者 互助会/志愿者 所有相关方 | 会议室 会议室 会议室 会议室 会议室 | 总负责人 苏 | |

图 1-3 项目进度甘特图示例

度的制定和日常书架整理都是由儿童志愿者参与执行的。

（3）搭建信息平台。

社区中的两类不对等之一便是信息不对等，专业社造组织作为一个平台型的组织，需要具备强有力的信息发布和查询功能。以翠竹园互助会为例，首先，进入社区后，互助会需注册申请独立的微信号作为客服号，即互助会小秘书，由小秘书作为互助会统一对外的形象。其次，由社区引荐和协助互助会小秘书微信号加入相应的业主群及各种居民群，加入的作用有两个，一方面实时观察和获取居民聊天内容和信息，将其提炼为需求或可促成的活动内容；另一方面，当社区及互助会有相应信息需要发布的时候，可以及时准确地将信息发布到居民群中。此外，还可组建社区互助会群，将社区居委会、社区自组织及领袖、参加过活动的居民等拉入该群，对该群进行综合管理和不断扩大。

（4）领袖挖掘及自组织培育。

每一次调研、每一场活动都可以成为挖掘领袖和激发自组织的契机。以专业社造组织平治社区互助会为例，在初期进行社区调研和居民调研的过程中，互助会工作人员发现以社区居民"高山流水"为代表的数名年轻人非常希望在小区举办跳蚤市场活动，他们曾尝试组织，也尝试过跟物业等相关方

> **Tips**
>
> 在加入社区自组织，尤其是各类兴趣爱好群体时，即使是工作人员也务必以兴趣为导向进行，切勿毫无兴趣和事由就将所有人拉入某一兴趣群体中，此种行为容易引起居民的警惕和反感。

表达想法，通过了解，互助会工作人员发现其还管理着一个200多人的跳蚤市场群（该群多用于在线的二手物品置换和小区微商推广）。

对此，互助会做了几步工作：

第一，活动前一个月，互助会邀请"高山流水"等三名活跃居民线下碰面，先由互助会工作人员进行自我介绍并将翠竹园居民领袖成立互助会的案例进行了15分钟左右的分享，以此来产生共鸣；之后通过对话了解几位居民对于组织跳蚤市场活动的初衷和目标，并向其介绍翠竹园跳蚤市场的常用形式，接下来确定活动主题，并通过开脑洞的方式鼓励所有人尽可能多地构想活动板块和具体内容，然后和居民共同认领职责和约定分工、建微信群。

第二，在线上对之前开会协商定下的工作进行跟踪，确保几位居民完成手头分

工,并不断宣传,邀请更多人加入微信群。

第三,活动前半个月,邀请微信群中所有人进行第二次碰头会议,确认活动流程和具体职责分工,并约定完成时间节点。

第四,活动前,根据互助会标准化活动流程,提醒和协助居民完成分工,对于承担重要角色(例如物资安排)的居民,互助会同时配备一名工作人员协助其完善工作。

基于上述几步工作,7～8名社区领袖和1个跳蚤市场的相关自组织就诞生了。

(5) 资源链接及外部服务。

专业社造组织具备桥梁纽带的作用,其资源链接和统筹的作用非常重要,这种链接一方面体现在内部,比如探索如何利用本地资源来服务本社区;另一方面体现在外部,比如探索如何合理有效地引入外部资源来服务于本社区。社区营造所提倡的是资源利用的联合效应,即"1+1>2"的效果,与其两个组织分别活动,不如寻找共性整合在一起;与其两笔资金各自使用,不如相辅相成,使成效最大化。

> **Tips**
> 对自组织及居民领袖做能力建设并不是通过技能培训等方式,而是在其志愿组织活动等过程中,用互助会的标准化流程来设定要求,并全程陪伴,出现困难和问题时及时给予支持和帮助,确保其可以自己完成。

(6) 宣传倡导。

对内,社区支持型组织要利用立体化宣传,在社区时刻起到价值观(相信、参与、承担、互助)引导的作用。

对外,专业社造组织可以利用各种宣传媒介将社区正能量的影响不断扩大,从而将社区文化和居民自治的正能量带给更多的社区,甚至影响周边社会环境。

(7) 链接四方平台。

专业社造组织要联合社区居委会、业委会、物业等,建立联动会议机制,促成社区治理中的所有相关方每月进行当面的会议沟通,将各方发现的社区治理中的问题,尤其是难以单方解决的问题进行讨论和解决。四方或多方联动会议一般是闭门会议,即各方负责人以最直接的方式沟通各类问题,就最快、最有效解决问题的方法达成共识,并互相约束、监督完成。

## （四）专业社造组织内部管理

### 1. 组织架构

建议采用进化型组织的模式，按照项目组合成"圈"，每个圈由理事会任命引导连接一名，组织该圈内的员工推选代表连接一名，并且每个员工认领相应的角色。

组织全职员工不得少于四名，其中当地居民不少于两名。每个推广培训项目点至少需要一名全职员工，如果工作量大，全职员工不得少于两名。每个被孵化的专项机构在孵化期结束后至少要有两名全职员工。

机构的财务目标为每个项目的产值不得小于负责该项目人员工资的2.5倍，若达不到该目标，在理事会会议上获得超过三分之二人数同意后方可承接项目。

### 2. 实操点角色岗位制度

（1）引导连接。

**目标**：将主圈的目标落实到次圈。

**管辖领域**：各次圈。

**责任**：

第一，向成员有效传播机构愿景、使命、价值观。

第二，组织次圈召开工作会议，对圈内人员进行合理的角色分配及调整。

第三，对成员进行能力建设，了解团队思想动态。

第四，带领成员共同制定和调整团队工作目标，并协助组员制定和完成个人指标。

第五，对项目点工作进行统筹安排。

第六，针对各项文案进行最终的审核。

（2）代表连接。

**目标**：在主圈内代表次圈的目标，在次圈内沟通及处理与主圈程序相关的张力。

**管辖领域**：各次圈。

**责任**：

第一，在组织内为次圈扫除制约其发展的因素。

第二，尝试理解次圈成员发现的张力，并且辨别哪些需要在主圈内处理。

第三，给主圈提供次圈的情况。

第四，与资方领导对接沟通。

第五，针对各项文案进行最终的审核。

（3）督导。

**目标**：对督导项目进行预指导、中期评估、结项评估及复盘，做好风险评估，确保组织守法，维系组织的公信力及公众形象；对团队进行能力建设，了解团队思想动态，合理调配员工进入适合的岗位。

**管辖领域**：所督导的次圈。

**责任**：

第一，对项目点进行预指导、中期评估、结项评估及复盘，做好风险评估，确保组织守法，维系组织的公信力及公众形象。

第二，审批、监测、督导每个组织的项目和服务，支持主管工作并评估每个项目的效果。

第三，参与各组织提请的专项会议、审核文案。

第四，组织机构小伙伴参加专业技术培训及考试。

（4）文案。

**目标**：次圈内所有对内以及对外材料的撰写以及做好活动推广、宣传等。

**管辖领域**：各次圈。

**责任**：

第一，撰写次圈内各种项目的文书。

第二，公众号、微信号以及所有对外宣传的文案撰写。

第三，次圈内所有活动、会议的文字记录、整理及存档。

（5）小秘书。

**目标**：协助次圈内其他角色做好配合、协调、沟通工作。

**管辖领域**：各次圈。

**责任**：

第一，各类文件、材料、物料的整理归档。

第二，活动场地预约及场地的管理、安排。

第三，社区相关情况调研及走访。

第四，与居民沟通以及整理居民反馈的相关信息。

第五，建立社区互助交流微信群并负责微信群日常管理工作。

第六，各项会议前的物料、材料、设备的准备工作。

(6) 外聘（保安/保洁）。

**目标**：做好次圈所在区域及活动现场的安保和清洁工作。

**管辖领域**：各次圈。

**责任**：

第一，做好次圈所在区域及活动现场的安保工作。

第二，做好次圈所在区域及活动现场的清洁工作。

(7) 出纳。

**目标**：处理好次圈内所有财务范围内的事务。

**管辖领域**：各次圈。

**责任**：

第一，次圈内各项财务支出、报销、统计及管理。

第二，次圈内成员日常考勤汇总并及时向总部反馈工作情况。

(8) 立体化传播。

**目标**：独立完成次圈内所有对外以及对内的立体化传播工作、每场会议及活动流程策划。

**管辖领域**：各次圈。

**责任**：

第一，每刊杂志内容的收集、整理、版面安排，配合设计部门提供所需的相关材料。

第二，各类宣传海报的版面布局，配合设计部门提供海报所需的相关材料。

第三，微信公众号的版面设计、维护以及各类资讯的发布推送。

第四，活动现场布景设计及现场布置。

第五，会议、活动拍照，筛选优质的照片发送并归档上传。

第六，次圈内各项会议主题策划及流程安排。

(9) 主持人。

**目标**：完成次圈内所有活动以及会议主持的相关工作。

**管辖领域**：各次圈。

**责任**：次圈内每场会议前的流程知悉、会议主题稿件拟定及现场主持、现场管控。

（10）筹款。

**目标**：为次圈的一切活动筹集资源。

**管辖领域**：各次圈。

**责任**：

第一，为次圈内所有活动合理分配资源。

第二，结合不同工作内容开拓新资源。

第三，接洽相关方以获得资源支持。

第四，对客户进行定期维护，并予以适当回馈。

（11）讲解员。

**目标**：完成次圈内所有参观、访问的讲解工作。

**管辖领域**：各次圈。

**责任**：

第一，熟悉次圈内各个场馆的使用情况。

第二，次圈内每场参观、访问的现场讲解工作。

（12）伯乐。

**目标**：挖掘社区居民领袖、激发及培育居民自组织、招募志愿者。

**管辖领域**：各次圈。

**责任**：

第一，在微信群中挖掘居民需求，发现社区领袖。

第二，激发居民成立自组织，并对其进行培育。

第三，志愿者的招募、管理和组织。

（13）财务总控。

**目标**：帮助机构完善财务工作，给机构的运营及发展提供建议及意见。

**责任**：

第一，根据机构业务需要，拟定各项财务管理条例，一年做一次修订并公示，根据例会讨论及时修改财务文件并公示。

第二，每年组织一次内部人员的项目财务管理及财务办理手续流程的培训，根据项目需求对外支持项目性培训。

第三，次年3月前配合会计师事务所进行上年年终财务审计。

第四,督导每个机构的财务管理及运营。

第五,参加继续教育及培训学习,及时了解前沿动态,参与规划机构发展。

第六,参与机构重大事务的决策。

(14) 机构、人事管理。

**目标**:做好日常档案、印章管理及机构年检工作。保证机构人事手续的及时办理,安排好福利发放。

**责任**:

第一,处理每年3月到6月底之间各个机构的营业执照、社保年检事宜。

第二,机构重要文件、公章的管理及登记使用。

第三,在每月1号至25号之间办理社保转入或转出,保存好相关办理资料。

第四,办理员工入职手续:收集员工资料,签订试用期协议并安排员工填写个人信息,员工转正后及时询问主管是否签订合同,如签订合同,需在转正当月为其缴纳社保。

第五,办理员工离职手续:收离职书,安排填写交接表,在员工离职当月将其社保转出。

第六,参与组织执行生日庆祝、聚餐、体检等团建活动,发放节日福利。

3. 理事会角色定位

(1) 理事长。

**目标**:实现机构的愿景,协调机构内部的关系。

**管辖领域**:主圈。

**责任**:

第一,制定机构使命与愿景,并向工作人员有效传播。

第二,筹集资金、资源,实行财务监督,保证资金不断档,吸纳新的理事会成员。

第三,对机构进行风险评估,确保机构守法,维系机构的公信力及公众形象。

第四,保证有效的机构规划,对团队进行能力建设,了解团队思想动态。

第五,参与必要会议,协调各方关系。

第六,审批、监测、督导机构的项目和服务,支持高层、主管工作并评估每个项目的效果。

第七,对互助会体系进行研发。

第八,对外宣传机构及谈判、承接项目。

第九,承担互助会对外推广(接访、分享、培训、交流、网宣)业务。

第十,副理事长协助理事长工作,理事长不能行使职权时,由理事长指定的副理事长代其行使职权。

(2) 理事。

**目标**:参加理事会,组织实施理事会的决议。

**管辖领域**:主圈。

**责任**:

第一,参加理事会,组织实施理事会的决议。

第二,组织实施机构年度业务活动计划。

第三,拟定机构内部设置的方案。

第四,拟定内部管理制度。

第五,提请聘任或解聘本机构副理事长和财务负责人。

第六,聘任或解聘次圈引导连接。

(3) 监事。

**目标**:对机构进行检查监督,并对有损机构利益的行为进行纠正。

**管辖领域**:主圈。

**责任**:

第一,检查本机构财务工作。

第二,对本机构理事、引导连接及代表连接违反法律、法规或章程的行为进行监督。

第三,当本机构理事、引导连接及代表连接的行为损害本机构的利益时,要求其予以纠正。

(4) 理事长秘书。

**目标**:协同理事长完成目标。

**管辖领域**:主圈。

**责任**:

第一,负责理事长的日常行程安排与记录,负责工作人员、合作人员等与理事长的联络工作。

第二,对理事长督导的项目进度进行了解、跟进和记录。

第三，对理事长遗忘或暂时抽不出时间处理的事务予以提醒和预处理。

第四，对上交给理事长审核的文案进行编排与修改。

第五，督促文件归档，了解文件在资料库内的位置。

第六，传递理事长未能参加的会议信息。

第七，完成理事长的出差发票报销等资金管理。

第八，对"团队建设基金"和"讲座基金"进行管理。

第九，完成理事长交办的其他事务。

上述角色划分是根据社区互助会多年的社区实操经验总结而得，团队成员可根据自身特长和需求，选择其在某一次圈内想要担当的角色，该次圈引导连接也可结合多方面因素衡量并判断该成员是否可以胜任该角色。另外，每个团队成员可根据自身能力和该角色的工作量向引导连接申请承担更多的角色和工作。

## 第四节　社区组织协商议事

以南京雨花台区翠竹园社区为例，要解决社区存在的组织不对等和信息不对等这两大问题，首先要成立在民政部门合法注册的支持性社会组织，其业务范围要涵盖整个社区的各类需求，并且谋求和社区居委会、物业、开发商、业委会等组织建立良好联系，相互通气和帮扶；在此基础之上，给予多方参与者一个广泛的协商民主平台，以参与为导向，挖掘社区领袖、促进社区结社，并对各个组织提供能力建设和资源对接等服务。互助会平台能让社区居民的公益意识逐步提升，提高社区的黏性，增强居民对社区的自豪感和自身幸福感。

我们把居委会、业委会、物业、专业社区营造组织这四种组织在社区中的关系形象地比喻成一支足球队，它们是一个团队，各司其职又相互补位，既要守清边界，又要紧密团结。要针对社区中所存在的问题定期召开联席会议，尤其是社区建设中的大事、急事、难事，要通过协商民主讨论解决方案，发挥联动机制，妥善解决，最终达到四方联动、协同共治的和谐状态。

虽然谈起来很容易，但是要把社区中的各个组织相关方联系在一起不是一件很容易的事情，一般会因为历史遗留问题以及相关各方千丝万缕的利益纠葛而十分棘手。如何说服大家、如何调动和整合资源，需要根据具体的情况进行评估和分析。

社区协商民主议事作为社区治理中的一个重要环节，起着积极有效的作用。首先应该赋权，让居民拥有发言的权利，不管是何种类型的发言，都鼓励他们积极表达出来。在表达出来以后，要建立对等的对话机制，鼓励居民有序参与。同时运用各种协商技巧进行赋能，引导合理、合法、理性的诉求。面对少数人的权益被损害的情况不能逃避，要主动帮助伸张，要知道少数服从多数不是最佳的方案而是最无奈的方案。

通过多个纬度的协商可以解决社区中存在的各种问题，既能够考虑到大多数人的诉求，也避免损害小部分人的利益，从而达到社区善治的目标。

## 一、社区各方组织及其职责

### 1. 居民委员会及其职责

居委会是居民自我管理、自我教育、自我服务的基层群众性自治组织，是中国人民民主专政和城市基层政权的重要基础，也是党和政府联系人民群众的桥梁和纽带之一。社区居委会在社区的老年人中有较强的公信力，在大多数人眼里，居委会是政府的化身，当遇到很多无法调和的问题时，人们会想到求助于居委会，居委会起着衔接警方、城管、消防以及各个行政部门的作用。

其基本职能和任务是：

- 宣传宪法、法律、法规和国家的政策，维护居民的合法权益，教育居民履行依法应尽的义务；
- 办理本居住区居民的公共事务和公益事业；
- 调解民间纠纷；
- 协助维护社会治安；
- 协助人民政府或者其他的派出机关做好与居民利益有关的公共卫生、计划生育、优抚救济、青少年教育等项工作；
- 向人民政府或者其他的派出机关反映居民的意见、要求和提出建议。

由于社区情况千差万别，各个地方的社区承担的职能也不同，建议居委会主要从事公共事务的处理，将社区营造的公益事业交由社区组织运营。在社区营造过程中，经常会出现这种现象：居委会认为社区组织是自己的工作人员，模糊了两者的边界与权限,让社会组织承担本应居委会承担的工作,随意介入社会组织的内部事务,忽略社会组织的独立性。这样所带来的后果就是,在居民眼里,居委会和社会组织实际上是一个机构,反而不利于社会组织用他们的方式帮助居委会解决问题。

2. 业主委员会及其职责

业主委员会简称为业委会,是指由物业管理区域内业主代表组成,代表业主的利益,向社会各方反映业主意愿和要求,并监督物业管理公司管理运作的一个民间性组织。业主委员会只是业主大会的一个常设执行机构,根据业主大会的授权负责处理业主大会的日常事务,对外可以根据业主大会的决定与物业管理公司签订合同,本身没有独立的议事能力。虽然业主委员会是依法成立的,但是没有法律法规规定业主委员会可以经过登记后取得法人资格,所以业主委员会不是法人。另外,在物业管理实务中人们普遍把业主委员会作为其他组织来对待,但是从法律责任上分析,业主委员会委员或者业主不可能对业主委员会的行为承担最终责任。

业主委员会执行业主大会的决定事项,履行下列职责:

- 召集业主大会会议,报告物业管理的实施情况;
- 代表业主与业主大会选聘的物业服务企业签订物业服务合同;
- 及时了解业主、物业使用人的意见和建议,监督和协助物业服务企业履行物业服务合同;
- 监督管理规约的实施;
- 业主大会赋予的其他职责。

业委会是一个相对专业的组织,而很多业主没有相关知识储备,对法律、法规不熟悉,加之很多业主对自己的权利漠视,而很多加入业委会的业主又有着浓重的维权特质,斗争有余,建设不足,导致我国大多数业委会不能良好履职,甚至起着破坏社区安定团结的作用。总而言之,业主委员会的法律地位不明确,业主委员会的运作程序亟待规范,全国各地的业委会的发展步伐较为缓慢。

3. 物业公司及其职责

物业是专门从事地上永久性建筑物、附属设备、各项设施及相关场地和周围环境的专业化管理,为业主和非业主使用人提供良好的生活或工作环境,具有独立法人资格的经济实体。它属于服务性企业,与业主或使用人之间是平等的主体关系。它接受业主的委托,依照有关法律、法规的规定或合同的约定,对特定区域内的物业实行专业化管理并获得相应报酬。

其基本职能和任务是：

- 房屋建筑主体的管理及住宅装修的日常监督；
- 房屋设备、设施的管理；
- 环境卫生的管理；
- 绿化管理；
- 配合公安和消防部门做好住宅区内公共秩序维护和安全防范工作；
- 车辆道路管理；
- 公众代办性质的服务。

中国物业管理实务中存在着业主委员会法律地位不明、职责不清、运作不规范等问题，致使在物业管理法律关系中，物业管理公司处于强势地位，在物业管理过程中常常发生损害业主合法利益的情况，这种状况已经成为阻碍中国物业管理朝更高水平发展的重要因素。在大多数小区居委会和业委会缺位的情况下，物业提供的多种公共服务，在影响社区业主生活方面起着很重要的作用，但是由于大量的物业公司缺乏职业精神和监督，导致业主满意度低下，业主与物业矛盾重重。

4. 专业社区营造组织及其职责

专业社区营造组织以相信、参与、承担、互助为愿景，给新生俱乐部提供资源、场地、信息以及资金的对接，承办没有俱乐部承担的社区活动，主动承担跳蚤市场、社区图书馆、社区帮扶社区、公益捐赠、慈善商店等社区公共事务，意在丰富居民生活，挖掘社区领袖，倡导社区结社，激发居民志愿者精神，提升社区公益氛围，同时起到积极化解社区矛盾的作用，做沟通居委会、业委会、物业和业主的桥梁和润滑剂。

其基本职能和任务是：

- 为俱乐部提供平台(信息平台)、技术；
- 提供能力提升的培训；
- 提供资源对接(场地、资金、人员)；
- 调研及发布居民需求；
- 为潜在社团发掘领袖人才；
- 为初创俱乐部提供咨询(业务、团队、制度)；
- 为外部公益组织接口落地服务；

- 为有志愿专职做公益的人士提供途径；
- 社区公共空间托管；
- 社区文化倡导和宣传；
- 技术输出（互助会架构的宣传和输出、业委会及业主大会的建设）；
- 为俱乐部提供公益服务；
- 社区帮扶社区。

支持型社区社会组织在整体社区营造工作中担负着举足轻重的角色。但专业社区营造组织也会面临生计困境、人员流失困境、行业困境、项目掣肘等现实问题，为了生存也会拓展业务到其他社区，但由于话语权较弱，无法短时间获得居民认同、社区认可。而资方要求使得原本需要长期见效的营造活动趋于项目化、活动化，这也会影响区营造工作的预期效果。

## 二、社区中各方的关系

1. 居民委员会（掌舵与划桨分离）

居委会要承担掌舵功能，协调各类资源，把握政策和方向，主要从事公共事务的处理，将划桨权力下放，将社区发展与营造的公益事业交由社区组织运营，使社会组织拥有一些权责改进公共服务，提供更全面的解决方案。

2. 业主委员会（共有资产，共同决定）

建议激发有钱、有闲、有心、有力的业主加入业委会。轻斗争，重建设。业委会应主要从事与全体业主、物权相关的事务。不要介入只让少部分人受惠的项目，免遭质疑。

3. 物业公司（守清本位）

建议物业公司以服务为本，厘清权限，积极配合业委会开展社区服务。切勿因一时小利侵吞业主公共收益。要注重信息公开透明，拓宽与业主的沟通渠道，培养职业精神，对比行业规范严格要求自己。

4. 专业社区营造组织（搭建支持平台，协调各方关系）

建议专业社造组织要以支持平台为主体，充分挖掘、调动资源，通过各种手段、活动促进社区活化。在具体工作中，根据两大原则、五大运营规则行事。另外，不唯资方马首是瞻,在开展工作的前期应充分和资方进行沟通,传达社区营造的目的和过程性,尽量避免仅以活动频次和人数评估项目效果,使社会组织陷入被动。

### 三、社区协商议事机制

社区营造面临的是每一个有复合需求的个体及有不同利益诉求的组织,这使得社区问题错综复杂。不同个体、不同组织语言体系不同、思维各异,这一客观现实使得同一件事情由不同身份的人主导,取得的效果也大相径庭。因此针对社区中各种可能发生的事件与矛盾,选择合适的组织方出面解决更加有效。

社区协商民主议事多方平台的建立是一个不断磨合的过程,各方之间一般会存在较多历史遗留问题,每个相关方又有千丝万缕的利益纠葛,如何说服各方整合和共享资源,需要根据具体的情况进行评估和分析。

建立社区协商民主议事平台,一般由社区居委会牵头比较有说服力,如果参与各方不够积极,可以主动伸出橄榄枝,通过一些事件帮助各方解决迫在眉睫的问题,建立良好的互动关系。

一般社区组织在架构初期的能力较弱,要注重培力赋能,保证各个组织的平等性,同时建议该组织走出去调动各种资源,增加自己的话语权。而居委会、物业、业委会也可以主动让渡自己的权利给社区组织,使其能够全心全意地为受众服务。

在协商议事平台里我们建议能够由单方解决的问题自己解决,解决不了的再放到协商会议中进行。协商中要注意提出问题方一定要开放心态,不隐瞒问题的原因,而其他各方要开放资源,力图达成多方共赢的局面。

一般进行平台会议时需要注意以下方面:

第一,四方联动会议由居委会、业委会、物业管理公司、社会组织负责人参加,每个月固定一天召开。

第二,社区各方必须将社区的公共利益放在首位,以维护居民的合法权益为前提,以共驻共建共赢为原则,及时沟通信息,互谅互让,共谋社区发展。

第三,四方联动会议采取个别酝酿、共同协商、民主表决的议事方法,讨论、研究、决定社区重要事务。

第四,提交给四方联动会议讨论的市区建设和管理服务事项,在广泛听取居民群众意见的基础上,经联动会议成员达成一致意见后,方可实施。

第五，对突发事件和重大社区事务，可临时召开四方联动会议，一事一议，确保社区正常秩序和社区管理服务的有序、稳定。

第六，不要强调某一方的能力和成绩，合力是社区工作的关键，各方必须全力协同、责任共担、利益共享。社区是大家的，荣誉也是大家的。

## 四、结语

社区协商民主议事是判断社区营造工作是否有序开展的重要指标，社区中没有良性的协商议事机制，便意味着有可能存在组织不对等与信息不对等的问题，诸如"社区中大小事务都由社区居委会包办""物业不断侵占业主利益，社区矛盾不断升级"等。社区协商民主亦是社区营造工作的最大难点，需要社区工作者更深入地研究、探索和不懈地坚持。

> **Tips　四方联动会议注意事项**
>
> 1. 提前一年列好计划，各方按照计划提前做好准备。
> 2. 每月开一次例会，各方提前提交议题，做好准备工作。
> 3. 鼓励各方把可能的资源共置于同一平台，避免各自为政。
> 4. 针对可能发生的问题进行预判，避免矛盾和问题的扩大化。
> 5. 出现问题不要试图单方解决，应快速响应并进行危机公关，占领宣传领地，不要使问题在表面发酵。
> 6. 所有的宣传归口要统一口径发布。
> 7. 如果出现某一方参与态度不积极的情况，可通过事件进行促成，可以不断抛出橄榄枝接纳其加入平台。

# 第二章

# 参与式规划

## 第一节　社区总体营造规划

社区总体营造方案规划指导书主要用于指导社区或社会组织,运用社区互助参与营造体系的方法,结合自身社区"人、文、地、产、景、治"的现状,制定出适合自身社区的营造方案。

社区总体营造规划方案一般由六部分组成:项目背景、营造方案、项目内容及进度、项目实施人员构成、项目预算和效益评价(见图2-1)。

### 一、项目背景

在做社区规划前,对于国家和地方政策以及项目实施社区基本信息的了解非常重要,所以撰写方案的第一步就是阐述相关政策以支持后续具体方案内容。

1. 政策背景

此部分主要描写国家及地方政策,尤其对"居民自治""协商民主""社区自组织培育"等社区营造相关内容进行重点阐述和分析。

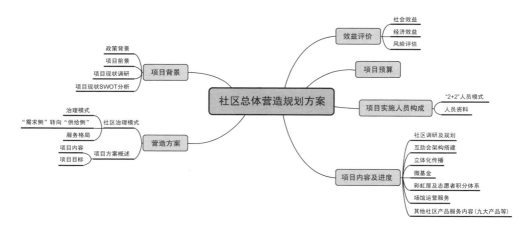

图 2-1 社区总体营造规划方案示意

2．项目前景

此部分重点描述社区营造对于基层社区治理带来的益处，可从财政支出、管理压力等多方面描述。

3．项目现状调研

此部分主要从"人、文、地、产、景、治"（具体详见社区调研指导书）六个维度来阐述该社区的基本现状。该部分描写需客观，主要是基础数据的呈现。

4．项目现状 SWOT 分析

结合社区调研信息，对社区治理现状进行 SWOT 分析，其中优势和劣势的分析主要是针对社区内部、自身的优劣势剖析，而机遇和挑战的分析主要针对外部资源给社区治理带来的好处和风险。

## 二、营造方案

1．社区治理模式

（1）治理模式。

结合上述背景资料和现状分析，此部分需要针对项目社区进行治理模式的描述，即采用互助参与营造模式。在社区开展社区治理，一般可包含以下内容：

第一,提出治理主题。

以平治社区总体营造方案为例,结合平治社区居民整体较年轻、素质总体较高、社区刚开始筹备、居委会工作人员整体较年轻的特点,平治社区定位为"活力社区",街道诉求是希望以平治带动整个保障房片区治理,故方案主题定位为"立足平治、牵手齐修、带动岱善"。

第二,提出治理切入点。

根据项目社区 SWOT 分析,不难找到社区治理的切入点,所以在该部分还需要简要描述社区,总体营造从此切入并着手开展工作。例如平治社区居民入住不足 2 年,社区刚刚组建筹备,居民普遍较年轻,尤以 IT 技术类人才为主。针对这一优势,平治社区治理提倡"前置营造"的方式,利用年轻人爱好广泛、能动性强等特点,通过前期挖掘,着重引导年轻人和儿童参与社区治理。

(2)"需求侧"转向"供给侧"。

该部分一般为固定格式,主要可描述通过支持型社会组织的引导、倡导、赋能,专项型社会组织的专业服务和社区自组织的自我服务,带动服务的"需求侧"转向"供给侧",实现社区整体服务质量、居民公益意识提升的目的。同时,在"需求侧"和"供给侧"不断调整的过程中,提高项目社区的空间使用效率,促进项目社区公共空间的服务载体功能成为居民的生活内容必需。

(3)服务格局。

该部分主要强调利用社区内外各种资源,结合居民自我服务与管理意识的提升,形成"培育居民自我服务能力—商业服务解决刚性需求—社会组织解决社会需求—政府托底"的服务格局。

2. 项目方案概述

此部分主要就项目基本服务内容及目标成效进行概述。

(1)项目内容。

此部分主要针对治理模式列出项目社区治理框架,一般情况下,该框架应该与后面的具体内容和进度保持一致。一方面,框架下的每一个点都需要大致描述其所涵盖的内容,100~200 字即可,例如,平治社区总体营造规划框架内提到搭建社区支持型社会组织的架构,是这样描述的:

> 搭建社区支持型社会组织的架构:注册成立南京雨花岱善社区互助中

心,以促进社区居民的"相信、参与、承担、互助"精神为愿景,在社区中开展各项活动,组建"岱善社区互助会",丰富居民生活,挖掘社区领袖,倡导社区结社,激发志愿者精神,提升公益意识,提高幸福指数,从而改变中国社区居民缺乏参与的现状,建立具备自主性、内生性、枢纽性、平台性特点的支持型社会组织。

另一方面,框架描述需有逻辑,一般以时间轴来罗列。

(2) 项目目标。

此处目标一般 5～7 条,不宜使用内容太过空洞的语言描述,应尽可能遵循 SMART 原则,指标量化,简单扼要。例如:

- 注册成立在地化的支持型社会组织——南京雨花岱善互助会。
- 建立社区议事平台——四方平台,每月召开 1 次例会。
- 建社区微信群、微信公众号,编写发行《社区幸福生活》杂志,利用公共场所的公告栏进行传播,设立互助会小秘书公共客服。
- 每年激发成立和培育不少于 15 个自组织。数量依据:最终平均 150 人拥有一个社区自组织。
- 第一年在册志愿者达到人口数量的 3%,第五年达到人口数量的 15%。
- 成立社区微基金,撬动社区资源。第一年 5 万资金,第二年开始每年 10 万～20 万。
- 组织大型活动,第一年 6 场,第二年以后每个月 1 场。

### 三、项目内容及进度

结合上述项目框架内容和量化目标,该模块需要具体罗列所有工作的内容和进度安排,需要注意的是,互助参与营造体系中有一些必选项和可选项,即与社区营造相关且非常重要的一部分工作必须做;另一部分工作有选择性地做。所以在罗列具体项目内容的时候,可以项目预算为依据,资金支持比较大的项目可以多罗列,反之就少罗列,但必选内容是必须做的事,一定要在第二部分项目内容中阐述清楚其必要性。

现阶段,社区互助参与营造体系中的常用必选项为:社区调研及规划、互助会架构搭建、信息立体化传播、彩虹屋及志愿者体系;而党建服务、场馆运营、九大产品相关服务项目等可根据项目社区需求进行罗列。

以平治社区总体营造规划方案为例：

### 岱善社区互助会架构搭建

南京雨花岱善社区互助中心以促进社区居民"相信、参与、承担、互助"为愿景，在平治和齐修两个社区中开展各项活动，旨在丰富居民生活，挖掘社区领袖，倡导社区结社，激发志愿者精神，提升公益意识，提高幸福指数，从而改变社区中普遍存在的冷漠逃避、缺乏参与的现象。

联动辖区内的优质资源，组织大型社区活动，激发居民自主参与热情，倡导社区文化，促进社区之间的交流互动和展示平台的发展。

主要内容：

（1）指导社区组织活动。

（2）社区组织核心成员的挖掘及能力建设。

（3）社区服务的资源整合。

（4）布展，定期更换及公示活动内容。

（5）联合辖区内的社会组织以及相关资源，组织社区文艺演出，如"六一"、国庆、元旦庆典活动等。

（6）组织主题性活动：以喜闻乐见的文艺活动形式开展爱国主义教育活动，如歌咏比赛、诗朗诵等；以党建活动为主题，建立党员活动基地；联合学校利用其体育场地组织社区间的体育赛事，如亲子运动会、成人体育项目等。

进度安排：

➢ 2017年11月，协助完成平治社区软装布展和参观路线的设计。

➢ 2017年12月，开始核心团队建设工作，筹备注册南京雨花岱善社区互助中心(暂定)。

➢ 2017年1月，平治社区采购工作结束，组织正式入住平治社区开展工作，挖掘平治和齐修两个社区的志愿者，培育社区自组织自我服务能力。

➢ 2018年3月，举办第一个社区大型主题活动，其后至少每个双数月开展一次大型社区主题活动。

## 四、项目实施人员构成

互助参与营造体系中,对于项目人员配比是有严格要求的:

### 1. 项目督导及教练团队

这是定期为项目提供社区营造、财务等多方面专业指导的团队。社区营造不是纯粹的列任务书—完成任务书的刻板项目,社区营造的事情永远都是越做越多的,所以在做事的过程中,项目实施人员难免遇到由专业和经验不足带来的走偏和无措,所以督导和教练团队在此过程中应关注到每一个员工,帮助个人成长、帮助组织成长。

### 2. 项目实施团队

由于社区支持型组织具有内生性特点,任何社区营造项目都需要遵循"2+2"的人员配比,即"2名专业社工+2名本地居民"的人员搭配模式,并且这些人员均为全职员工。专业社工了解社区营造的路径和方法,并且可以对互助参与营造模式进行较好的复制;而本地居民一方面在于起到稳定作用,另一方面在动员上有专业社工不可比拟的优势。

上述所有人员(本地居民可能需要在项目启动后挖掘,无须一同罗列)信息都需在项目规划方案中具体罗列。

## 五、项目预算

预算的编制一般根据具体工作内容确定,例如搭建互助会平台,该项工作十分重要且工作量较大,一般花费金额较大(超过20万元),而诸如可选的微小服务、微基金这类工作内容具体且单一,那么花费金额则较小(一般5万元左右)。

社区总体营造对于资金量是有最低要求的,除去微基金代收代支的部分,一般至少需要50万元的资金才可能完成目标预期值。

## 六、效益评价

该部分一方面需要就社会效益和经济效益罗列社区营造所产生的总体效益,另一方面可选择1~2个SWOT分析中提及的风险进行评估和应对措施的阐述。例如:

**社 会 效 益**

社区互助参与式总体营造培育社区社会组织、助力社区治理,将社区成员对生活和社会的要求转化为活动,为活动的开展提供专业服务,构建社区互助平台,激发志愿者精神,提升居民公益意识,提高社区幸福指数,变生疏的邻里关系为互相信任、扶持的邻里关系,重拾契约精神,使更多的人能够参与到社区活动中,主动承担公共事务,统筹社区资源互帮互助,搭建社区中各个组织之间有效的协商民主平台,实现社区综合整体治理的目标,从而改变中国社区冷漠逃避、缺乏参与的现状。

通过互助会的持续总体营造,能够有效缓解社区矛盾,减轻政府行政负担。能够真正让老百姓受益,使其愿意为自己的社区环境变得更好而共同努力,学会奉献,造福社区,从而实现自我服务、自我管理的综合治理,营造良好的社区氛围。

同时,在社会资本方面,由于社区活力被激活,居民需求被激发且凝聚力增强,通过激活"互联网+",居民交流畅通,沟通成本降低,效率提高,居民对社区的参与度提升,从而带动周边商业配套、教育、医疗、交通等方面的建设,对区域经济均衡发展有一定的帮助,也能够带动本社区就业及民生问题。

社区中的问题是复合性的,面对不同的对象和不同的需求,单一的平台无法从根本上解决社区整体的问题,难以推动老、中、青、少、幼各群体的交融与共同发展,一个社区真正意义上的和谐,是整体的、多层次的、多维度的和谐,而非局部繁荣。综上所述,社区总体营造是当代社区发展最理想的方式,我们希望协同社区相关的所有力量,为共同打造互助型社会而努力。

# 第二节　参与式社区公共规划

社区公共空间是社区居民联系和交流的关键场所。然而在使用过程中,往往会发现原来的功能及空间不再适用,或者社区居民产生了新的功能需求。从经济性的角度出发,越来越多的社区选择对社区内关键空间进行微更新,从而提升原来的空间品质,更好地为社区居民服务。

通过项目的实施,我们首先希望从社区居民入手,通过引导居民参与式设计,提高居民的动手能力和参与感,让他们知道自己有参与建设、提高自己的社区空间质量和生活环境的能力;同时组织志愿者团队和社区居民参与项目建设,学习如何以更科学和更可持续的方法来改善社区环境。

## 一、前期调研

由专业的设计团队通过走访调研,观察社区内出现的各类问题,制订项目计划书及任务书。

前期调研主要分为前期准备、文件、物料准备,工作协调等几方面,具体如下:

### (一)前期准备

1. 时间

根据进度安排推算时间。

2. 人员

人员主要由社区负责人、社会组织负责人、专业设计师三方组成。

3. 地点

与街道和社区提前确认场地。

### (二)文件准备

街道、社区以及社会组织需要准备的资料包括以下方面:

第一,社区人口。

第二,社区设施。

第三,社区自组织。

第四,社区景观。

第五,社区文化。

第六,社区治理。

### (三)物料准备

社区地图(要求:CAD 版本图纸、Google 地图、区域范围清晰)、相机(手机)、彩笔、便利贴、大白纸、签到表、会议记录。

## （四）工作协调

1. 社区

现场走访时，社区工作人员负责介绍基本情况。

2. 设计师

设计师在走访时需要根据社区的基本情况以及场地现状，发现存在问题以及可以优化和利用的方面，如人行道铺地砖碎裂，公共景观杂乱无章，公共空间闲置、得不到合理利用等，并在社区地图中进行记录和照片拍摄。在调研结束后，设计师需要制订项目计划表和任务书。

## 二、发现社区之美

在社区内充分发动业委会等居民团体，招募社区居民、设计师、学生等群体，通过组织开展"发现社区之美"系列调研活动以及工作坊的形式，赋予居民"社区规划师"的称号和责任，让居民自发地参与进来，畅所欲言，以此对居民的需求进行充分的、精细化的挖掘，了解居民所愿所想。

发现社区之美过程中的相关工作事项，具体分为以下几方面：物料准备、居民招募、分组踏勘、结果汇总。

### （一）物料准备

地图、测距仪、尺、笔、纸、相机（手机）。

### （二）居民招募

在招募参与活动的居民时，针对未成年人和成年人有不同的流程。介于未成年人的世界观、人生观、价值观尚未成熟，在第一课启蒙课时，会进行一次和社会相关的培训，从知识层面让大家了解社区和国家、政治、经济、文化等的关系，了解我们每个个体和社会、社区的关系；而针对成年人则更注重使其了解技能层面解决公共问题的方法，具备任务分析、信息搜集、协作协商、公共表达、危机公关、动手操作等各种能力。

### （三）分组踏勘

首先，对任务书进行解读，详尽描述项目地点及周边概况。

然后，由设计师分别带领几组成员，对踏勘地的"人、文、地、产、景、治"进行较为全面的调研，发现需要微更新的社区问题。调研过程中，需要用到测距仪、尺、相机等工具，随时对发现问题的区域进行记录和测量，在地图上进行标明和注解，以便之后结果的汇总和方案的进行。

踏勘过程中，需对调研者与被调研者的反应做出预判和专业引导。

### （四）结果汇总

踏勘结束后，小组成员分别对踏勘过程中所发现的问题进行汇总、分类和梳理。

## 三、参与式设计

真正成功的微更新，靠的是居民的参与和自治。所以在此阶段，将会由设计师导师团队带领，针对不同的微更新区域进行社区参与式规划，设计街道、休闲广场、长廊、花园等公共空间和景观的方案，初步形成社区微更新概念方案，并进行可视化深入。

参与式设计主要包括案例学习、提案征集、成果制作这三个方面。

### （一）案例学习

首先，整合与项目相关的国内外微更新案例进行演示，让大家对微更新有视觉上的直观认识。

接着，提取案例中的特色，激发大家思考如何将其运用到项目中去。

最后，用案例中前后对比的方式，让大家了解如何通过设计的思维去解决问题、改变生活环境。

### （二）提案征集

提案征集包含创意征集和特色提取两方面。

1. 创意征集

（1）物料准备：地图、资源卡、创意提案表、签字笔、便利贴。

（2）每组成员可以根据学习的案例、对现场的了解，在便利贴上写上自己认为合理的微更新内容，将其贴在地图中相应的位置。

（3）使用创意提案表和资源卡，选择合适的资源卡贴在提案表中，写上自己提出这个提案的原因和理由。

2. 特色提取

（1）物料：彩笔、大白纸、方案平面、便利贴。

（2）成功的微更新方案并不是千篇一律的复制，不同地区有各自的特色，在这个环节，需要小组成员提炼出所在地区特色，将其融入自己的提案中，可以用文字或者绘图的形式表达不同的特色，最后进行分类。

（三）成果制作

1. 物料

PPT、彩笔、铅笔、白纸。

2. 专业知识讲解

为小组成员对选定区域内可能发生的微更新目标进行专业讲解和剖析。

3. 方案讲解及绘制

每组成员通过对PPT案例的学习，针对微更新区域进行方案的设计，可以分组完成不同区域的图纸绘制，设计师需要给出专业意见和引导，保证方案的合理和统一。

各小组成员在图纸方案完成后，还可以使用模型材料，将方案立体化。可能用到的物料包括：白纸、彩笔、铅笔、尺、建筑模型材料、小刀、刻板、剪刀、胶水、双面胶。

## 四、征求意见及落地实施

概念方案完成后要在社区内进行公示。团队和居民将概念成果放在社区展示，邀请居民参观，并且与设计团队展开多方沟通交流，通过居民议事会进行公共决议，为居民提供一个让大家坐在一起协商共治的平台。

首先，针对概念方案进行SWOT分析，鼓励设计师参与讨论方案的优劣势、机会以及挑战。

然后采用5W1H六何分析法，即内容（what）、责任者（who）、位置（where）、时间(when)、原因(why)以及怎样操作(how),进行书面描述,并且按照描述进行操作,实现任务的目标。

接下来对微更新改造方案进行可视化工作,讨论改造需要进行哪些方面的工作,有可能会面临什么样的问题,研究这些问题和哪些组织相关。

然后是做与社区各个组织方谈判前的准备,了解社区中各个组织的作用和职责,分析各个组织对微更新改造所持的态度。用陪审团制度决定和各组织谈判的顺序。训练居民民主协商以及思辨、妥协的能力。

再就改造计划向相关方提问及寻求解决问题的途径,与居委会和物业谈判,召开公众听证会,为接下来的工作制订计划。

方案公示通过后,邀请专业团队介入,将方案内容整合为合理化、规范化的施工图纸,形成一套完整的规划方案,进行公示后着手实施。

## 五、效果简介

无论成人还是儿童,均适合用参与式社区公共规划的方法来激发社区参与度。

以平治社区(筹备办)党群服务中心为例,社区在硬装前便已通过"小小社区规划师"的活动,让社区儿童参与到社区公共空间的场地规划中,让儿童通过案例学习、需求调研、实地测量、共同讨论等方式,对社区党群服务中心进行规划设计;待场地硬装结束,进行软装上墙工作前,再针对公共空间功能和便民服务对所有社区居民进行问卷调研,并对调研结果进行数据整合和梳理,最终将居民对社区空间的需求全部整合进场馆。

前期居民在社区场馆开放前便多次参与了社区的多种规划,待党群服务中心正式运营,居民对社区公共空间的认可度和归属感也更强烈。

# 第三章

# 培 训 体 系

社区营造的本质在于通过学习和行动的过程不断培育成熟的社区人,使其主动、积极参与公共事务,以建立社区自主性,持续推动社区发展,也就是我们一直讲的社区营造的根本在于"造人"。在社区营造的过程中,学习培训是重要环节也是贯穿全程的必要环节。

作为有效连接政府、市场、社会多方力量的社会实践过程,社区营造的主体是社区人,但潜在参与者来自政府机构、基层自治组织、社会组织、企业、高校、专业机构、社区内等众多领域。这决定了社区营造培训的受众广泛、主题丰富、目标多元、形式多样,既可以针对特定人群进行针对性培训,也可以聚合多领域培训对象,共同学习的过程有助于促进不同领域的观念碰撞和视角融合,搭建跨界合作平台。同时,社区营造是一个从无到有、从有至优,融入社区生活惯习的漫长过程,因此社区营造培训也可根据发展过程与需求变化进行进阶设置。

## 一、培训班的分类

根据社区营造的发展阶段和需求可将社区营造培训分为以下几类。

1. 理念推广类

在社区营造的准备阶段或初期,培训要以传播社造理念、打造社造氛围、转变培训对象的意识和工作思路为主旨。培训内容多为理论学习、了解案例、政策解读、实地参观等。此类培训对象多为县市级行政区相关部门管理者和负责社区工作的政府工作人员、支持型社会组织负责人等。

2. 实务推进类

在社区营造的理念被各领域实践者所接受,并成为关于社区工作方法的一类共识后,可结合社区营造流程学习实务操作手法,以实现社区社造化、组织社造化及行政社造化。这类培训旨在培育在个人已有工作和专业基础上结合社区营造的理念和手法,有志于投身社区营造的实务工作者,或称社区营造员。有别于传统的社区工作者,他们是能够调动整体资源、创新社区参与方式、协助社区发展规划的可持续发展推动者。这样的营造人员能够结合所在组织的工作战略目标,扎根社区,直面现实问题,动员组织居民合作互助,连接政府、企业、基金会以及其他社会力量的支持资源,以开阔的眼界、创新的思路改善社区经济社会状况。实务推进类的培训注重知识整合能力、社区融入能力、组织动员能力和团队建设能力的提升。

3. 社区培力类

社区培力类培训旨在以社区为单位,以培育社区能人、搭建社区多方参与平台为目标,通过参与式工作坊等培训形式促进社区居民终身学习,培养起社区居民对社区事务的参与意识和行动能力。这是社区营造最终落地的重要环节,可根据参与对象分为两种:一种是针对村居两委、社区工作者、社区社会组织负责人、社区自组织负责人、社区能人、志愿者、社区内各类其他组织人员(如业委会、物业公司、合作社负责人等)等开展的社造行动培训;另一种则是针对不同公共议题、一般社区居民的兴趣需求举办的能力知识类培训课程。

## 二、培训班的组织过程

如前所述,社造培训可分为理念推广、实务推进和社区培力三大系列。不同的培训系列对应不同的培训对象、培训目标、培训内容、培训方式和组织形式,课程安排设计也有所不同。

### (一)社造理念推广类培训

1. 培训主题

以社区营造理念、城乡社区组织的厘清、社区营造中的政府协力、社区营造优秀案例分享、社会治理创新的困境与出路等为主。

2. 培训对象

县市党委组织部、民政部门、社工委等部门工作人员,基层街镇工作人员,支持型社会组织负责人,高校教师。

3. 课程形式

讲授为主,可安排讨论分享、实地参观。

**(二)实务推进类培训**

1. 培训主题

以激发社区营造热情和赋予社造行动能力为主要目标,包括熟悉社造理念、全面了解社区的调查方法、社区动员和社区营造启动议题的寻找、自组织培育、案例分享,以期培训出更多的具备启动社造(培训、辅导)能力的社会组织。

2. 培训对象

社会组织、社创企业等中层以上负责人、建筑规划等领域专业工作者。

3. 课程形式

讲授、分组讨论、工作分享、实地参访学习。

**(三)社区培力类培训**

1. 培训主题

以社区营造工作的全面启动为目标,包括社造理念、社区资源调查方法、社造案例分享、社区社会组织的运作方法、参与式规划、撰写社造计划书、经费预算报销的财务培训,以及某类社区议题下的居民能力技能培训等。

2. 培训对象

村居两委工作者、社区工作者、社区能人、外力团队、社区居民等多元主体组成的工作坊学员班。

3. 培训形式(见图 3-1)

居民能力知识类培训可通过多种类型的学习形式实现,如工艺工作坊、艺术创作学习班、写作班、社区导览员培训班等。

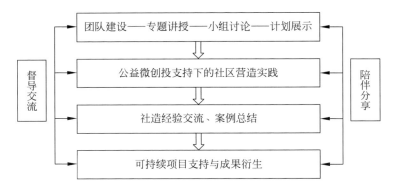

图 3-1　社区营造行动式培训示意

## 三、目标和原则

1. 培训目标

通过课程讲座、经验交流等方式,介绍和传播社区营造的基本理念,讲解和传授社区营造的实用方法以及多地案例经验,为社区营造培养先驱人才、实务能人。

2. 培训原则

(1) 适度的公益性——以公益为核心,但针对不同的培训主体,从公益性知识传播到市场化知识服务均有涉及。

(2) 实用性——培训内容尽量丰富有效,案例多、针对性强,确保成功经验得到传承,避免学院派理论与具体社会现实脱节,并努力实现培训衍生出可持续转化的社区营造成果。

(3) 开放性——搭建开放的交流平台和合作平台,联合有相关研究旨趣的大学、教育机构、基金会组织等,共享导师资源,开发传播性更强的培训形式,实现学员间的信息共享和深入互动。

## 四、培训师资

### (一) 师资来源及规范

其一,对社区自组织、社会管理以及社区规划等方向有长期研究经验和学术建树的社会学、公共管理和建筑规划相关领域专家学者。

其二,具备公益行业专业知识和多年实践经验以及教学讲授能力的社会工作者,更欢迎往期优秀学员的加入。

其三,培训主体自有讲师,能够独立设计开发培训课程专题,承担课程讲授工作。

（二）培训师的职责

第一,参与课程的研发。

第二,每年参加多次培训工作。

第三,配合中心每年进行一次培训效果总结调查,对培训方法、课程内容提出改进意见。

## 五、经费保障

在编制中心年度预算时,可以将实务推进类培训费列出,理念推广类培训费由邀请方承担,社区培力类培训费用则由具体社区实验专项计划编列。

## 六、培训实施流程

每次培训以项目制形式运作,成立子项目工作小组,小组工作分工如图3-2所示。

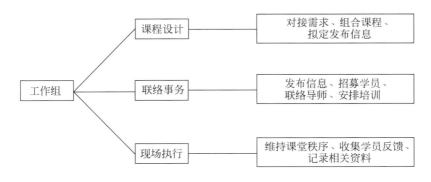

图 3-2　培训小组分工

**步骤一**：根据培训需求形成工作小组,确定组长、课程设计师、联络人、培训带班员,并由组长召开筹备会议进行分工协调。

**步骤二**：与培训委托方或办理单位对接,实地考察,了解需求与实际状况。

**步骤三**：拟定预算，签订协议或项目立项，完成前期财务手续。

**步骤四**：设计课程，依照实际需求与预算配置讲师，确认讲师时间。

**步骤五**：确认培训的地点和硬件设施到位。

**步骤六**：草拟培训班信息手册。

**步骤七**：发布招募信息、收集报名信息、筛选学员、发布录取信息。

**步骤八**：收集学员信息，在培训前制作好培训材料，包括课程信息、导师信息、学员信息、导读材料、地点简介。

**步骤九**：培训班开班前场地布置。

**步骤十**：开班前后收取培训费用。

**步骤十一**：培训班开班后由带班员全程参与课程，维持课堂秩序，收集学员反馈，搭建学员交流平台，记录、整理课堂资料并备份。

**步骤十二**：培训后维护交流平台，收集社区营造实践成果。

**步骤十三**：管理好培训资源库，包括学员库、专家讲师库、社造案例库、地方政府合作资源平台库。

# 第四章

# 社 区 资 源

## 第一节 社区资源的分类

在社区营造中,经常出现的问题就是人们说缺人、缺钱、缺场地,而我们认为,社区是一个巨大的资源体,在社区营造以资产为本的前提下,社区资源是社区发展的内在动力,只要能够进行有效的挖掘、评估、审视、整合,把各种资源串联起来发挥作用,提供一个可以优化的交易系统和生活空间,就能够满足居民的各种需要。一般我们会从社区的"人、文、地、产、景、治"六个方面进行资源的挖掘工作。

### 一、社区人口及社区组织

居委会的人口普查资料和物业登记的资料中会有社区人口的信息,一般包括总户数、住宅的楼栋数、单元数、人口数(包括常住人口和流动人口)。一般要注意以下五个方面的问题:

第一,人口结构的调研要拿到老年人、中青年人、未成年人的比例,如果一个社区有20%以上的老人,工作的重点就应该往养老方向倾斜,重点考虑老年宜居问题。同样,未成年人的比例超过20%,则应该着重关注少儿方向的社区工作,如儿童友好社区的创建。

第二,房屋的入住率也是一个很重要的指标,社区活力和入住率有着直接的联系(此项数据可以从物业获得),入住率低于60%表明该社区没有明显的资源优势,不能吸引居民入住。

第三,社区志愿者、能人(领袖)的挖掘尤其重要,能人(领袖)能够提升整个社区的活跃度,促进资源的释放。

第四,政府领导、专家学者、专业人士等相关资源也要充分挖掘。

第五,各种人际关系产生的人缘资源也属于社区资源的一个重要部分,在人际关系的动员下会有各种潜在的资源浮现。

## 二、社区文化

社区文化主要包含该社区的历史沿革、建设背景、人员的文化构成、历史传承,以及当下的文体活动、文化交流、文化组织、文化特质和文化影响力。此外,覆盖社区不同年龄层的社区教育(也称"社区全生命周期教育")状况也属于社区文化的范畴。

通过调研一个社区的文化,可以挖掘出社区营造可能的切入点,也可以通过挖掘与居民一起重新塑造及提升消失或者没落的社区文化,也可以通过了解居民的文化倾向打造适合于自己社区独特的新兴文化。

## 三、社区设施

社区建筑及附属设施情况对于一个社区的发展与营造至关重要,一般住宅小区的相关信息可以从开发商图纸中获得,若开发商不愿意提供,可根据当地规定调用城市档案馆中相关档案获取。调研的内容有:建筑总面积、地上建筑面积、地下建筑面积、住宅面积、配套工程,其中配套工程分为社区活动用房、社区服务用房、商业用房、物业用房等,同时要厘清各类用房的权属。而其他的公共服务用房包括教育设施、医疗设施、文化体育设施、行政管理设施及市政公用设施等。

这一调研的主要目的是了解公共空间和私有空间的比例关系,同时也了解这些空间的使用情况,并且分析这些资源是否被充分利用;哪些空间可以为我所用,发挥其激发社区活力的作用。

## 四、社区经济

作为社区工作者,我们需要掌握资源、调动资源。因此,我们需了解社区中各种类型的经济活动及产业,如商场、综合楼、银行、电信、邮政、农贸市场、书店、药店、便民超市、餐饮、娱乐等;另外,居民在社区中的小微创业、各种电商、可自我造血的俱乐部,也属于社区经济的一部分。

建议调研时更多关注与居民生活服务息息相关的项目,了解这些经济行为的供应程度如何,能否满足居民的诉求,还有哪些拓展的可能性,这些经济行为能给社区营造带来什么提升,是否有可能成为潜在的捐赠者或者合作伙伴,等等,摸清后期社区活动可充分调动的资源。

## 五、社区公共空间

社区公共空间不仅包括景观广场、活动广场及宣传设施等,也包括能够提供公共服务的室内空间。该项调研要关注社区公共空间的功能及使用频率,关注社区中有哪些特色景观空间和广场空间,规模有多大,能够容纳多少人同时开展活动。同时,应该调研社区内是否有大型活动,参与群体是什么,每年的活动频次是多少,受众群体的评价是什么,公共空间中的广告宣传措施有哪些,发挥了什么样的作用等情况。如果社区中有打造的特色生活环境、微景观,这些也属于社区中的一"景"。

以上资源既是我们可以使用的活动场地,也是我们可以用于活动宣传、引流的途径,如果发现公共空间闲置或者供给不足,这就有可能成为参与式规划的目标。

## 六、社区治理

调研社区中各个组织的作用和重要程度以及运转状况,社区中承担公共服务职能的一般有居委会、物业、业委会及自组织。

具体调研内容如下:

1. 居委会层面

主要了解居委会在居民中的认知度和满意度,居委会进行社区治理的难处和发挥的作用,要从居民、物业、业委会、社会组织等多种渠道了解居委会的服务状况,做出较为中立的评估。

2. 物业层面

主要了解物业费的收缴率、物业合同的履行程度以及居民对物业的满意度,物业运转的效果如何、和居民之间有没有矛盾以及矛盾是如何化解的。

3. 业委会层面

有业委会的小区要了解业委会人员的组成情况,专业度如何,履职的能力和业主满意度如何,和物业、政府的关系如何,联系是否紧密,是否有矛盾。

4. 自组织层面

社区中的能人(领袖)、志愿者团体组织化情况以及组织人际关系状况是我们需要特别关注的。社区组织数量是鉴定社区活力的一个重要数据,我们一般界定20人以上的群体为社区自组织,将其分为注册(民政注册)组织、备案(社区备案)组织、未备案(但是实际在公开运行)组织。除此之外,社区内的商业机构、私教机构(个人)等也应该在调查范围以内。

建议对这些组织进行备案和跟踪,为自组织搭建一个统一的平台,并引导它们加入。在与社区组织沟通时,可使用俱乐部沟通用表,记录并总结相关情况。

通过以上的调研进行评估,得出综合的评估报告,经过 SWOT 分析,从优势、劣势、机遇、风险四个层面解析社区中存在的问题,研究并制定相应的社区规划,指导接下来的社区营造工作。

## 第二节　社区志愿者资源

### 一、社区志愿者概念及分类

1. 社区志愿者的概念

社区志愿者是指社区之中,在不为获取任何物质报酬的情况下,基于意愿、信念,自愿为社会和他人提供服务而奉献个人的时间及精力的人。

2. 社区志愿者的分类

社区志愿者分为一般志愿者、核心志愿者、专业志愿者、社会工作者四大类。

一般志愿者具有数量多、非常态的特征;核心志愿者多为社区能人(领袖),是活动开展的主力,随叫随到;专业志愿者具备一定的专业知识;社会工作者则是全职从事社区工作的员工。

## 二、社区志愿者制度建设

1. 体系规划

(1)确定定位与目标:培养志愿者,倡导居民们参与社区公共事务,从参与者转变为奉献者。

(2)确定覆盖人群:所在社区的所有居民,可辐射到居民们的人际关系中,居民们的亲朋好友也可以成为社区志愿者。

(3)确定结构:居民自发、主动、积极参与社区活动,愿意为社区提供人力支持甚至资源支持,愿意为社区发展得更好提供服务。

2. 队伍建设

广泛宣传志愿精神,做好志愿者的登记、注册、管理等基础工作,不断增强社区凝聚力。加强社区志愿者队伍建设。社区志愿者必须具备一定的政治素质和文化道德修养,有较强的责任感,以"服务人民,奉献社区"为宗旨,想社区所想,急社区所急,尊老助残,扶贫济困,在服务中做到耐心、细致、周到、热情,自觉把爱心融入社区之中,培养和建立良好的人际关系,志愿者参加社区服务时,必须严格遵守国家的法律、法规以及社区的相关公共行为准则、个人行为道德、廉洁自律,不以任何理由和方式向被服务对象收取钱物,文明服务,切实维护好志愿者的社会形象。

3. 督导制度

由相关主管部门、志愿者协会等对社区志愿者开展服务进行督导,包括日常工作的管理督导和专业服务的支持性督导,规范志愿者服务登记和绩效评估。

4. 培训制度

对新加入的志愿者进行岗前培训,重点传授志愿服务的基本要素和技巧。另外,社区服务站将根据开展的服务项目进行定期培训或专业培训,提高志愿者的素质和服务水平。

5. 工作制度

了解社区居民生活情况和需求,关注社区孤、老、残等弱势群体,积极扩宽志愿服务渠道,丰富志愿服务内容。根据不同居民和不同服务对象的需求,组织社区志愿者开展形式多样的志愿服务活动。及时做好志愿者服务的报到和认证工作,客观评价志愿者服务水平,整理志愿服务活动档案资料,及时整合志愿者资源,积极向上级志愿者组织推荐优秀志愿者,规范志愿者服务登记和绩效评估。

### 三、志愿者服务流程

1. 具体活动策划

激发居民积极参与活动,根据单次活动需求招募志愿者,辅助完成单次社区活动,引导活动的参与者向志愿者转换;接着把志愿者的分工职责一一明确,引导社区志愿者专业化发展;最终实现举办不同类型的活动都有志愿者愿意来做贡献,社区志愿者的队伍是无形胜有形的存在。

2. 相关方对接

整合社区所有俱乐部或组织,举办活动时提倡让居民们一起参与筹备、举办、实施,在无形中以没有压力、居民乐意的方式培养居民们的服务能力。

3. 资源对接

在社区宣传平台上对社区志愿者进行价值引导,社区大型活动需要安排感谢社区志愿者的环节,年底总结性的场合要对社区志愿者进行肯定。

4. 活动发布和宣传

只要活动需要社区志愿者,就可以发布信息,要告诉居民们活动方有这个诉求,需要居民们帮忙。发布的时候,需要把志愿者的分组或分工交代清楚,方便志愿者们对号入座,承担相应的工作。

5. 招募培训

召开志愿者会议,明确各活动环节大家如何配合以及出现问题如何解决。

6. 实施

现场活动志愿者履行各自分到的职责和任务。活动进行时需要记录下志愿者们的风采。

### 7. 总结与复盘

收集志愿者每次活动的分工，梳理后形成模板，收集照片和文字、收集义工的感想，及时存档。

## 四、社区志愿者激励体系

志愿者参与社区活动应该是出于自愿，激励主要是对志愿者志愿行为的感谢，而不是交易。因此，所有的激励方式都应该后置，而社区工作者也要引导志愿者，避免让补贴或物质奖励成为志愿者服务的动机。

> **Tips 社区志愿者五个方面的内涵**
> 1. 社区志愿者是无偿的，是不计报酬的。
> 2. 社区志愿者不是救世主，而是与被帮助者处于平等、互相尊重的地位。
> 3. 社区志愿者不仅给予他人帮助，同时也有收获——自我的一种成长。
> 4. 社区志愿者的出发点不是好奇心的满足，而是对社会的回报。
> 5. 社区志愿者不是指挥者、教育者，而是用行动影响他人的同行者。

### 1. 能力建设

（1）专项培训。

培训是一种有效的激励，整合能整合的所有资源。有针对性的培训不仅可以避免志愿者因缺少专业知识和技巧而在服务中出现困惑与障碍，而且可以让志愿者学到更多的知识，提高他们自身的综合能力。通常情况下，志愿者培训的内容包括：服务情况介绍、服务技能技巧、服务协调安排、服务注意事项、志愿服务精神的传递以及志愿服务的动员和鼓励。

（2）团队建设。

社区自组织应建立并建设志愿者团队，激发志愿者的团队精神。例如，积极组织开展团队建设活动，培养志愿者之间和谐的人际关系及相互合作的意识；挖掘和培育志愿者团队领袖等。通过这些方式，使志愿者感受到团队合作的力量并充分感受到志愿服务的快乐和满足，对组织产生认同感和归属感，从而不断提高工作效率，发挥自己最大的优势。

### 2. 荣誉激励

根据马斯洛的需求层次理论，自我实现的需要是人类最高层次的需要，那么荣誉激励应该属于最高的激励手段。可设立一些特定的奖项，对那些有突出贡献或长久服务于组织的志愿者进行表彰,例如年度十佳志愿者、优秀志愿者领袖等,这不仅可以提高志愿者的工作积极性,使志愿者感受到服务的价值,产生服务的自豪感,还能对其他志愿者起到榜样示范作用。

3. 制度激励

制度激励也是激励志愿者的重要方式,通过制定相关的制度来对志愿者进行激励,可以有效激发志愿者的工作热情。

(1)时间银行:社区自组织可以建立时间银行,志愿者将参与公益服务的时间存入时间银行,当自己有需要时就可以从中支取"被服务时间"。

(2)积分制度:根据时间银行的方式方法,在社区实行家庭制积分,使其积分能够在社区资源中有效兑换。

4. 物质保障激励

以足够的资金投入来保障基本服务补贴,是志愿服务顺利开展的前提,志愿服务是非营利性的,志愿者参与社区服务大多是本着自愿的原则,但非营利并不意味着一无所求,我们所提出的物质激励不是惯常意义上的高额奖金,而是根据实际情况对志愿者在提供服务时产生的经济投入进行补贴。例如适度发放餐费补贴、交通补贴、通信补贴等,此外在志愿活动结束后为志愿者准备一份切实有用的小礼品或者在高温天气为志愿者准备防暑降温的药品等也是物质激励的重要形式。这样不仅可以使志愿者对组织产生认同感,还可以维持并提高志愿者的服务热情。在激励中需要注意以下问题。

(1)刺激作用的辐射性。

激励不仅仅要激发社区志愿者的积极性,留住他们,使他们做好工作,同时也要让社区志愿者周围的人能够感受到作为社区志愿者的那份光荣和快乐,吸引他们加入到社区志愿者的队伍中来,这样的激励能真正起到辐射性的作用,起到留住人、吸引人、扩充志愿者队伍的作用。

(2)激励措施尽可能具有实践性和可操作性。

在描述激励措施时,要让志愿者感觉到制度是实在的,是自己可以依循的,或者让志愿者明确地知道,自己只要努力就可以得到什么,如何努力及途径是什么。

(3)尊重志愿者的动机和需求。

互助会在对志愿者进行激励时,要以人为本,尊重志愿者,发挥其主人翁精神,有效地满足志愿者的合理愿望,充分调动志愿者的积极性。同时,针对志愿者不同的价值观、不同的参与动机,在激励的同时发挥约束的功能,将志愿者分散的目标高度整合,拉近心灵距离,尽可能地使之与群体目标形成共振。

(4)科学运用激励的方法、手段和技巧。

在绩效评估的基础上,对工作表现好的志愿者给予精神鼓励和适当的物质上的鼓励,使其再接再厉,对工作有待改进的地方提出具体的改进措施。为保障激励的针对性,可以根据互助会的特点,在不同的服务项目中,针对不同的志愿者,面对不同的服务对象,采用不同的激励方法、手段和技巧。

(5)确保激励的及时性。

对志愿者进行激励时,要注意激励的及时性。在志愿者从事志愿服务很久以后才给予激励,所起到的作用会大打折扣。

## 第三节　社区能人资源

### 一、社区能人的概念及类型

我们把社区志愿者中的核心志愿者这一群体称为社区能人,社区拥有潜在能人(领袖),是自组织成立的先决条件。社区自组织主张"我的社区我做主",主张组织的内生性、自发性。只有在地居民有意愿改变社区,社区才能更加和谐,而这些有意愿改变社区的居民可以发展成为社区能人。

1. 社区能人的概念

社区能人是指在社区发展中自发形成或经培育产生,能满足和反映社区群众的需求,影响社区思想、生活趋势的社区人物。社区能人具有某一面的专长或能力,愿意为社区公共事务无偿出谋出力且能够获得社区群众的支持和信赖。他们或有时间有精力,或有知识有能力,但绝大多数都有一个共同特征,就是能够代表社区群众的某种利益要求。社区能人是现代社区中涌现出来的群众精英,引导得当能够成为社区建设发展的骨干力量。

2. 社区能人的类型

依据社区能人在社区里的功能定位、引领作用,可将其分为以下四种类型:

（1）自组织社区领袖。

在团队活动中，一些成员由于专业水平或人际交往能力突出，自然而然成为具有影响力的团队带头人，一方面承担团队建设的责任，另一方面在团队其他事务中发挥表达民众意愿的作用。

（2）意见领袖。

社区公众中自发产生的作为公众与政府中间桥梁的领袖。他们直接参与到危机管理中，表达公众诉求的同时也研究危机的真相，帮助居民消除恐慌，引导更多居民参与，促进政府依法管理并整合社会力量，为解决各种社区问题发挥推动作用。

（3）楼组长或业主代表。

楼组长从社区居民中选出，不仅可协助管委会做好小区管理工作，听取住户意见，反馈社情民意，协调社区内部矛盾，更可能充分发挥社区居民的自主管理能力。楼组长是居民利益表达、利益实现的一个纽带。通过楼组长，居民可以向政府、非政府组织反映自身的利益诉求和各种建议，与之建立起了解和沟通、相互信任、和谐共生的良性互动关系。

（4）业委会委员。

由居民选举产生的业委会，在社区物业管理中有非常重要的作用。由于小区物业管理主要由业委会负责联系，业委会主任具有较大的责任与权力。或是由于选举产生，或是因为能力较强，或是因为具有为公众服务的精神，业委会主任在居民中自然具有影响力，能够起到维系社区居民与居委会、政府之间联系的作用。

## 二、社区能人的挖掘及培力

1. 最有可能被挖掘成为社区能人的三类人

（1）在社区内拥有良好人际关系和社会资本且具有实现自我价值愿望的人。

（2）希望居民和谐相处、提高居住环境满意度的业委会负责人。

（3）致力于提升社区活力、建设和谐社会的当地街道、社区服务中心的负责人。

要时刻关注具有社区能人潜力的人，支持并培育他们发展成为社区能人。

## 2. 如何挖掘社区能人

通过网上聊天、线下活动、居民推荐等方式，观察、接触和了解居民，判断其是否适合担当社区能人。社区能人被挖掘出之后，可以发起社区俱乐部，组织社区活动，引导居民们参与社区活动、以群体之力支持社区发展。挖掘社区能人的具体方法分为三个步骤：

（1）初步了解：在活动中进行挖掘，了解居民的职业、家庭、性格脾气、行事作风、为人处世，通过面对面聊天判断居民是出于公心或想做点有意义的事来发起俱乐部，还是自己有其他私心想"搭便车"，我们鼓励出于公心的居民发起社区俱乐部。

（2）能力建设：对社区能人进行初步的能力建设要以俱乐部为抓手，理解社区俱乐部的逻辑在于不断激发居民参与，理解社区俱乐部需承载精细化的居民需求（例如羽毛球俱乐部、烘焙俱乐部等），而不是综合性的组织（例如文体俱乐部、老年人俱乐部）。

（3）扩大影响：帮助社区能人成立俱乐部，增强宣传，让更多有需求的居民陆续加入，热络俱乐部氛围，扩大社区能人的影响范围，引导领袖对俱乐部规范化管理、对俱乐部的价值导向做出说明等。

## 3. 如何培育社区能人

（1）搭建平台，使各类领袖脱颖而出。

要重视社区能人的发掘和培育，把扶持社区能人作为构建和谐社区的重要抓手。通过开展各种社区活动，创造各种条件，让各类有专长、有能力的人浮出水面，并提供多种机会，使之成为社区公众人物，进而成为社区能人。对于各类社区居民自组织，创建之初要"扶上马，送一程"，要千方百计为其创造条件，提供工作场地，配备专职工作人员，落实工作经费，保证其正常运作。

（2）多元治理，为社区能人创造良好的成长环境。

加强社区能人的培育，必须依据各类社区居民自组织的特性，建立多种管理模式。对于成熟的兴趣团队，放手让其自行运作并适时给予支持和鼓励；对于已经具有规模优势的团队，积极支持其参加各类比赛演出，尽力提供资金、场地。

（3）扶持骨干，为社区能人提供后备人选。

各类居民自组织在形成和发展中离不开领袖人物的引领，为了提升自组织的影响力，促进自组织服务水平争一流，应当注重对组织内部骨干的培训。大力发掘居民中的骨干力量，动员他们参加各种社区活动，把他们培育成为居民自组织的中坚力量和领袖人物。

（4）集中培训，提升社区能人的素质与水平。

居民自组织的好坏、成败，很大程度上取决于社区能人的素质水平。放任自流、不加以关怀和引导，他们迟早会松散懈怠，甚至对组织的发展起反作用。定期适时进行集中培训，把社区能人这一特殊群体纳入统一的有组织的领导之下，有利于加强管理、维护热情、提升觉悟、保障团队健康发展。

（5）沟通疏导，及时解决社区能人遇到的各种难题。

社区能人在早期会有畏难情绪，任何遇到的问题都可能成为阻碍，互助会此时需要为其进行心理建设、能力建设，使其在社区活跃起来，持续激发他们的活力和新鲜感。在帮助社区能人筹建活动、俱乐部的过程中，切忌助长其依赖性，要帮助社区能人树立自助理念，互助会主要扮演从旁协助的角色，最终实现居民的自我服务与自我管理。

## 第四节 社区基金（会）资源

### 一、社区基金（会）资源概述

社区营造中普遍面临资金不足的问题，尤其在社区被动员起来后会发现各种资金的缺口需要解决，这时候需要团结一切可以团结的力量挖掘社区内外的各种资源，建立社区自己的资金池。社区基金及社区基金会是常见的社区资金的运作方式，我们建议每个社区都应该有社区基金，必要的时候成立自己的社区基金会。

社区基金会是近年来的热点，是最近几年在中国新生的一种重要的基金会类型，在我国社区治理、社区建设等方面开始发挥越来越重要的作用。目前我国已经拥有130余家社区基金会，深圳、上海在这方面已经走在全国前列。

社区基金（会）的要义就是动员社区资源解决社区问题。所谓动员社区资源，应该是广泛地动员社区内政府、企业、社会组织、居民等各个主体拥有的资源。而且，这里所说的资源动员，不仅仅是为了获取各类公益资源，也是一个推进社区参与、重建社区公共生活和培育社区社会资本的过程。社区基金会要通过劝募和动员推动社会广泛参与,培育社区公共意识,促进社区社会交往,提升社区社会资本,而不是仅仅依靠政府或者少数企业。

目前,国内各地的社区基金(会)多数由政府推动或直接发起成立,该类型的社区基金会由于资源动员限制和基层政府的能力限度,缺乏活力与创新的动力,在更广泛地动员社区组织和居民方面的能力还比较薄弱,在社区中的知晓度和影响力不足,自身运作的社会化和透明化程度也不够高。在未来,这种类型的社区基金(会)仍旧有可能陷入"行政化"的老路,成为一种运作相对封闭、高度依赖政府或者少数企业的社区资源渠道。如果是这样,社区基金(会)推动社区公众参与和提升社区社会资本的功能也难以实现,在推进国家治理能力现代化和社会治理体制创新中可能发挥的功能也就会落空。

由此可见,成立一个充满活力的社区基金(会),促进社区资源的有效挖掘和利用是社区基金(会)建设的重中之重。

## 二、社区资源挖掘的作用和意义

为了连接地方社会资源与社区社会组织,资助一系列慈善活动来解决社区发展及社区营造的需求,推动"三社联动",建设社区公益价值链,挖掘社区资源迫在眉睫,社区基金(会)呼之欲出。

1. 社区基金(会)是社区公益资源的蓄水池

社区基金(会)可以根据社区成员的多元需求,动员社区内已有的资金、物资、人力、场地、设施、网络、组织等各类资源,有计划、有步骤地使用在地资源,解决社区的问题。从另外一个角度来讲,社区基金(会)支持的微公益、人人公益,经过长时间的发酵,将给社区带来人际关系、社区经济、社区环境乃至社区文化的积极变化。"小钱办大事"是社会投资最有效的手段之一。

2. 社区基金(会)是社区公益服务的助推器

社区基金(会)可根据社区的需求,资助有能力的社区公益组织开展公益活动(项目、服务),满足一部分社区居民的需要(如高龄老人的日间照料、残疾儿童的康复、流动儿童的教育等)或回应居民关注的一些议题(如社区安全、社区环保、社区文化等),并为社区公益组织实施的活动(项目、服务)提供支持和监管,确保有限的社区资源发挥作用,改善社区居民的生活质量。

3. 社区基金(会)是居民参与社区治理的平台

社区基金(会)可通过支持和资助公益项目,提升社区居民参与社区公共事务的积极性,促进社区公益组织的成长,促进社区居民自助互助,实现社区自治共治与共享,推动社区治理创新。

### 三、资金筹集

社区基金(会)的资金一般通过以下九个渠道筹集:

(1) 区、街道内有社会责任的企业资金资助及后期的税前捐赠。

(2) 区内各街道办事处及各个社区居委会的资金支持。

(3) 调动发挥社区居民的积极性,大力宣传,小额多人捐赠。

(4) 社区内小微企业及电商捐赠。

(5) 社区社会组织联合劝募及众筹。

(6) 和社区相关的大型企业资助。

(7) 扶持社区基金会的基金会配捐。

(8) 当地民政局的政策性扶持。

(9) 支持社区基金会的爱心人士。

### 四、治理架构

基金(会)建议采用理事会(理事单位)、常务理事会、监事会、专业委员会加秘书处的治理架构(见图4-1)。基金会理事会由捐赠人代表、捐赠单位组成,选举出若干人组成常务理事会,分别由企业代表、社会组织代表、基金会专业代表、社区代表和政府代表组成。监事会建议由媒体代表、财务代表、社区代表组成,包含企事业单位负责人、个体工商户捐赠代表、社会组织中的带头人、社区居民等。群体层面的多样性将扩大影响力、活力与关注度,真正成为社区治理的不可或缺的中坚力量。拥有以下能力者尤佳:

(1) 学者或本社区的智库。

(2) 对社区基金会有意愿加入且有工作能力的人。

(3) 愿意募集资金或者有经验的人。

(4) 社区内有声望的人。

(5) 愿意捐赠的人。

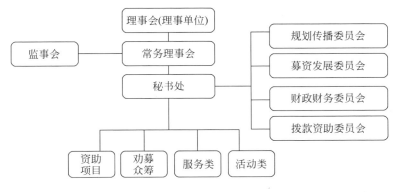

图 4-1　社区基金(会)治理架构

基金(会)建议设立规划传播、募资发展、财政财务、拨款资助五个专业委员会吸纳专业人士参与,同时根据各委员会的专业特性邀请外部行业专家加入,为基金会各职能专业运转提供支持。每个委员会一名负责人,对其小组工作内容负全责。专业委员会具体职责如下:

(1) 规划传播委员会:主要负责战略规划和每一年的任务规划。制定包括一份完整的带有时间表的里程表,备案、印发,必要时可修改然后对外公布。同时应有一个专业的律师顾问,该顾问应具有在大集团公司或者基金会工作的经验;召集有媒体传播经验及设计经验的理事加入,负责对外进行社区基金会的宣传工作。

(2) 募资发展委员会:主要负责出台相对应的募资目标和规划,必要时出面进行募资,其他理事会成员也有义务协助一切募资相关的活动。

(3) 财政财务委员会:主要负责监控基金会的财政状况,尤其是审查每月的各类收支表。在人员组成上,建议最好选择有过审计或者财务经验的理事会成员。

(4) 拨款资助委员会:主要负责资助项目的统计和规划,决定资助什么样的机构、什么样的活动,都应该有清晰的标准。

秘书处作为基金会执行团队,具备项目管理、筹资发展、研发传播三大类职能。以上人员必须有强黏度,紧密联系,关心社区基金(会)的建设及运营,按时出席各项会议,参与议事并及时提供建议及意见。

### 五、筹建步骤

**1. 0~6个月**

首先,召集筹备指导委员会。与成员一起学习一些基本概念并熟悉社区基金会将要使用的法律文件,为社区基金会的工作开展做好准备。

接下来,讨论和探究未来社区基金(会)的职能、每个人具体的分工、主要的捐赠方向和捐赠对象。这个阶段之后,社区基金(会)的领导者应该做好如下事务:

(1) 了解社区基金(会)相关的法律及行政程序。

(2) 了解和会计相关的金融事务。

(3) 确定办公室的位置、售后服务和基础运行预算。

(4) 调查社区需求的概况和潜在的捐赠领域。

(5) 讨论可能的募资对象,签订意向捐赠书。

(6) 访问现有的其他基金会。

(7) 更加深入地探讨社区基金会存在的意义、将要解决的问题、将会遇到的困难以及解决方案。

**2. 7~9个月**

(1) 向政府相关单位申请成立社区基金(会)。在此期间,资金的集合以及人员架构也不能停。

(2) 完成工作大纲。完善将来基金会的整体架构。

(3) 打开资金小额长期捐赠通道。

(4) 讨论长期战略性的计划。该计划包括捐赠管理、基金会管理、资助以及传播事务。

(5) 培训主要的组成人员。

(6) 准备宣传材料和新闻稿。

(7) 继续理事会和志愿者的培训。

**3. 10~12个月**

(1) 选举成立常务理事会。

(2) 准备新闻稿、讲话稿。当地媒体将会很有助益。

(3) 宣告基金会的成立。

(4) 宣布并介绍理事会。

(5) 和社区代表、潜在的捐赠者聚会。

(6) 邮寄宣传材料。

(7) 准备开幕仪式。

(8) 讨论基金会和其他组织的合作。

(9) 宣告基金会正式成立。

## 六、资助流程

拟资助项目范围包括扶贫帮困、教育、文化艺术、体育、健康、环保、公共事务等社区营造事务,涵盖社区生活的方方面面,与百姓民生息息相关。资助流程为:社区调研、立项;发布申请指南,寻找组织、接受资助申请;审查和评估申请;发布选择结果,签约、拨款;陪伴、跟踪项目执行;结项评估、尾款拨付(见图4-2)。要以严谨的流程管理确保基金会资金使用的公平公正,树立良好典型。

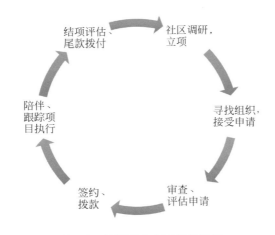

图 4-2 社区基金(会)资助流程

同时要以真实、准确、完整为原则,规范公开各项内部管理信息和业务活动信息,满足管理机关以及社会公众对基金会信息公开的要求,保障捐赠人和社会公众的知情权、监督权等合法权益。提高基金(会)的规范化运作水平,加强日常监管,加快信息传递和情况掌控,确保基金会工作正常有序运转。基金会重大事项如重大涉外活动、涉及司法维权、思想意识形态的重大活动、章程修订,理事会监事会相关工作,机构设立、合并、分立或中止等应当报告主管部门。

## 七、结语

社区是一个巨大的资源体,只要建立信任关系,就会有各种人、财、物的资源被释放,通过各种各样的活动促进居民的参与,激发大家的志愿精神,挖掘社区能人承担一系列的公共事务,他们背后的资源也会不断地浮出水面,增加整个社区营造的社会资本,从而建立起社区的资金池——社区基金或者社区基金会,让社区营造持续进行下去。

# 第五章

# 社区自组织孵化及培育

## 第一节 项目化社区自组织孵化培育模式

### 一、引言

社区营造的核心目标之一就是动员社区居民共同参与社区公共事务,从而推动社区可持续发展。如何才能让社区居民自发地、可持续地参与社区公共事务呢?社区居民的组织化发展便是其中非常有效的途径之一。

但是,在目前的社区中,大部分的居民没有组织化或组织化程度较低。即使有大量的自组织或社团等形式在社区中存在,也多为互益性的兴趣类团队。这类团队在社区中非常活跃,它们会积极地向社区两委或社会争取资源,但是它们这样做的目的主要还是让团队成员受益,而并不是关心社区的公共事务。因此,在社区自组织的孵化和培育过程中,不仅要保持社区居民的组织化发展,更要尽可能地向公益性的自组织方向发展,这样的社区自组织才能更加有效地推动整体社区营造工作的开展。

社区自组织的孵化和培育有很多种路径,根据社区组织化程度的不同,可采取不同的方式和方法。本章节主要介绍成都市爱有戏社区发展中心在经过多年的社区实践后,总结出来的通过项目化方式孵化和培育社区自组织的模式。该模式非常适合社区自组织化程度较低的一些社区,通过社区项目的开展,由专业社会组织介入引导,逐步孵化培育社区自组织。我们总结为活动项目化、项目组织化、组织公益化。

## 二、项目化社区自组织孵化与培育的缘起及意义

政府各级行政部门、社区两委、社会组织等经常在社区中以各种名义开展社区活动,以满足社区居民的各类社区需求。然而,我们也发现,这些活动虽然能解决一时的需求,但却往往不能满足社区居民的长远诉求。一旦活动结束,社区往往又回到原来的状态,而有的社区居民甚至开始抱怨,抱怨活动开展得少,活动开展的质量差等。这种现象的发生,就是典型的社区居民只是把自己看成"被服务者",把"享受服务"理解为理所当然。人的欲望是无穷的,这种方式和方法的长期演变,必然导致社区居民的依赖性越来越强,对自身权利的关注也越来越高,对自身应承担的义务却逐渐忽略。

因此,为了社区的可持续发展,为了让社区居民能够自发自觉地参与到社区的公共事务中,重新认识到自身的权利和义务,我们在开展社区活动和社区公益性项目的时候,要调整项目的运作思路,将关注的重点放到社区居民的参与程度中来,而不是简单的服务人次。因此,我们就要将社区中的活动项目化,通过项目化的操作实现社区居民的组织化,通过组织化的发展实现组织的公益化,从而推动社区居民自发自觉地参与到社区营造中来。

## 三、项目化社区自组织孵化与培育的操作方法

项目化社区自组织孵化与培育可以分成三个阶段,分别为活动项目化阶段、项目组织化阶段、组织公益化阶段(见图5-1)。以爱有戏执行的义仓项目为例,这三个阶段又分别对应了志愿者挖掘阶段、志愿者筛选阶段及组织可持续发展三个阶段。

### (一)活动项目化阶段

这个阶段最主要的任务就是将活动的目标进行优化,按项目化的标准来设定,其核心差异在于项目目标是层级更多的多个目标。

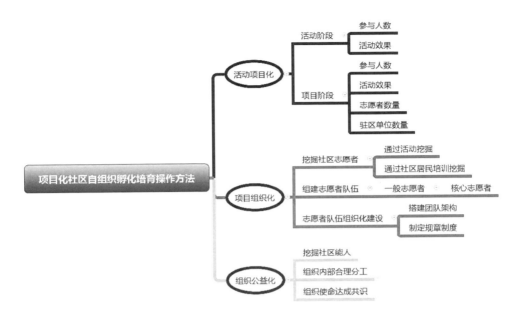

图 5-1　项目化社区自组织孵化培育操作方法示意

以义仓项目为例,前期进入社区之后,最开始开展的活动便是在社区定期举行义集(义集即以跳蚤市场的形式,招募辖区居民及企事业单位开设爱心义卖,义卖所得换成物资捐入义仓)。如果仅作为活动来设定目标,那么义集的主要目标就是单次活动参与人数和募集到的物资数量达到一定数额,但是如果作为项目来设定目标,则还要在此基础上设定挖掘社区志愿者的数量、辖区企事业单位参与的数量等(参见图 5-2)。

通过活动项目化的方式,在义集开展过程中,我们将重点关注社区志愿者的挖掘,将对此类活动或公益形式感兴趣的社区居民聚集在一起,形成义仓志愿者库。这将是我们开展社区自组织孵化和培育的第一步。

图 5-2　活动项目化

**(二)项目组织化阶段**

开展多次义集活动之后,我们在社区就将有一批义仓志愿者。如果这个阶段通过活动发现和挖掘出的志愿者的数量比较少,还可以采取依靠社区关系招募志愿者或者通过开展社区居民培训等方式，吸引社区居民加入志愿者队伍。

这一时期组建而成的志愿者队伍还是比较松散的组织形态，另外对项目的认识程度也比较低。此时的志愿者队伍里面，有因公益、博爱，也有因私益等目标加入的人，为了进一步挖掘和发展社区居民成为项目的核心志愿者，我们还要引导志愿者共同参与项目的其他内容，以让志愿者对项目形成强烈的认同感和责任感。发展核心志愿者的重点如图5-3所示。

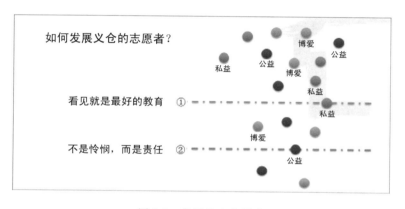

图5-3　发展核心志愿者

以义仓志愿者队伍的培育为例，这个阶段我们将动员志愿者同项目工作人员一起，共同进行入户调研和义仓物资的派发，从而让志愿者清晰地了解到辖区的困境人群现状，从而逐渐将一批志愿者发展成为义仓项目的核心志愿者。此时，我们就可以对这批核心志愿者进行组织化建设，成立社区邻里互助小组，并同志愿者们一起，制定该小组的规章制度并搭建小组架构。

### （三）组织公益化阶段

组织化完成之后，更具挑战性的则是这个社区自组织如何可持续地参与社区营造等工作。为了实现这个目标，就要将组织公益化。

首先需要挖掘至少一位社区能人。社区工作的推动需要邻里团队共同运作，其中一位或少数几位热心公益且具积极领导能力的社区能人是不可或缺的灵魂角色。如果社区内没有足够有质量的社区能人，就无法组织一个功能健全、整合居民意见、串联相关社区资源以推动社区事务的社区居民组织。在社区能人的发掘中，我们要注重选择那些着眼于公共事务而非个人嗜好或兴趣的能人，只有这样的社区能人才能推动社区自组织的可持续发展。

其次是对组织的内部进行合理的分工,让团队的每一位成员都感受到在这个组织中的作用和重要性。如果组织内部人数较多,则在组织的管理和运作团队的选择上,可以采取轮流制度,以此让大家都对组织产生认同感。

最后要对组织的使命进行集中讨论,并最终形成共识。这样才能让这个组织的生命力更加持久。

以义仓项目为例,在这个阶段我们的主要工作便是同团队成员一起,共同制定义仓项目的资助标准,并不断地同大家讨论更新这个标准,直至最终形成共识。标准是大家共同制定的,那么符合这个标准的困难家庭,每一位组织成员都有义务为其贡献力量。

## 四、效果简述

通过项目化的方式孵化和培育社区自组织,不仅仅能通过项目的开展满足社区居民的需求、解决社区的问题,更重要的是能为社区长期留下关注这类需求和问题的自组织,从而让社区内部的资源和力量调动起来,解决社区内部的问题。

以爱有戏在成都高新区肖家河街道开展的各类项目为例,经过近5年的发展,爱有戏已孵化和培育各类社区自组织40多个,类别覆盖社区环保、社区文化、社区艺术、社区安全、社区互助等。其中通过义仓项目孵化培育的社区邻里互助中心,已经能够独立承接社区的互助项目,爱有戏仅作为其背后的项目技术支持方,协助该组织进行项目优化和过程监督等工作。义仓互助小组的可持续发展路径如图5-4所示。

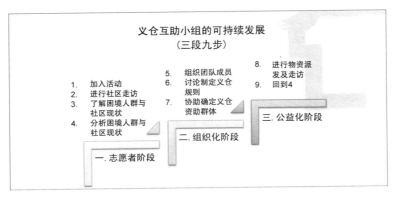

图5-4　义仓互助小组的可持续发展路径

# 第二节 以微公益创投方式孵化和培育社区自组织

## 一、引言

孵化和培育社区自组织是一个长期的过程,根据自组织自身需求及所处阶段,形成不同的操作方式,统称为"微公益创投"运作方式,即运用社区营造的理念,引入项目制的方法,将商业领域孵化创新小微企业的创投方式借鉴到社区自组织孵化和培育的过程中,以期通过社区居民的原生动力及既有关系,激活社区能人的主观能动性,利用陪伴式辅导的方式,在社区内形成社区自组织,并以自组织为主体独立开展社区活动,逐步引导社区自组织处理社区居民公共事务。

## 二、以微公益创投方式孵化和培育社区自组织的缘起和意义

社区内普遍存在着基于兴趣爱好所出现的居民兴趣团体,在保持社区原生结构的基础上,可通过微公益创投的方式,以自愿原则为基础,引导居民兴趣团体由松散状态逐步进行组织化,并通过陪伴式辅导的方式使组织的活动逐步规范化,扩大活动参与人群和覆盖范围,使自娱自乐性质较强的组织逐步关注社区公共事务和特殊人群,由自益发展为互益、共益,最终变为公益。

## 三、以微公益创投方式孵化和培育社区自组织的操作方法

在微公益创投方式孵化培育社区自组织的整体路径中,包括了社区公益宣讲会、第一桶金项目大赛、社区民生议题讨论会以及美好社区供需协商会等一系列操作方法,这些方法适用于社区自组织所处的不同阶段(参见图5-5)。在此过程中,要通过不断培力提升自组织的能力,包括组织内部管理能力、组织项目运作能力、资金规范使用能力、组织对外宣传能力以及筹集外部资源能力等。

第五章 社区自组织孵化及培育

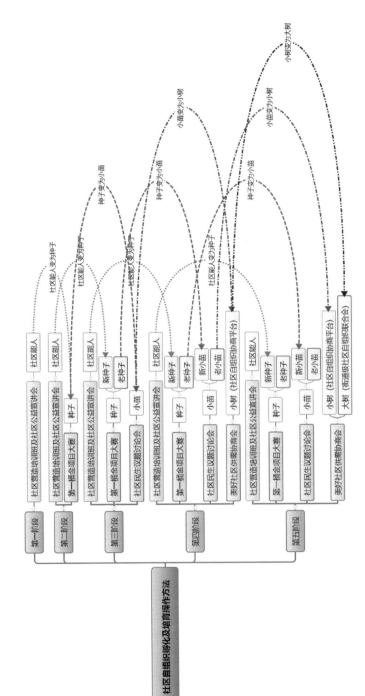

图 5-5 以微公益创投方式孵化和培育社区自组织操作方法图

图 5-5 是以微公益创投方式整体孵化和培育社区自组织操作方法图,其中包括五个阶段,例如含有培训和宣讲的第一阶段,加入第一桶金项目大赛的第二阶段,以此类推,最终涵盖培训及宣讲、项目大赛、民生议题讨论会以及社区供需协商会等模块。而每个模块的出现是基于组织所处的不同阶段以及培育所需的不同方式,每一个阶段又有各自不同的操作方法(见图 5-6)。

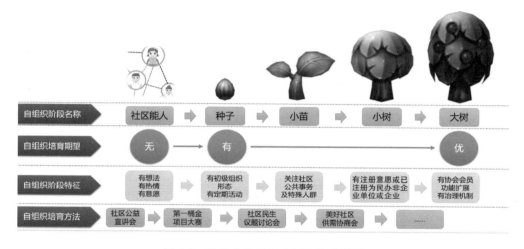

图 5-6 微公益创投方式各阶段示意图

## (一)社区公益宣讲会

### 1. 社区公益宣讲会的缘起和意义

社区公益宣讲会是挖掘社区能人的最基本方式之一,通过举办宣讲活动,吸引有热情、有想法、有行动力的社区能人,鼓励大家根据自己的兴趣爱好,凝聚社区里的其他能人,共同行动,做自己喜欢做的事情。在此过程中,不限定大家做事情的具体内容,可以是文体娱乐活动,可以是文化传承活动,也可以是手工编织、美食比拼,鼓励具有服务性质的社区自组织出现。

社区公益宣讲会举办的主要目的是理念普及和经验分享,通过使用社区能人可以接受的语言,用贴近能人们的案例,带来另一种社区生活状态。一般而言,社区公益宣讲会可以配合第一桶金项目大赛共同进行,也可以单纯做宣讲进行理念普及。

### 2. 社区公益宣讲会的操作方法

社区公益宣讲会的形式可以有很多种,例如宣讲、团队共创、路演以及大型公益活动等,整体设计思路以案例分享为主,讲解的内容可以分为理念普及部分、经典案例分享部分、后续工作介绍部分。

(1) 理念普及部分。可以通过视频或图片的方式,讲解社区营造及社区规划理念,并可以通过互动交流的方式,鼓励参与宣讲会的能人分享个人经验和感受,达到理解和认同的效果。

(2) 经典案例分享部分。可以分享来自我国台湾、日本、美国或身边的案例,例如台湾较为经典的桃米村、石冈人社区报等案例。还可以分享不同类型的案例,如环境保护、公共空间改造、互助养老、运动健身、社区地图绘制等。通过贴近社区能人的案例启发大家在社区用不同的方式来做自己喜欢的事情,而且不只是一个人做,而是大家在一起做大家都喜欢的事情。

(3) 后续工作介绍部分。可以根据组织培育或微公益创投等计划进行讲解,同步准备所需材料以及联系方式,便于后续工作开展。

### (二) 第一桶金项目大赛

#### 1. 第一桶金项目大赛的缘起和意义

项目大赛是以项目制为方式,运用社区营造的理念,为了提升其组织管理能力,项目设计、实施及管理的能力,项目资金的合理编制及合规使用的能力的一种培育社区自组织的方式。目的在于激活或生发社区自组织,采用陪伴式辅导的方式,手把手辅导社区能人进行组织、项目及资金的管理,主要为辅导自组织撰写项目计划书、编制项目预算,助其将所想转化为所写,再将所写转化为所感,将本组织的愿望转化为可实施的行动方案,并展示给社区居民和其他利益相关方。

#### 2. 第一桶金项目大赛的操作方法

一般项目大赛流程设计为期一年左右,其中前期立项及后期结项共约半年时间,项目实施约半年时间。整个流程分为五个部分,分别是社区走访、立项辅导、立项评审、实施辅导以及结题评审(参见图5-7)。

(1) 社区走访阶段。

社区走访阶段主要是向社区两委说明,执行团队是谁,要做的项目是什么,所希望达到的目的是什么,以及了解社区两委可以提供什么样的支持和配合。社区走访的主要方式,一是逐一对社区领导或社区工作者进行访谈,二是举行面向社区

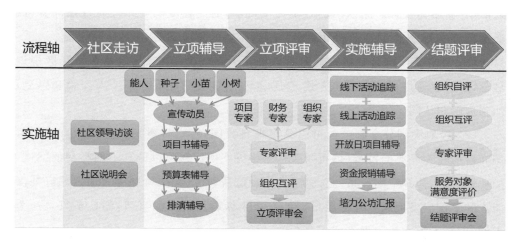

图 5-7 第一桶金项目大赛操作方法示意

书记、主任及社区工作者的说明会。

（2）立项辅导阶段。

社区能人辅导立项是整个立项过程中最为重要的一部分，也是培育自组织的关键环节。一般社区能人很少了解项目制，也从未接触过项目管理，因此需要培育方手把手辅导社区能人，按照团队成员共同的意愿来进行项目设计，并最终落实到纸面上。在此过程中，培育方只起到讲解项目书的填写方法以及引导能人进行思考的作用，切忌替社区自组织来做计划或做决定。因此在立项辅导阶段，培育方需要留出充足的陪伴式辅导的时间，由于一个自组织从建立关系到形成项目申请书，往往需要3~5次的陪伴式辅导，因此培育方的工作人员需要具备耐心、认真、细致、有亲和力的特点，陪伴着希望参与项目申请的能人完成自己的项目计划设计。辅导过程一般包括项目大赛说明、讲解项目申请书、讲解资金预算表、优化项目书及预算表、展示汇报排演。

（3）立项评审阶段。

通过评审会评审的方式，对社区自组织的项目计划进行360°评估，确保项目设计顺利执行。立项评审阶段通常包括召开立项评审说明会、立项评审会以及项目签约会。

立项评审说明会的主要目的在于说明立项评审会的时间、地点、流程、每个自组织的汇报时间、注意事项等内容。

立项评审会的主要目的在于给社区自组织一个展示和汇报的平台，搭建社区自组织之间的信息交流平台，达到地区资源共享的目的。

项目签约会的主要目的是签订合作协议，确定自组织开始实施项目方案，并开始进行资金筹备，为后期以报销制的方式处理自组织支出的费用做准备。

（4）实施辅导阶段。

项目实施过程的辅导依然采用陪伴式，并且是多维度同时进行（参见图5-8）。包括每天的线上陪伴辅导及线下自组织活动追踪、每周的开放日一对一辅导、每半月的培力公坊、每个月的资金报销及项目辅导以及每月的自组织汇报展示。

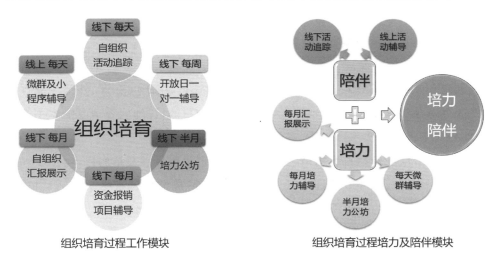

图 5-8　组织培育陪伴式辅导示意

线下活动追踪的主要目的在于与社区自组织建立良好的互动关系，并且通过参与自组织的活动了解自组织开展活动的情况，其优点可以分享给更多的自组织进行借鉴，不足可以通过培力公坊或开放日一对一辅导的方式给出建议及提醒。

鼓励社区自组织建立线上微信群以及使用小程序，实现项目资料信息数据化，培育团队可以随时在群里解答能人的疑问，并观察组织的活动情况，保持与自组织的互动和持续陪伴。

开放日一对一辅导指每周为社区自组织所做的面对面辅导，可以根据自组织的需求针对组织建设、模式梳理、项目以及财务等进行辅导。

培力公坊即培育社区居民自组织、具有公益性质的工作坊。其主要目的在于提升自组织的能力，包括组织管理能力、项目管理能力、财务管理能力、对外宣传能力以及资源筹集能力。培力公坊每半个月举办一次，邀请来自不同领域的专家学者分享经验案例，并鼓励自组织之间多多交流，形成地区内部的资源共享平台和信息交流平台。

每个月为自组织举办资金辅导及报销会，主要目的在于为自组织进行财务方面的辅导及提供支持。刚刚接触项目的自组织能人对于财务报销规范往往较为陌生，需要培育方的工作人员耐心细致讲解报销流程和规范，并帮助自组织整理核查报销票据，及时提醒社区能人保证资金报销票据的完整性和正确性。

每个月举办的汇报展示会，目的在于搭建社区自组织展示的平台、信息交流的平台以及资源共享的平台，通过分享和互动交流建立起地区自组织间的互信关系，这样未来才能更好地开展有效合作，共同营造美好社区家园。

（5）结题评审阶段。

通过360°评估的方式，分别开展自组织自我评估、组织间互评、外部专家评估以及服务对象满意度评价，达到社区自组织评估的目的，详细内容请参见本书第六章，此处对于评估方法不再赘述。

结题评审阶段包括自组织结题梳理、结题评审说明会以及结题评审会等环节。

自组织结题梳理环节的目的在于引导自组织阶段性梳理本组织的活动情况，根据自组织梳理表为自组织打分，这个过程也是再次进行组织内部协商的过程，同时也是组织内部形成共识的过程。结题评审说明会的主要目的在于介绍结题评审会的时间、地点、流程以及评审指标，并为自组织答疑解惑。结题评审会将进行组织互评和外部专家评估。

3. 效果简介

以大栅栏街道第一桶金项目大赛为例。2015年，在北京市民政局福利彩票公益金的资助下，第一届微公益创投第一桶金项目大赛举办，由梧桐社区大学与清华社区营造团队合作，从9个社区37个自组织申报的项目中，通过评选方式选出20个自组织作为培育的种子。2016年在北京市西城区大栅栏街道办事处的资金支持下，北京市西城区群学社区服务中心与清华社区营造团队合作举办了第二届微公益创投第一桶金项目大赛，寻找出34位能人，形成19个自组织种子，并通过立项评审和展示的方式，选出16个自组织种子进行培育。2017年微公益创投2.5期项目共有19个小苗和种子以及2个新种子进入新一期的培育阶段。2018年的第三届微公益创投第一桶金项目大赛共有13个小苗、3个种子以及6个新种子成功通过评比进入培育阶段。

### （三）社区民生议题讨论会

当社区自组织具有初步稳定的组织架构，可以持续开展组织活动，明确组织活动的内容后，往往需要更多的资金资源、志愿者资源、演出资源、师资资源等，组织规模不断扩大，组织成员也相应地不断增加，组织开始出现向外部寻求资源的需求。在此过程中，培育方需要适时地给予自组织有效引导，对于需要外部资源的自组织，可以通过搭建资源共享平台的方式支持其发展；对于需要资金资源的自组织，可以引导其关注社区公共事务或特殊人群，结合社区两委的中心工作或其他各级政府相关工作开展活动；对于需要演出资源的自组织，可以引导其关注同类协会或商业领域的活动，拓宽自组织向外筹资的视野，并主动寻找外部资源。

无论后期能够找到何种资源，最为关键和重要的还是本社区的资源，社区自组织也会因为落地或扎根在本社区而具有天然社区资源优势。要引导社区自组织认识和了解自己所在的社区，关注社区内发生的各类公共事务，关心社区内的特殊人群以及中心工作，逐步引导自益型组织转向互益型组织、共益型组织，在社区内部充分发挥该组织的优势和特点。

**1. 社区民生议题讨论会缘起及意义**

社区自组织往往基于社区能人的兴趣爱好等内生动力而形成，组织性质或类别各有不同。根据《民政部关于大力培育发展社区社会组织的意见》，城乡社区要大力发展开展为民服务、公益慈善、邻里互助、文体娱乐和农村生产技术服务等活动的社会组织。在城市社区中，文体娱乐类型的自组织比例相对较多，当自组织有意愿继续发展时，可以根据自组织的需求进行适当的引导。社区民生议题讨论会设计理念源于希望引导社区自组织关注社区公共事务以及社区特殊人群，借此提升自组织服务社区活动的意识和能力，并采用形式灵活的按需申请方式，在同年度内可多次进行活动申报和申请，鼓励更多自组织和社区能人参加到社区民生议题讨论会中来。

**2. 社区民生议题讨论会操作方法**

社区民生议题讨论会主要包括民生会议启动、筹备、实施以及结题四个阶段（见图5-9）。以下详述每一阶段的操作步骤及方法。

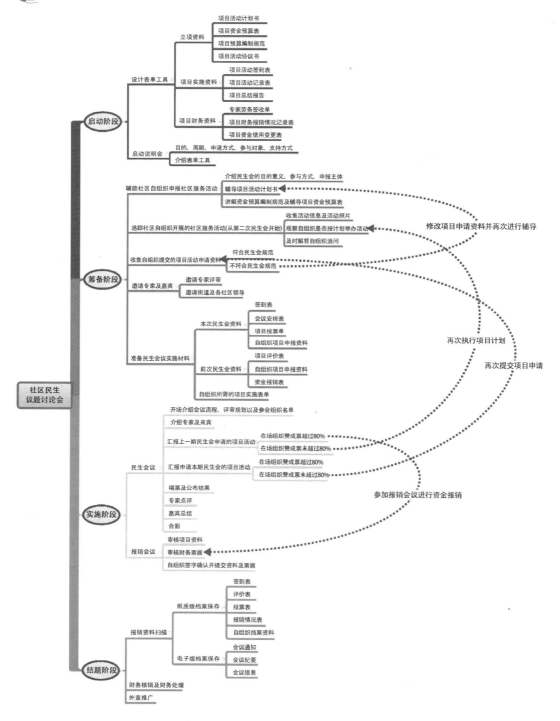

图 5-9 社区民生议题讨论会操作流程

（1）民生会议启动阶段。

启动阶段最主要的目的是向自组织介绍民生会相关信息以及设计表单工具。

第一，举办启动说明会议。

一般通过举办启动说明会议的方式向自组织进行介绍和说明，向社区自组织详细介绍：

A. 举办目的。

B. 举办周期。

C. 申报方式。

D. 参与对象。

E. 支持方式。

F. 表单工单。

G. 可参考借鉴的经验和案例。

其中有相对固定的内容，也有需要根据当地情况进行调整的内容。

相对固定和规范的部分：例如举办目的即为引导社区自组织关注社区公共事务及特殊人群，提升社区自组织服务项目设计和实施的能力。再如参与对象一般以组织形式进行申报，要求组织具有一定的稳定性，可以定期自主开展活动，并形成组织核心架构，有简单的分工合作机制。

参考当地社区的具体情况而定的部分：以举办周期为例，可以是半个月、一个月或一个半月，只要能让自组织有多次申报的机会即可。每个自组织申请民生会后，实施周期可以是半个月、一个月或一个半月，只要适合自组织开展其所设计的项目即可。再以支持方式举例，根据当地社区情况，可以采用小额资金支持、提供培训机会或外出参访机会等形式。

第二，设计民生会议所需工具表单。

民生会议依然采用项目制。工具表单的作用如下：

一是作为申请和实施活动的重要依据。

二是引导社区自组织自主设计开展社区民生类服务活动。

三是通过举办服务活动提升自组织社区服务的意识和能力。

由于使用者是社区自组织，因此工具表单的设计不宜过于复杂。在具体使用过程中，辅导表单设计的工作是最为重要的，也是最为烦琐的，一般采用陪伴式辅导的方式进行,教会社区自组织独立使用这些工具,并鼓励组织内部分工合力完成社区服务类项目。

一般申请工具表单主要有三类。

一是立项资料。

A. 项目活动计划书。

B. 项目资金预算表。

C. 项目预算编制规范。

D. 项目活动协议书。

项目活动计划书和资金预算表是社区自组织每一次参加民生会议的申请依据,同时也是后期实施和评估的基础,需要社区自组织在理解其中的逻辑框架和内容后,根据组织意愿共同商议并独立填写完成。其中包括三个重要的因素：自组织有意愿进行申报；自组织内部经过共同协商后再进行填写；自组织独立完成申报工作,但需结合社区的中心工作来进行项目设计。

在申报初期,自组织会有畏惧心理,或惧怕书写,或惧怕工作烦琐,或惧怕汇报演讲,需要鼓励自组织在独立实施的基础上,将自己的想法转化为文字,将所想所行用语言表达出来分享给更多的伙伴。

在辅导过程中首先需要向自组织介绍申报资料的逻辑框架,以便其更好理解如何撰写项目计划书和预算表。一般情况下,项目活动计划书和项目资金预算表主要分为四大部分：第一部分是项目基本信息,第二部分是实施活动的社区组织信息,第三部分是社区服务项目活动情况,第四部分是财务管理及项目资金预算表。

二是项目实施资料。

A. 项目活动签到表。

B. 项目活动记录表。

C. 项目总结报告。

项目活动签到表及活动记录表均在每次活动举办过程中填写,主要内容包括：

活动名称,活动时间、地点,服务对象特征,受益人数,活动过程记录。

可以采用组织内部轮流记录活动的形式,鼓励社区自组织的成员都参与到组织活动中来。

活动结束后,组织内部进行总结,以八个问题作为讨论内容,内容包括组织情况和项目活动情况两部分,最后形成文字形式的项目总结报告,作为社区自组织的社区民生服务档案资料。

组织情况主要包括:

第一,团队成员情况及分工情况介绍。

第二,团队成员在项目执行过程中是否有变化。

第三,团队规范建立情况介绍。

第四,通过这个项目的实施,团队有什么收获或思考等。

项目完成情况主要包括:

第一,比照项目计划,已经完成哪些工作,哪些没有按照预期计划开展,新增了哪些内容?

第二,项目产生了哪些效果或影响?

第三,对下一步项目发展有什么打算?

第四,项目费用收支情况如何?

三是项目财务资料。

A. 专家劳务签收单。

B. 项目财务报销情况记录表。

C. 项目资金使用变更表。

具体每一种表单工具如图 5-10 所示。

(2) 民生会议筹备阶段。

由于社区民生议题讨论会是定期举办,每一期民生会议都有自组织的社区服务活动进行结题和申请两个环节,因此在会议前需要收集的会议资料通常包括两部分:一是自组织申报资料,二是自组织活动资料。

对申请社区服务活动的自组织也会举办开放日进行陪伴式辅导。内容包括三个方面:

第一,辅导社区自组织申报社区服务活动。

由于民生会议的优势是可以在同年度内进行多次申报,因此就能吸引新的组织参与民生会议,而筹备阶段的辅导工作就显得尤为重要。除了介绍民生会议的目的、意义、参与方式、申报主体等内容外,最为重要的是辅导社区自组织形成项目

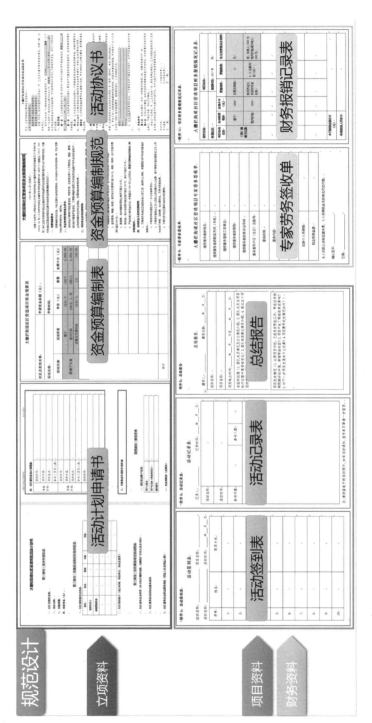

图 5-10 社区民生议题讨论会所需工具表单示意

活动计划书和项目资金预算表,作为申请民生会议的首要步骤。在此过程中,需要引导自组织从社区问题和居民需求入手,根据自组织希望开展的活动合理进行项目计划的设计以及资金预算的编制,严格按照预算编制的要求审核预算表的合理性。

第二,追踪社区自组织开展的社区服务活动。

每次民生会议都会有若干个组织进行社区服务活动的申请,要根据组织申请的实施周期,追踪组织开展活动的情况,并收集自组织的活动信息、活动照片等资料,观察自组织是否按计划举办了社区服务活动,自组织如有疑问也需要及时答疑,助力社区自组织顺利开展社区服务活动。

第三,准备民生会议实施材料。

民生会议所需用到的资料包括:

A. 签到表。

B. 本次民生会议的项目投票单。

C. 本次民生会议流程安排表。

D. 前次民生会议的项目评价表。

E. 前次民生会议的项目资金报销表。

F. 自组织立项申报资料。

G. 自组织所需的立项和实施阶段的工具表单。

(3)民生会议实施阶段。

社区民生议题讨论会每一期会议流程基本相似,均为:

A. 开场简单介绍来宾和专家。

B. 汇报上一期民生会议申请的项目活动。

C. 申请本期民生会议的项目活动。

D. 唱票及公布结果。

E. 专家和嘉宾点评等。

在汇报上一期民生会议申请的项目活动时,引导自组织进行汇报展示,内容包括:活动名称、活动目标、受益群体特征及受益人数、活动意义、队员感受等。

在申请本期民生会议的项目活动的环节,依然需要对自组织进行引导,涉及内容包括:组织名称、活动名称、预计开展活动的时间、地点、活动目标、内容及流程,受益群体特征及受益人数预估，资金预算情况等。

在汇报的过程中，可以设计一些互动环节，例如鼓励其他自组织与正在汇报的自组织互相提问答疑、提建议意见、分享感受等，增进组织间的了解程度和熟悉程度，这样有助于形成当地社区自组织资源共享及信息交流的平台。

（4）民生会议总结阶段。

总结阶段的工作主要包括：

A. 会议资料归档及保存。

B. 外宣推广。

C. 财务核销及账务处理等。

其中会议资料归档及保存是非常重要的一个环节，它能为自组织后期制作档案资料提供基础和原始的资料。档案一般分为纸质版和电子版，其中纸质版资料包括：民生会议签到表、自组织及专家的评价表、自组织及专家的投票表、自组织的项目档案资料（立项资料、实施资料、财务资料、总结资料）。电子版资料包括但不限于会议通知、会议纪要、会议信息等。

自组织提交的纸质版资料建议留下电子版备份。以上的工作作为总结阶段的收尾工作，在后期将发挥培育自组织留存基础资料的重要作用。

3. 效果简述

以北京市西城区大栅栏街道社区民生议题讨论会（以下简称"民生会"）为例（参见图5-11）。通过三届微公益创投的培育，社区自组织约有三分之二为文体娱乐型自组织，有些自组织已经出现了初步服务性的功能，在鼓励自组织发挥自己优势的同时，引导自组织关注本社区公共事务以及特殊人群，并开展社区服务类活动。经过五个月的时间，共举办了8次民生会，有19个社区自组织参与，其中4个组织是新加入的组织；共举办了67次社区公益服务活动，其中4次是组织间联合举办。社区能人参与212人次，服务逾5000人次。经统计，19个参与民生会的自组织中，有5个自组织是为民服务和邻里互助类组织，其余14个自组织均为文体娱乐或文化传承类组织，这表明通过民生会的引导，部分自组织开始关注社区公共服务类活动，以及诸如老年群体、残障人士、贫困户、青少年等社区较弱势的群体。

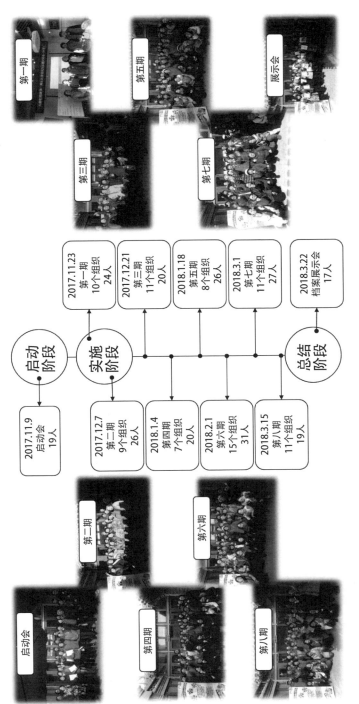

图 5-11 大栅栏街道社区民生议题讨论会成效分析

### (四)美好社区供需协商会

**1. 美好社区供需协商会缘起及意义**

社区自组织在经历了项目大赛、民生会议后,一般初步具有稳定的组织架构,核心团队三至五人,并开始关注社区公共事务以及特殊人群,组织在此过程中会形成一定的特色,也会产生新的发展需求。

美好社区供需协商会属于将小苗引导成长为小树的过程,其目的是通过提升自组织内部管理能力以及服务活动能力,实现与外部利益相关方的协商,共同为社区居民服务或举办活动,最终实现拥有美好而有温度的社区家园的梦想与愿景。

**2. 美好社区供需协商会操作方法**

(1)社区自组织服务模式梳理。

社区自组织服务模式梳理是组织继续发展的方向盘,也是组织内部达成共识的一种方法,更是组织化的一个过程。

社区自组织服务模式梳理分为三个阶段,分别是社区自组织服务活动梳理、社区自组织服务类别梳理、社区自组织主营服务梳理。

第一,社区自组织服务活动梳理。社区自组织通过项目大赛初步具有了项目的观念和意识,也可以留下一定的组织档案资料。所留存的档案资料可以作为组织服务活动的梳理依据,在此过程中,尤为重要的是要清楚,形成活动梳理表是一个内部协商的过程,也是一个组织内部达成共识的过程。组织通过召开核心会议或例会,跟组织成员共同梳理近一年或近半年的组织活动,包括集体会议活动名称、活动内容、服务对象特征以及服务人数等。

第二,社区自组织服务类别梳理。当社区自组织梳理出服务活动之后,依然是以组织内部协商的方式,将组织所开展的活动进行整合,并梳理出组织最为擅长并且最为需要的服务活动。梳理出的活动可能包括社区服务类活动,以及组织内部的团队建设活动等。哪一类活动举办的频次高,组织内部就可以考虑其是否为组织发展所需的主营服务模式或组织未来发展的方向,可以将该类服务活动作为重点继续推进。

第三,社区自组织主营服务梳理。当组织内部确定了自己的服务类别,就可以进而对服务对象进行细分,预估外部资源方,做年度服务活动计划,结合组织梳理工作，依据服务对象的需求及组织自身特色，进而明确年度工作计划。

社区自组织服务模式梳理不仅可以用于志愿服务类的组织，也可以用于文体娱乐类以及邻里互助类组织，且在组织的不同成长阶段都可以进行，以明确组织下一步发展的方向以及工作计划。此梳理方法也可用于具有分支或分队的组织，从核心层开始梳理，带动各分队自行梳理各队的目标及模式，再将分队的模式反馈到组织核心层，实现组织整体模式细化的过程。

（2）社区自组织协商平台搭建。

当社区自组织具有一定的服务模式之后，在社区范围内可以将多个社区自组织联合起来，定期开展社区自组织协商平台会议，主要内容为年度计划设计、实施过程配合及联合、结题阶段的交流学习和资源共享以及协商平台运营规则的建立，同时结合社区两委的中心工作进行，逐步引导社区自组织关注社区中心工作，与社区两委共同协作完成社区内居民服务及活动。

当社区级自组织协商平台搭建成熟后，根据社区间自组织发展程度，逐步搭建街道范围内的社区自组织联合会，进而将整个地区的自组织联合起来，分工协作、共享资源，最终共同营造整个地区的美好生活，发挥整个地区自组织间的合力作用。

## 四、结语

社区自组织从社区能人开始，逐步形成小团队（具有自娱性质的种子形态），再到形成小组织（具有共益性质的小苗形态），最后形成正式组织（具有公益性质的地区性小树或大树的形态），需要经历一段很长的发展和培育过程。在此过程中，政府部门将起到非常重要的政策和资金的支持、政策培力、资源协调、党委监督等作用，但也要充分发挥社区自组织的主观能动性。基于自组织自愿原则，培育团队则起到陪伴和培力的作用，提升自组织的组织管理能力、项目管理能力、财务管理能力、组织宣传能力以及内外部资源筹集能力。但每一个环节都需要遵循社区营造及社区规划理念，即不强求、纯自愿、不揠苗助长，给浇水、给施肥、给阳光，更需要给时间，等着自组织成长起来。

往往一个地区能够有一棵大树，整个地区就活了，当地文化得到活化，资源得到有效利用，自组织具有自我造血的能力。每一个阶段有不同的辅导方法，过程也是相对漫长的，从一粒种子开始，通过培力和陪伴，逐渐发展成为大树，需要各方的协力，更是一个改变人的思想和行为的过程。

# 第六章

# 社区自组织评估

## 第一节 360°评估

### 一、引言

360°评估作为组织评估的方法,包括了对社区自组织的组织发展阶段、项目实施成效以及资金使用规范度等方面的评估内容。评估对象一般为社区自组织(社区社会组织),评估分为专家评估、自组织自评、组织间互评以及服务对象评价等方面。对自组织进行多维度、多群体评估,最终目的是以评促建,清晰掌握自组织发展的程度,并通过360°评估掌握自组织的需求,为自组织提供更具有针对性的陪伴式辅导。

### 二、360°评估的缘起和意义

培育社区自组织多以项目制方法为抓手,保障项目经费合理规范使用,因此使用最为普遍的评估方法是项目评估。然而项目评估多数为项目成效评估,实际上社区营造及社区规划项目执行期间社区自组织的成长非常重要。通过分析世界各国经验可以发现,在社区转型的早期,政府多以政策及资金的引导为重,但政府辅导与奖励需要建立在有效的评估基础之上,唯有评估方法公正、客观及有效,资金补助与辅导才能到位,社区自组织也才会被有效培育。随着自组织培育方法的不断精进,项目评估愈发难以满足组织发展所需,因此出现了360°评估法,在评估社区自组织执行的项目成效的同时,也将组织发展程度列为重要的评估内容。

### 三、360°评估的操作方法

360°评估从评估模块上看,包括社区自组织自评、社区自组织互评、专家或第三方评估(例如街道、社区两委、社区营造及社区规划团队、外部专家等)以及服务对象评价等内容。同时评估的模块涉及自组织评估、项目评估、财务评估等维度。每一个维度根据所处时期,又可以分为立项阶段、实施阶段和结题阶段等(见图6-1)。

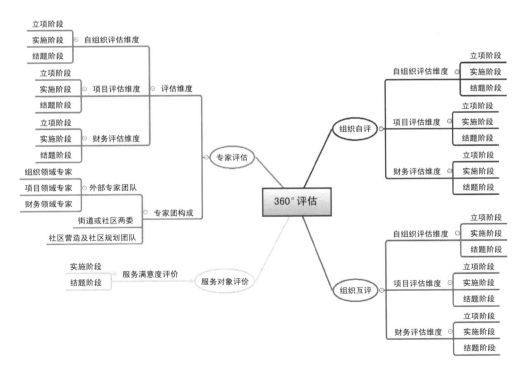

图6-1 360°评估示意

## （一）组织自评

组织自评主要是指社区自组织定期对自己的组织情况、项目执行情况及资金使用情况进行评估。组织自评的目的在于通过对组织的客观评价，达成组织内部发展共识，共同设定下一阶段的发展规划。组织自评的周期可以是三个月、六个月或一年，建议持续开展组织自评工作。组织自评的操作方法为：

1. 设计自评指标

可以根据组织情况自行设计或邀请社区营造及社区规划团队进行辅导。

2. 设计自我评估表（见表6-1）

表6-1　社区自组织自我评估表模板

| 社区自组织自我评估表 ||||||
|---|---|---|---|---|---|
| 组织名称： || 项目名称： || 所属社区： ||
| 评估模块 | 评估指标 | 得分 | 自我评估分数 | 具体说明 ||
| ^ | ^ | ^ | ^ | 分享话题 | 您的回答 |
| 组织管理评估 | 组织内有三位及以上的骨干成员，能够参与协商组织内部的事务。 | 10 | | 请简要分享组织内部人员情况及分工，并描述一件与筹资相关的事。 | |
| ^ | 组织能够独立执行项目，能协调社会资源助力项目开展，且有计划继续发展该组织。 | 10 | | ^ | |
| ^ | 组织成员能够协作完成项目档案资料，可以利用微信群等技术手段管理组织事务。 | 10 | | ^ | |
| 项目成效评估 | 项目活动时间、次数及内容与计划一致。 | 10 | | 1. 请详细阐述在项目执行过程中，受益人数及受益人次各为多少。<br>2. 讲述项目执行过程中一件令人印象最深刻的事。 | |
| ^ | 项目目标基本实现，且项目具有可持续性，将继续开展。 | 15 | | ^ | |
| ^ | 项目服务效果受到受益人肯定，服务对象人数及人次与原计划一致。 | 15 | | ^ | |
| 财务执行评估 | 项目资金申报规范，基本无调整情况，若有调整，理由较充分。 | 15 | | 在项目执行过程中，组织内部如何进行财务管理？经验和困难分别是什么？ | |
| ^ | 项目资金报销凭证规范且报销及时，报销金额和报销时间与项目计划一致。 | 15 | | ^ | |

根据自组织情况，在初期阶段可以如模板所示进行简单的自我评估表设计，并通过话题分享及讨论的方式引导自组织进行自我评估。以大家讨论和分享的内容作为自我评估的依据，并最终形成自评分数。

组织自评通常包括三个维度，分别是：组织管理评估维度、项目成效评估维度、财务执行评估维度。

（1）组织管理评估维度。

分享话题：请简要分享组织内部人员情况及分工，并描述一件与筹资相关的事。

评估指标：

第一，组织内有三位以上骨干成员，能够参与协商组织内部的事务。

第二，组织能够独立执行项目，能协调社会资源助力项目开展，且有计划继续发展该组织。

第三，组织成员能够协作完成项目档案资料，可以利用微信群等技术手段管理组织事务。

（2）项目成效评估维度。

分享话题之一：请详细阐述在项目执行过程中，受益人数及受益人次各为多少。

分享话题之二：讲述一件项目执行过程中令人印象最深刻的事。

评估指标：

第一，项目活动时间、次数及内容与计划一致。

第二，项目目标基本实现，且项目具有可持续性，将继续开展。

第三，项目服务效果受到受益人肯定，服务对象人数及人次与原计划一致。

（3）财务执行评估维度。

分享话题：在项目执行过程中，组织内部如何进行财务管理？经验和困难分别是什么？

评估指标：

第一，项目资金申报规范，基本无调整情况，若有调整，理由较充分。

第二，项目资金报销凭证规范且报销及时，报销金额和报销时间与项目计划一致。

### 3. 召开内部评估会议

通过组织内部会议，共同探讨组织发展情况及项目或资金的使用情况，为组织阶段性发展进行自我打分及评价。

### 4. 组织内部达成共识

组织自评的目的在于客观评价组织状态，并通过评估方式达成组织内部的认同或阶段性共识，为未来发展奠定稳固基础。

### 5. 资料留存及档案管理

经历组织自评环节后，对相关档案资料进行整理归档，包括：

（1）签到表。

（2）会议记录。

（3）自评表。

（4）现场照片或视频。

（5）宣传信息。

## （二）组织互评

组织互评主要是指社区自组织之间相互进行打分和评价。组织互评的目的在于组织之间交流学习、经验借鉴、资源共享，并通过互评的方式起到相互监督的作用，最终形成地区内的共识及在地文化。组织互评的时间基于项目执行周期，可以分为立项阶段组织互评、实施阶段组织互评以及结题阶段组织互评（见图6-2）。组织互评的基础在于组织之间相互了解、彼此熟悉组织及项目情况。

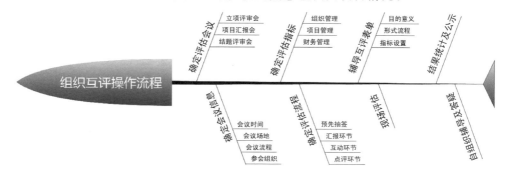

图 6-2 组织互评操作流程

组织互评的操作方法为：

1. 确定评估会议

通常会以立项评审会、项目汇报会或结题评审会的方式，由街道、社区两委或社区营造及社区规划团队组织，并提前确定会议时间、地点、议程，邀请社区自组织来参加评估会议。

2. 确定评估指标

通常根据项目所在阶段确定组织互评的评估指标，包括几个方面：

（1）组织管理。主要包括组织分工合作情况、组织成员重复率程度、组织规范化程度等。

（2）项目管理。主要包括项目设计合理程度、项目实施情况、项目成效等。

（3）财务管理。主要包括资金预算编制程度、资金使用规范程度等。

3. 确定评估流程

（1）预先抽签决定汇报顺序。为确保公平公正，汇报顺序并非外部指定，而是采取抽签的方式决定，需要提前做好充分的准备工作。

（2）确定汇报时长及主要内容。通常社区自组织汇报时长在5至7分钟，汇报内容涉及组织情况、项目情况和财务情况等方面。

（3）确定互动交流时长及内容。通常在社区自组织汇报完毕后，留出5至7分钟进行组织间的互动交流，这对于做介绍的自组织是一个补充的机会，对于听取汇报的自组织是一个相互学习的机会。通常大家会就汇报中存疑之处、建议、意见、经验分享或感受表达等内容进行互动交流。

（4）确定点评环节

通常可由现场专家或嘉宾领导进行最后的点评，同时可以邀请参与组织互评的社区能人分享感受等。

4. 辅导社区自组织使用组织互评打分评价表

为确保组织互评的效度以及评估分数的信度，在组织互评前需要对参与互评的社区自组织进行打分表的辅导工作，主要讲解清楚互评的目的、形式、流程、指标设置等内容。

5. 现场评估

根据前期的时间和议程安排，举行评估会议。

6. 统计组织互评结果并公示

对社区自组织的互评打分表进行整理和统计，并将结果向社区自组织公布。需要注意的是，一般评估结果是综合了组织自评、组织互评、专家评估以及服务对象评价四方面的评价分数。

7. 对组织互评结果进行自组织一对一辅导及答疑

对于组织互评过程中提出的问题或建议，街道社区或社区营造及社区规划团队需及时进行一对一的辅导或答疑，促进社区自组织进一步发展。

（三）专家评估

专家评估是指外部专家或第三方专家对社区自组织进行评估的评估方式。这里的专家包括外部专业领域专家、街道或社区两委的领导或工作人员、社区营造及社区规划团队，可以专家团的方式进行评估。外部专家包括组织领域专家、项目管理领域专家以及财务领域专家等。专家评估的目的在于为社区自组织提供专业的建议和意见，扩大社区自组织可持续发展的思考空间。专家评估通常以评审会的方式进行，可以结合组织互评共同进行。专家评估一般在立项阶段、实施阶段及结题阶段进行。项目实施阶段的专家评估可以根据项目的执行期进行设置。专家评估流程与组织互评流程基本一致，此处不再赘述。

（四）服务对象满意度评价

服务对象评估是指参加社区自组织举办的活动后，活动的受益人群或参加者对社区自组织服务进行评价。服务对象评估的主要目的在于检验社区自组织的社会影响力及项目成效。服务对象评估可以社区自组织为主体开展，也可以由外部专家进行抽样评估。具体的评估指标根据社区自组织服务内容进行设置，一般为服务满意度评价。

## 四、360°评估的效果简介

以北京市西城区大栅栏街道社区自组织评估为例。在第 2 届和第 2.5 届社区营造微公益创投项目结题阶段进行了社区自组织自评,分别对 20 个自组织进行了两次自评辅导,并通过组织内部讨论的方式完成自评环节。通过此过程发现,社区自组织讨论会激发社区能人对于组织发展的思考和建议,并逐步增强组织的凝聚力和内部共识。在对社区自组织进行服务对象满意度评价辅导后,社区自组织会自发设计满意度调查表,虽题量很少且题目简单,但逐步开启了社区自组织对于自己服务模式的梳理和思考。在第 3 届社区营造微公益创投立项评审会上,尝试使用专家评审和组织互评共同进行的模式,组织互评和专家评审占比均为 50%,并且在现场鼓励组织互评团进行互动交流,22 个社区自组织均进行了充分交流和思想表达,增加了彼此的熟悉度,和同类组织进行了经验分享,并激发出建立资源库的想法。

## 第二节 大数据评估

### 一、引言

大数据评估是将大数据应用技术与社区自组织评估结合在一起的一种评估方式。目的在于解决日常评估的信息不对称问题,即解决社区自组织日常资料积累以及组织发展过程评估的问题。在"社区管理"时代,出现了大量以完成"政绩"为目的的活动,以及大量的"蚊子馆"(在启动时或节庆日时热闹非凡,但平日里人迹稀少),乃至项目活动记录造假而不易被察觉等问题,大数据评估方式的出现可以有效破解以上诸多治理难题。

### 二、大数据评估的缘起和意义

评估重点在于收集数据信息并对其进行分析解读。社区自组织评估则意味着需要收集该组织持续性的数据信息,以便分析组织发展程度及组织所处阶段。然而组织日常的活动或动态信息的收集,需要有高昂的人力成本为基础;同时培育组织需要的是陪伴式辅导,人力成本也相当之高,一般的评估团队或培育团队往往无法做到。因此出现了大数据评估,即将部分日常的辅导工作逐渐转变为远距离辅导,日常活动资料运用数据技术进行收集,这样可以即时、低成本地获得有效的评估数据,极大地提高了组织评估的效能。

　　线下追踪和线上辅导相结合,一是提高了人力追踪活动的效率,二是能真实客观地反映自组织活动动态,三是可为组织评估提供大数据分析指标,从而为评估报告提供客观数据支持。这种评估方式可以突破项目制评估过程中对参与人数、活动次数、受益人群等内容掌握的局限,进而更了解社区自组织内部治理机制建立情况、是否有承接项目的组织能力、组织内部成员和受益群体的感受及反馈等信息,更多关注人的需求是否得以满足,更为客观地评估组织的社会影响力及项目的成效。

## 三、大数据评估的操作方法

　　大数据评估的操作方法通常分为四个步骤,分别为关系建立、数据收集、数据分析、数据应用(见图6-3)。

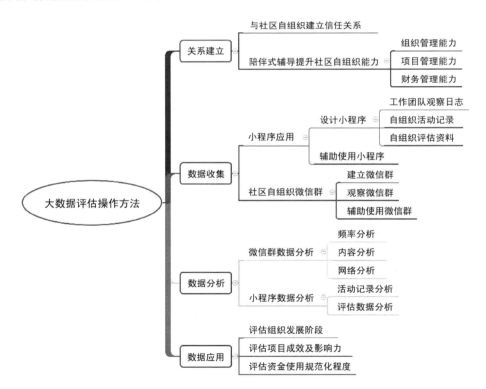

图6-3　大数据评估操作方法

## （一）关系建立

大数据评估方式在实施初期需要结合陪伴式辅导社区自组织的过程展开，其原因通常为社区自组织尚未形成，处于结构松散的状态未组织化，大部分评估内容仅仅适用项目评估，而无法达到组织评估的程度。或即使有了组织形态，若评估内容或方式与组织关系不密切，就无法获取真实有效的组织动态信息，亦无法开展大数据评估工作。

建立关系的双方为培育团队和社区自组织。关系建立的目的在于通过日常深入的陪伴式辅导，与社区自组织建立信任关系，并开始逐步引导社区自组织向长期可持续的组织化方向发展，提升社区自组织的管理能力，进而具备数据收集的必要性和可能性。

关系建立的步骤为：

第一，与社区自组织建立信任关系。培育团队通过对社区自组织日常活动的追踪，熟悉组织，增强与社区自组织的信任关系。

第二，陪伴式辅导提升社区自组织能力。培育团队通过陪伴式辅导提升社区自组织的可持续发展的意识，并在自组织的项目执行过程中，提升社区自组织的组织管理能力、项目管理能力和财务管理能力。

良好关系的建立是大数据评估的第一步，可为数据收集工作奠定坚实的基础。

## （二）数据收集

数据收集的目的在于高效、可靠、安全地收集社区自组织的日常动态信息，并确保自组织的安全隐私，提高数据收集的效率，减少人力和时间成本。

数据收集主要分为小程序数据收集和微信群数据收集。

### 1. 小程序数据收集

小程序数据收集分为设计小程序应用以及辅导社区自组织使用小程序两个步骤。小程序通常可以收集文字信息和图片信息，设计小程序的目的在于尽量使用小程序而不是纸质版资料进行数据信息留存，以便于后期的数据分析。

小程序应用设计可以分为：

（1）工作团队观察日志。

工作团队观察日志的使用对象为社区自组织以外的人员，可以包括社区两委一站、社区营造及社区规划团队、外部专家等。写工作团队观察日志的目的在于留存外部人员对社区自组织日常观察的记录。观察日志的内容通常包括：

第一，观察人员姓名及身份。

第二，观察的日期及地点。

第三，被观察组织的名称。

第四，组织活动名称、参与人数等基本信息。

第五，组织活动流程记录。

第六，观察人员个人感受及思考。

第七，组织需求及培育方向。

第八，活动照片或视频。

（2）自组织活动记录。

自组织活动记录的适用对象为社区自组织的团队成员，包括组织负责人、核心团队成员以及一般团队成员。活动记录的目的在于鼓励社区自组织自己留存每次活动的记录和照片，提升自组织的项目管理能力及对外宣传能力。自组织活动记录的内容通常包括：

第一，组织名称及记录人员姓名。

第二，组织活动时间、地点、名称等基本信息。

第三，活动基本内容及活动流程。

第四，记录人员个人感受。

第五，其他活动信息，如活动背景介绍。

第六，活动现场照片。

第七，活动记录及签到表照片页。

（3）自组织评估资料。

自组织评估资料包括组织自评、组织互评、专家评估及服务对象满意度评价（具体内容可参考第六章第一节）。

在纸质版资料转化为小程序应用的过程中，社区两委以及培育团队均需要不断对社区自组织进行陪伴式辅导，辅导内容包括安装小程序、更新小程序、提交小程序等问题。

2. 微信群数据收集

（1）建立微信群。

微信群数据收集的目的在于分析社区自组织实时动态信息，同时通过微信群可以实现线上辅导社区自组织,大大节省人力和时间成本。微信群的建立是基于社区自组织对培育团队的信任,或已经建立微信群,愿意邀请培育团队加入,因此做好第一步关系建立的作用不言而喻。建立微信群可通过三种方式进行:

第一,社区自组织原来没有微信群,通过培育团队的辅导,建立自己的微信群。

第二,社区自组织原来没有微信群,基于对培育团队的信任,由培育团队牵头建立微信群,进而形成社区自组织的微信群。

第三,社区自组织原来已有微信群,基于与培育团队的信任关系邀请团队的工作人员加入自组织微信群。

社区自组织的微信群不论以哪种方式建立,使用和主导微信群的务必是社区自组织成员而非外部人员,以保障社区自组织微信群有效使用。

(2)观察微信群。

微信群的信息比较庞杂,因此需要观察微信群对于社区自组织的作用和功能,通过观察发现,社区自组织微信群会随着组织形态的变化而分化,自组织微信群通常分为三类(见表6-2)。

表6-2 社区自组织微信群类型

| 分类 | 总群+分队小群 | | 总群+核心管理群 | | 工作群+兴趣群 | |
| --- | --- | --- | --- | --- | --- | --- |
| 群类别 | 总群 | 分队小群 | 总群 | 核心管理群 | 工作群 | 兴趣群 |
| 群成员 | 全体成员 | 分队成员 | 全体成员 | 核心组成员 | 全体成员 | 全体成员 |
| 群功能 | 自组织工作安排及动态信息分享 | 分队工作安排及分享 | 自组织工作安排及动态信息分享 | 核心成员工作讨论 | 自组织工作安排及动态信息分享 | 与工作无关信息分享 |

第一,拥有自组织总群和分队小群。由于自组织的分层而形成多个微信群,例如自组织大群和若干个分队小群。自组织大群主要用于讨论工作安排、分享分队工作动态以及日常早安问好、美文分享等,而分队小群则用来讨论本分队的工作分工、发布活动时间以及分享活动照片等。

第二,拥有自组织总群和核心管理群。若自组织核心管理层工作需要,可单独成立核心管理群,自组织总群主要发布活动通知、分享活动感受及照片等,而核心管理群则为组织核心管理层的工作讨论群。

第三,拥有自组织总群和其他功能群。群功能可能分化而形成多个自组织微信群,例如工作群和兴趣聊天群,工作群的主要作用是发布工作消息和分享动态、专业知识及相关文章,兴趣聊天群则是任意分享自己感兴趣的推送或视频等。

（3）辅导使用微信群。

根据社区自组织微信群的分类,通常在核心管理群或工作群内进行线上辅导,辅导内容包括：

第一,微信群使用管理规则。

第二,小程序应用方法。

第三,解答社区自组织在成长过程中遇到的问题。

线上的辅导无法完全解决社区自组织的问题,还需要配合定期的线下辅导（如培力公坊）等形式共同进行。

## （三）数据分析

数据分析的目的在于了解社区自组织所处阶段以及发展程度、社区自组织的社会影响力、所实施项目的成效等,通常分为微信群数据分析以及小程序数据分析。

### 1. 微信群数据分析

微信群数据分析通常包括线上互动频率分析、线上互动内容分析以及社会网络分析,用大数据的方法则可实现分析指标的自动化计算,这是目前社会科学中的前沿方法。这类分析和方法使得社会治理更加精确和高效。

社区与自组织的结合越来越紧密,自组织的多样性也随之增加,从社区治理的角度来看,有必要区分自组织的真假。用微信群的线上数据可计算组织的互动频率。从目前已发现的规律来看,假组织的微信群互动频率明显低于真组织,而真组织中,自上而下领任务式成立的自组织互动频率又明显低于自下而上自发形成的组织。目前只需要互动频率便可较准确地识别假群,但随着样本量的增加,则可能需要采用更多指标,比如分布类型、参数类型、双曲空间以及关注度指数。

线上互动内容的分析可以实现组织核心层的自动识别,其中最基础的步骤是建立核心层关键词语库。首先选取不同类别的组织,确定线下的核心层及非核心层,通过观察他/她们的线上互动内容,分别找到其代表性词根,然后在更大的样本中,通过词根搜寻到样本"核心层"并与线下实际情况比对,相应调整词频,以求达到更精准的预测。不断重复上述过程便可得到一套核心层语库,最终得出一套算法,能够根据微信群中的互动内容预测出组织的核心层。此方法也可应用于识别微信群中其他具有某种特征的角色人群。

基于自组织微信群的社会网络分析,可呈现不同类型自组织的社会网络图,令我们看到核心之间以及核心与非核心成员之间的联结情况。同时也可将其用来预测两个组织成员之间的亲密度。一方面,可通过线下的问卷得知组织成员之间的亲密度;另一方面,可根据线上指标计算亲密度。将线上算出的亲密度与线下情况匹配,形成一套准确的预测算法。

总的来说,自组织的微信群数据有很多应用方向,线上互动频率可用于区分组织类型,互动内容可用于识别组织核心,而互动关系可用于分析组织内整体社会网络和预测成员间的亲密度,而引入大数据的方法使得这些指标都可以实现自动化获得及计算,使得社区治理更科学高效。

2. 小程序数据分析

小程序数据分析通常包括对活动记录内容的分析以及评估数据的分析。在提交小程序数据后,小程序后台会收到一条相应记录。小程序管理员会定期对相关记录进行内容提取与整合,最终实现资料的自动生成,例如活动记录表或信息宣传稿。

评估数据通常分为立项评估数据、过程评估数据以及结果评估数据。在现场进行评估的数据,一般会提交到小程序后台,评估数据主要包括评估双方的基本信息,评估指标的得分以及对被评估组织提出的相关建议,对所有指标的得分根据评估人的不同身份(例如外部专家、组织互评团等)以一定比例进行加权平均之后可获得最终的评估结果,进而进行后续的资料分析。

用户从小程序提交的所有原始数据均存在 MongoDB 数据库中,以保证数据的扩展性以及安全性。用户每提交一次新的数据就是在相应的 MongoDB 数据库中插入一条新的记录,该数据库可不断扩展,并能长久安全地进行数据储存。

(四)数据应用

数据可用于评估组织发展阶段、评估项目成效及影响力,以及评估资金使用规范化程度。

## 四、效果及展望

通过大数据分析可以识别自组织的状态以及了解自组织的发展程度,然而由于目前培育社区自组织尚处于初期阶段,大数据社区治理分析方法也仅仅处于初步探索阶段。但有了这一方法和技术的引入，社区营造工作是否扎实更易体现。若陪伴与培育不扎实，社区自组织不会有互动分享的习惯，就算有，也不会邀请组织外人士加入自己的微信群，或使用第三方开发的小程序，因为对社区营造尚未认可、对社区营造伙伴尚未信任。任何靠资金诱惑或自上而下的强制要求建立的微信群，一定会出现两种情况，一种是邀请了组织外人员进群，却只有寥寥数语的互动；一种是群里只有组织内成员，那才是大家真正互动交流的地方。大数据社区治理模式能解决社会治理中的信息不对称问题，也会为社会治理创新提供重大契机，但前提是陪伴式培力的社区营造工作一定要扎实。

# 第七章

# 社区营造工具包

## 第一节 会议工具

在会议中所使用的方法有很多种,例如世界咖啡会议模式、罗伯特议事规则、开放空间引导技术等,本节主要介绍三种适用于社区营造过程的会议工具,分别是世界咖啡会议、居民议事会以及市民论坛。

### 一、世界咖啡会议

#### (一) 引言

社区居民的身份背景千差万别。我们在社区中打造各类适合居民会议的公共空间,不断营造居民交流学习的氛围,既是为了丰富居民的社区生活,也是为了鼓励居民通过"跨界"(crossover)进行有意识的探讨,碰撞出更多的社区营造火花。

著名的世界咖啡(World Cafe)会议模式的主要精神就是跨界,不同专业背景、不同职务、不同部门的一群人,针对数个主题,发表各自的见解,意见互相碰撞,激发出意想不到的创新点子。人们很容易被自己过去所学或是经验所限制,一个团体或公司也很容易被既成文化或价值观所限制,同构性越高,越不容易产生新的点子。

世界咖啡会议能让参与者从对个人风格、学习方式和情感智商所有这些我们惯用的评判人的方式的关注中解放出来,使人们用新的视角来看世界,让人们进行深度的会谈,并产生更富于远见的洞察力。

一般我们可在社区中组织十几人到几十人的世界咖啡会议。更大规模比如上千人的世界咖啡会议,时间为四五天,这种会议犹如蜜蜂在花园中采蜂蜜,会有很好的效果。

### (二)缘起和意义

世界咖啡会议起源于学习型组织强调的最有效方法——深度汇谈。

1995年1月,在一次国际组织学习学会(SOL)成员的聚会中,高级顾问朱安妮塔·布朗(Juanita Brown)与戴维·艾萨克(David Isaacs)在自己家中邀请了24名企业主管和研究人员前来参加一个主题为"智慧资本"(Intellectual Capital)的座谈。

为了让来宾感到舒适,朱安妮塔在家里摆上了像咖啡馆一样的小桌子,并准备了咖啡、点心、花瓶、蜡笔、白纸等。座谈会的来宾随意落座,一开始只是小桌子范围内的热聊。

其间,一位名叫查尔斯·萨维奇(Charles Savage)的成员提出了一个建议:"我想听听别桌的内容,我们何不每桌留下一个主持人,其他换到别桌去,也顺便把我们这一桌的思想种子带到别桌,和那桌的内容结合?"这个提议被现场来宾所接受并且使用。

当天的座谈会气氛异常热烈,整个现场取得了前所未有的成果,即共同智慧,这个成果经过多次的轮换、连接、交流,逐渐被巩固及提升。

这种奇妙的效果激发了朱安妮塔和戴维对这种汇谈方式的研究的想法,同年,他们合著的《世界咖啡馆》一书中,首次提出了这种深度汇谈的可视化的具体过程,并将其命名为"世界咖啡馆"。书中详尽解析了世界咖啡会议的七个准则,并阐述了世界咖啡会议的主持艺术,它被彼得·圣吉[1]誉为"我们所有人类进行集体创造最可靠的方式",世界咖啡会议背后所代表的深度汇谈方式,便是彼得·圣吉一直践行使用的学习方法。

---

[1] 世界管理大师、学习型组织理论创始人、国际组织学习学会(SOL)创始人。

深度汇谈是所有对话者参与,同时分享所有对话者的意义,从而在群体和个体中获得新的理解和共识的交流活动过程。它不是去分析解剖事物,也不是去赢得争论,或者去交换意见,而是一种集体参与和分享。其中产生的富于创造性的理解和共识,是某一种能被所有人参与和分享的意义,它能起到一种类似"胶水"或"水泥"的作用,从而把人和社会黏结起来。

### (三)操作流程

1. 原则

- 第一项原则:明确会谈内容。
- 第二项原则:创造热情友好的氛围。
- 第三项原则:探索相关问题。
- 第四项原则:鼓励每个人的投入/贡献。
- 第五项原则:吸收多元文化,接受不同观点。
- 第六项原则:共同审议不同的模式、观点和深层次的问题。
- 第七项原则:收获、分享共同成果。

2. 秩序

- 陈述简洁,立场平等进行对话。
- 不做评判,仔细聆听他人谈话。
- 敢讲真话,基于本人经验发言。
- 勤于思考,探索话语背后内涵。
- 勇于质疑,坦诚讨论不同意见。
- 尽情涂鸦,集体梳理共同见地。
- 注意礼貌,遵守会场议程规则。

3. 现场布置

- 小咖啡桌若干张。要求用小圆桌,便于4~5人围成一圈,桌数等于总人数除以每桌人数。如果没有咖啡小桌,可以利用墙面、地面(根据现场情况灵活设计)。
- 每桌放置大张白纸、便利贴、水彩笔若干。
- 准备茶歇、摆放绿植、准备背景音乐。

- 准备投影、音响、麦克风等设备。
- 给主持人准备一个示意铃,用来提示/控制时间进度。

4. 角色分配
- 主持人1位:负责规则介绍、引导会议展开、控制会议程序。
- 桌长若干位(每桌1位):负责提出议题、澄清议题、每轮讨论介绍本桌议题、新一轮讨论开始前介绍前一轮成果、总结、可视化成果、进行成果分享。
- 参与人:负责参与每桌讨论,贡献自己的想法和灵感。

5. 流程图(见图7-1)

6. 引导话术
- 在探索阶段适用于引导的提问
——和我们持不同意见的人对这件事的说法是什么?
——你现在已经知道的可用资源有哪些?
——目前就这个议题,你已经知道的一些措施和方法有哪些?
——在这个方面,有可能发生的突破会有哪些?
——有哪些人是可以被邀请进来参与的?
- 在建议阶段出现僵局时适用的引导话术
——我很欣赏你刚才说的话……
——你的话引起我思考的内容是……
——为了更好地理解你的观点,我想问一下……
- 在建议阶段可以创造前进动力的问题
——若要在这个议题上做出一番变革,需要做些什么?
——这种场景下发生什么会让我们全心投入并且充满能量?
——这里可能会发生什么?谁会在意?
——我们需要把当下的注意力放在哪里才能取得进展?
——如果成功真的指日可待,我们应该选择实施哪些大胆的举措?
——下一步行动中,我们可以如何互相支持?我们各自能做什么独特的贡献?
——我们会遇到什么样的挑战?如何处理?

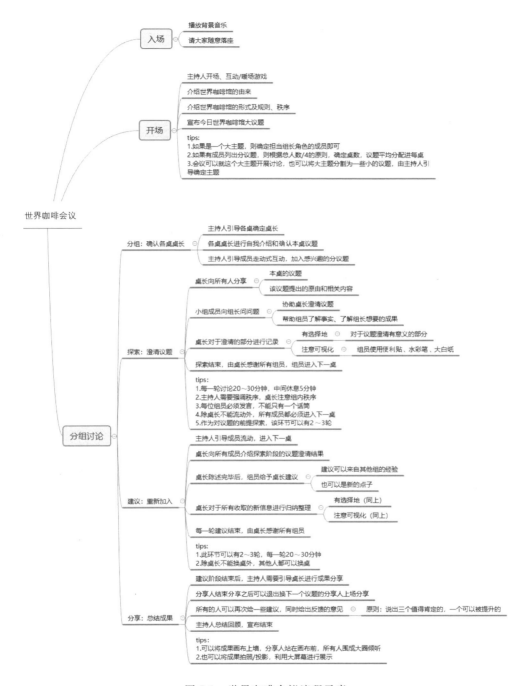

图 7-1 世界咖啡会议流程示意

——如果是从今天开始,什么样的对话可以带来涟漪扩散效应,为这件事情创造全新的可能?

——今天我们应该共同播下什么样的种子,才能对这件事请的未来有重大影响?

- 在建议阶段有利于集中注意力的问题

——什么样的问题回答后能对我们目前探讨情境的未来有重大影响?

——这件事情对你来说重要的是什么?你为什么这么认为?

——是什么吸引你们/我们来参与这个探讨?

——我们的目的是什么?什么是更深层的原因,也就是"Big Why",值得我们全力以赴?

——对于这件事情,我们能看到哪些机会?

——对于这件事情,我们目前为止知道什么,还有什么需要学习的?

——对于这件事情,我们的困境和机遇是什么?

——思考这件事情时,需要先检验或质疑什么假设吗?

——和我们持不同意见的人对这件事的说法是什么?

- 在建议阶段有利于连接观点、发现更深层见解的问题

——从这里形成了什么?在这些不同意见的背后我们听到了什么?我们听到的中心问题是什么?

——会谈中出现了哪些对你来讲全新的观点?你做了哪些新的连接?

——你听到了哪些对你来说真正有意义的东西?什么让你感到吃惊?什么让你感到迷惑或者对你来说是个挑战?你现在想提什么问题?

——到目前为止,我们的整体全貌中还缺少什么?我们有没有对什么视而不见?有什么地方需要再做澄清?

——到目前为止,你主要学习到了什么?见解是什么?

——接下来我们需要深入思考的是什么?

——如果有一件事情是我们目前为止还没谈到,但若想达成更深层的共识,就一定得谈到的,这件事究竟是什么?

以上话术应用需要反复练习,并结合实际情况进行调整,无须照搬陈述。

此外,在谈话过程中,不可避免地会出现某些嗓门比较大的人去霸占话语通道,这时候可以使用"罗伯特规则"来规范化每一个微小会议的进程。

## （四）效果简介

传统的会议，很容易陷入一两个人在说话，少数人投入思考，大多数人沉默，或者咸一句淡一句，不着边际说两句的局面，这种会议的最大的问题是"不走心"。世界咖啡会议就是解决"走心"问题的。

人员流动的方式是世界咖啡会议最有趣的地方。这种轮流的方式便于每一个人发言，也便于信息的传播，也是世界咖啡会议最为引人注目的地方。

## 二、居民议事会[①]

### （一）引言

居民议事会是社区居民参与社区建设与管理的重要平台，是征集居民意见、汇集居民智慧，加强社区居民、组织沟通的重要途径。议事会中讨论并达成共识的意见和建议是相关政府、社区决策的重要依据，社区也应将议事会事项的处理结果向居民及时反馈。

### （二）缘起和意义

社区营造需要居民的参与，除了吃喝玩乐、俱乐部活动以外，居民代表还需要参与社区公共问题的讨论和解决，居民议事便成为重要的工具，但凡社区居民普遍关心、与社区建设和管理相关的社会事务都可作为社区居民议事会的议题，社区建设中的所有相关方都可以参会研究、讨论社区建设中的薄弱环节和突出问题，为社区管理提供有关意见和建议；促进社区资源共享，加强社区居委会与业委会、物业公司等社区单位及社区居民的联系。

### （三）原则

第一项原则：自愿参与。

第二项原则：每个人都可以发表自己的看法。

第三项原则：决议依据少数服从多数原则。

第四项原则：基层政府与社区居委会需要回答居民提出的问题。

---

[①] 该章节参考书目：宋庆华《沟通与协商——促进城市社区建设公共参与的六种方法》（中国社会出版社，2012）。

## （四）实施

### 1. 现场布置

居民议事会对于现场布置无特殊要求，主要根据参会人数和场地情况来安排桌椅排放形式。

### 2. 角色分配

一名主持人：负责规则介绍、引导会议展开、控制会议程序。

参与人：街道/社区参会人员、社会组织人员、居民及与会议主题相关的其他人员。

### 3. 会议流程（见图7-2）

图7-2 居民议事会流程示意

（1）欢迎。

主持人向参会的所有人员表达感谢。

（2）确认。

向参会人员确认上一期议事会的会议记录，给予时间提出异议，若无异议进入下一环节；若存在异议，相关方就异议内容进行解答。

会议全程须有会议记录，会议记录是一个信息传递工具，让没参加会议的居民了解会议的信息，也是引导和记录工具，提醒相关人开展工作，更是证明文件，是任务与职责的记录。

（3）通报。

该环节街道/社区需向参会人员就近期关乎老百姓的重要信息进行统一通报，以满足居民的信息需求，做到信息对等。

通报内容可以为社区里的事情，比如某项活动、政府的某项决策或政策，通报内容语句需简短，该环节不做问答和讨论。

（4）问答。

在此环节，参会居民代表可向其他相关方进行需求表达以寻求解决问题的方法或途径,需要注意的是,要提醒居民代表提前归纳总结自己需要反馈的问题,会前尽可能多地搜集其他无法到现场参加会议的居民的意见和建议以便会上进行反馈。

会上可由居民直接提问,提问对象可以为居委会,也可以为其他居民。若问题无法解答,可以会后单独沟通,或作为下次议事会的信息通报。

(5) 讨论。

围绕本期议事会社区相关议题展开讨论,由于每次讨论都可能有第一次来参与议事的居民,所以主持人需带居民重温议事规则后再进行讨论,此阶段的重要目的是参会人员之间观点的交流,所以最为重要的也是尽可能让大家清晰地表达自己的观点,从而完善讨论结果。

议题的主题由居委会和居民提出,对于所有议题,会议现场需进行计时和记录,发言必须举手,主持人同意后才可以进行;主持人在其中要确保参会者的权利。

(6) 共识。

对于会上的所有议题,达成共识讨论方为结束,为促进共识的达成,每一位参会人员在表达观点前需要先表达立场,再表达持有此立场的原因。

细节问题并不容易达成共识,可先就利益的平衡以及优先级达成共识,不应该出现强迫带来的妥协,会议共识虽不具备法律约束力,但所体现的需求不容忽视。

(7) 告别。

待会议议题全部达成共识,有了进一步解决方案以后,议事会接近尾声,主持人需在最后向所有参会人员发出下次会议邀请并告别。

需要特别注意的是,居民议事会需要有仪式感,因为它并不是有事才开、无事不组织的临时会议,议事会的七个流程同样缺一不可。

## 三、市民论坛

### (一) 引言

市民论坛是以提升居民的公民权利意识,动员和组织广大居民行使自己的知情权、参与权、表达权、决策权、执行权、监督权等民主权利为目的,制订社区(院落)的行动计划及管理模式,并使居民明确和承担起自我责任的一种议事形式。使用市民论坛这种参与式议事方式介入社区治理,可协助社区(院落)的社会组织逐步改善与协调社区(院落)内部矛盾。

市民论坛是一种富有成效的动态会议模式,在会议期间,每个参与者可以在主题框架下提出自己关心的问题或自己想要解决的问题或需求,通过与不同参与者讨论,在既定规则的规范下,最终形成关注,达成共识,共同探讨、协同解决同一个问题或满足同一个需求。在会议最后,采用民主选举的方法选出执行小组成员,执行行动计划。

### (二)市民论坛的缘起和意义

市民论坛是爱有戏自2012年开始运用的一种参与式工具,经过不断地改善与运用,目前已经比较成熟,爱有戏通过在社区(院落)开展各种大小会议,将市民论坛会议广泛运用于社区治理工作中。与其他会议模式相区别的是:它是一个既提出问题也解决问题的会议,它也是一个让参与者充分感受到意见被关注与尊重的会议。

若要进一步推动社区居民参与社区(院落)事务,增加社区治理内生动力,提高社区(院落)对规则的运用,提升社区(院落)居民参与社区治理的能力,协调解决社区(院落)矛盾等,离不开市民论坛的推广与运用。

根据爱有戏开展的市民论坛,可将其大致分为会议准备、会议过程及会议结束跟进这三个阶段。

### (三)市民论坛准备阶段

1. 利益相关方的选择

在会议准备阶段,如何选择参会人员至关重要,利益相关方能代表各方视角,促成会议顺利举行。以社区为例,利益相关方如表7-1所示。

表7-1 利益相关方及其作用

| 利益相关方 | 情况、特点 | 可能的作用 |
| --- | --- | --- |
| 常住人口 | 中老年群体 | 退休人员能参与社区服务。 |
| 有固定职业的居民 | 生活较困难<br>生活较富裕 | 能提供符合实际情况的建议;<br>帮助社区需要帮助的人; |
| 自谋职业居民 | 生活较困难<br>生活较富裕 | 能积极参与部分社区服务;<br>可提供信息资源; |
| 流动人口 | 打工者、经营者、儿童等 | 可提供人力、技术和物质等支持。 |

续表

| 利益相关方 | 情况、特点 | 可能的作用 |
| --- | --- | --- |
| 辖区内单位/组织 | 院落自治组织<br>社区社会组织<br>物业公司<br>驻区企事业单位<br>媒体等 | 与社区共治、共赢、资源互补等。 |
| 政府 | 社区居委会<br>街道办事处<br>各级政府机构等 | 提供技术和资金支持；<br>协助与评估社区服务等。 |

会议前需做参会人员调查，了解参会人员是否为同性质团体，特别是商讨重大利益相关决策时，参会人员必须具有代表性与全面性。

2. 硬件设备的准备

（1）市民论坛会议的会场配置。

- 能容纳若干人的封闭性会议场所，以利于参会人员集中注意力及释放情绪与想法。
- 每人一椅，每桌5～8人，以小组形式围坐成"U"字形，便于小组讨论与达成计划。

（2）市民论坛会议的工具配置。

清晰的影音设备、大白纸若干、彩笔若干、便利贴若干、中性笔若干、胶布等。

（3）市民论坛会议规则。

在会议开始前，公布会议规则，规则内容主要包含有效率地开展会议、规避会议过程中的矛盾等，让参会人员了解会议规则并达成共识。

第一条　会议主持人负责宣布开会制度，分配发言权，提请表决，维持秩序。

第二条　发言前要举手，别人发言勿打断。

第三条　尽可能对着主持人说话，不同意见者之间避免直接面对面地发言。

第四条　讨论问题不能跑题，主持人应打断跑题发言。

第五条　不得进行人身攻击，就事论事。

3. "软件"的准备

（1）会议主持人。

- 主持人需具备的技巧：控制会议节奏的技巧、讲话技巧等。主持人用简单、朴实的话语进行阐述,让参会人员跟着会议的节奏展开讨论。
- 主持人需具备的能力:观察力、应变能力等。主持人需在短时间内让参会人员产生信服感与信任感。
- 主持人的立场与态度:保持中立,不对任何人、任何观点带有主观性,务必做到公平、公正以及尊重。

（2）会议流程的熟悉与练习（见图 7-3）。

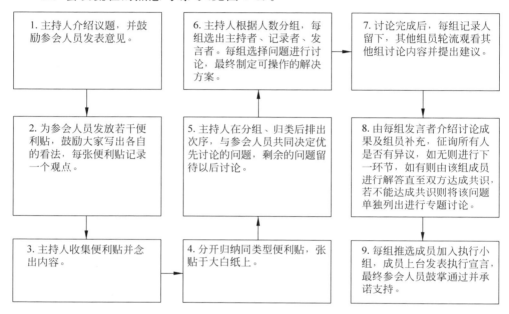

图 7-3　市民论坛会议流程

## （四）市民论坛会议过程阶段

### 1. 选择小组主持者

主持者需要协助小组围绕主题目标进行讨论。在小组内讨论时,主持者需要引导组员围绕主题讨论,不要偏题跑题。

主持者需要控制讨论节奏。主持者随时把握时间限制,按时完成讨论。

主持者需要促进组员的沟通交流。如遇到讨论时出现冷场或无人发表建议的情况,主持者要及时调节现场气氛,打开话题引导组员发言。

主持者需要适时鼓励和限制组员发言。对于内向的组员需给予鼓励支持,不要强迫但要让其无压力地表达意见;当有组员垄断发言时,应适时提醒与打断对方发言,要保证每个人都有发言机会。

2. 选择小组记录人

记录人需要详细记录与归纳讨论中的发言,整理成完整通顺的语句写在大白纸上。

若讨论现场有突发情况而主持者没有发现时,记录人需适时提醒主持者。

3. 选择小组发言人

发言人需要细心倾听小组内每一位组员的发言,并理解其意义,将小组讨论的内容进行归纳总结。

发言人需要代表小组站到主席台为所有参会人员讲解本小组讨论的内容。

4. 会议过程注意事项

(1) 对会议主持人的建议。

在会前需要对主持人进行培训,在会议前主持人要了解主题以及要达到的效果。

(2) 对利益相关方的建议。

参会人员需选择与主题内容相关的利益相关方。如讨论的主题是关于某个小区的问题,那么其他小区的人则不需要参与。

(3) 对会议效率的建议。

参与的人都有发表建议的机会,讨论的结果是能切实执行的。

(4) 对市民论坛会议中产生异议的建议。

为避免会议中有人因提出的建议未被采纳而缺乏积极性,需要在讨论前说明清楚,争取参会人员的理解与支持,若有的建议未能现场采纳,那么提建议的人可在会后重新发起市民论坛进行讨论。

**(五) 会议结束跟进阶段**

1. 执行小组的运作

在市民论坛会后,执行小组需要做的事有:

(1) 充实组织。市民论坛上选出的执行者作为执行小组的主要成员,以此为基础,如有需要可增补其他成员进入小组。

(2) 寻求合作。执行小组可以联系社区或是相关的社会组织,申请相关的资金、资源、设备、人力资源等方面的协助。

（3）宣传推广。提高社区居民对执行小组的知晓度与支持度，需要在社区（院落）广为宣传。

2. 社工的协作

（1）培育团队。社工需要提升执行小组的团队意识与能力，开展个人能力、方法技术、相关知识等方面的培育与培训工作。

（2）个性化辅导。对小组成员开展一对一个性化辅导，根据每个成员的特点，在他们成长的阶段给予适时的协助。

（3）陪伴教育。以社工的专业化精神与社会工作视角去陪伴小组，在必要时给予小组有针对性的支持等。

3. 反思与会议

社工协助执行小组定期评估，并对讨论方案的跟进情况进行反思，跟踪会议成果的进度，邀请政府或社区对过程进行监督与指导，如有必要，执行讨论方案过程中可多次召开市民论坛讨论与协调方案。

**（六）会议效果**

市民论坛通过居民自主参与讨论，发现问题并解决问题，形成"自主、互助、自决"的氛围，实现自下而上、平等协商、参与合作的社区治理模式。爱有戏在推动市民论坛的实践和探索中，通过会议的开展，激发了居民的内生动力，由原来的被动参与变为主动参与，在社区治理工作中取得了显著的成果，表现如下：

第一，搭建一个真正的对话平台，让老百姓有"说话"的地方。

第二，召集利益相关方，让关心话题的人或群体共同协商。

第三，关注社区公共事务，让老百姓参与公共话题的讨论与实施。

第四，发动并充分利用每一种社区资源，撬动社区资本，让社区动起来。

## 第二节 行动研究

在近几年的公益实践中，"行动研究"成为热词，它到底是什么？它与我们的社会工作实践如何发生连接？它与社会工作者本人究竟如何发生连接？一方面，本节将对行动研究的一些基础概念及其在大陆的不同实践形式进行简要的叙述；另一方面,展示一个行动者在内部开展行动研究工作的过程记录。行动研究强调工作者具备反思、"融进去"、"跳出来"的研究能力,抽丝剥茧,完成自身的成长,也为机构的经验梳理、知识沉淀奠定基础。

## 一、行动研究源起

行动研究是一种适用于实践者生产知识的逻辑,而在这种逻辑下,知识观、行动观、知识生产方式和结果都不同于传统的学术研究,中华女子学院社会工作系的杨静老师是大陆推广行动研究的重要推广者之一,她在亿方公益沙龙第八期[①]中,从知识观、行动观等方面对学术知识生产与实践者生产知识的逻辑进行了区分整理,现将其整理的文字直接摘录如下(见表7-2)。

表7-2 学术知识生产与实践者生产知识逻辑对比

|  | 学术知识生产的逻辑<br>(科技理性) | 实践者生产知识的逻辑<br>(反映理性) |
| --- | --- | --- |
| 知识观 | 实务问题有通用的解决之道<br>解决之道可以在情境之外发展出来<br>解决之道可以通过出版、训练等途径转换为行动 | 复杂的问题需要特定的解决之道<br>解决之道只能从特定的脉络中发展出来<br>解决之道不能被复制,但能够被视为假设,在其他实践中被检验、参考 |
| 行动观 | 确定问题(与问题相关的文献—研究框架/视角—研究方法—资料收集—资料分析—研究结论) | 开放式、群策群力(界定问题—厘清问题情境—界定目标及达成目标的策略、方法—界定问题……) |
| 行动观目的 | 发表、出版、交流 | 促进改变发生、问题解决 |
| 知识生产结果 | 为知识服务的知识<br>强调理论知识建构<br>强调理论运用于实践的能力<br>实践会被概括或简化 | 为行动而服务的知识<br>培养反应能力<br>不能灌输与强加 |
| 知识特点 | 专家学者主体<br>理论高位、实践低位 | 实践者即研究者<br>实践知识同理论知识同等重要 |

她在《回观历史 辨识经验 寻找变的力量——一个社会工作者的行动研究》[②](以下简称《回观》)一文中,为学习者梳理了行动研究的成长脉络。她认为,根据其

---

① 亿方公益沙龙是亿方公益基金会定期组织的从业者交流学习活动。
② 该文章见杨静、夏林清主编:《行动研究与社会工作》,北京,社会科学出版社,2013.

研究取向与实施路径,行动研究分为科学技术的行动研究、实践取向的行动研究以及批判取向的行动研究三种。根据其描述内容,三种不同取向的行动研究虽然从研究取向的维度看是平行的,但是从对实务工作者的要求和角色来看,却是层层递进的,见表 7-3 所示。

表 7-3　行动研究取向对比

| 不同取向的行动研究 | 内容及目的* | 行动者的角色及任务 |
| --- | --- | --- |
| 科学技术取向 | 协助实务工作者获得科学研究方法与技术,使之成为有能力的实务工作者,改进实务工作。 | 学习者,任务就是学习有用的技术来武装自己;仍然有一个在权力关系上高于实践者的角色存在,留下的问题是,谁是这个人? |
| 实践取向 | 重视实务工作者在科学技术方面的能力提升,更注重实务工作者的工作意图、价值和行动,提出实践者即研究者,强调行动中反思和行动后反思。 | 学习者、研究者,需要具备抽身反观自己实践的能力。 |
| 批判取向 | 吸收批判理论的思想,要求行动研究者采取积极的立场,投入争取更理性、公平正义、民主的社会形态。实务工作者在行动研究过程中,不但要基于自我反省,更要针对社会制度结构进行理性批判。 | 社会变革的推动者,认识到社会的结构性压力。 |

\* 此列内容来源于杨静《回观历史 辨识经验 寻找变的力量——一个社会工作者的行动研究》一文。

从上述描述中可以看到,从实务者到研究者,从学习者到赋能者再到变革推动者,实务工作者的权力位置在一步步地提升,从被动的、弱势的、客体的位置一步步地转换为主动的、富有潜能的、积极的定位,其被赋予的角色在不断地叠加。

## 二、行动研究的操作方法

在以上理念的指导下,如何将行动研究落到实处,让机构的同事能够结合自己的工作参与行动研究,一方面用行动研究的理念开展自己的工作,另一方面也在行动中研究? 行动研究工作坊是一个经过实践检验的可行形式。

行动研究工作法的实践从流程上看,要经历 7 个阶段(见图 7-4)。

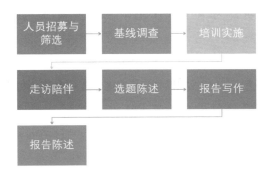

图 7-4　行动研究流程示意

下面以 2017 年成都爱有戏社区发展中心机构内部开展的行动研究工作坊为例,梳理行动研究工作坊的流程、遭遇的问题及反思。

### (一) 人员招募与筛选

人员招募与筛选,确定名单

人员招募阶段使用的是常规的招募形式,设置了"之前是否参加过行动研究""是否有独立项目""目前执行项目情况及项目周期""对行动研究的期待"这几个问题收集信息,同时,这几个方面也构成了人员筛选的初步标准。期待的理想参与者要具备如下特征:没有接触过行动研究,有独立开展项目,项目执行周期与行动研究周期契合,期待通过行动研究获得实务提升。

在筛选人员时,"是否有项目开展""优先考虑项目人员"是软标准,符合这两条的人员优先进入正式学员名单。在硬标准方面,在招募信息中使用了一条以前在内部培训中没有尝试过的机制设置,即押金制度,这一制度能发挥部分筛选功能。

押金制度作为一个约束性制度,一定程度上能够约束参与者的行为,同时,为了不打击同事的学习积极性,可设置旁听生制度,针对不满足"有项目执行"和"非项目人员"这两条标准的员工,给予其旁听生的资格。

### (二) 基线调查,明确问题与需求

为了更好地了解学员所面临的工作情境、知识结构及需求,设置了需求调查问题了解以下三个方面的信息:

1. "如何理解行动研究?"

回答显示大家还是非常乐观的,提到了行动研究的很多关键词,比如行动中反

思、再行动、改善行动质量、解决实践问题等。对行动研究的理解主要呈现为以下几个方面。

答案1:"不清楚",19人中仅有一人作此回答。

答案2:"行动研究是一门实用的技术或工具,一种工作方法",19人中有2人的回答是从技术、工具和方法的角度切入的。

答案3:"行动研究是行动者行动、思考和反思再行动的一个过程,也是行动者厘清行动和脉络的一个过程,并借此提高行动质量,改进实际工作,解决实践问题",这个答案占据了总回答数的大部分比例,体现出大部分人对行动研究已经有初步的理解,并且是比较准确的,很多人的表述已经接近于研究者对行动研究所定义的标准答案了;当然大家的答案是基于自己的理解写出的还是百度产生,就不得而知了。

答案4:"一边参与实际工作,一边调查研究实际工作中遇到的问题,并在解决后形成研究性文章",部分答案着重提到了文章的形成。

2. "期待在这次学习后,对自己开展工作的帮助是什么?"

行动研究给自己的帮助大概体现在以下几个方面:

期待1:丰富自己的理论知识,更好地指导实践;

期待2:学习到实用的工作方法和工具;

期待3:提升实务工作能力;

期待4:提升自己的项目管理能力,包括时间管理与工作效率;

期待5:提升自己研究、反思、梳理、总结等方面的能力;

期待6:提升自己的写作能力;

期待7:更系统地梳理、提炼工作经验;

期待8:给同事更多的支持和督导。

这8个期待是从19条答案中整理出来的具有共同性的期待,可以看到大部分期待是针对自身的,希望提升自己的能力,能力要求层次从实务、写作、研究、反思、总结、梳理逐渐提升,仅有少数提到希望帮助到其他同事。

3. "你认为自己是一个行动研究者吗?为什么?"

这一问题仅有5人给予了肯定答案,其他人或者是坚定地否定,或者是表示不确定。究其原因,想来是研究者这一身份还是让不少人觉得有距离。

以上是针对参与者的基础调研，较为准确地了解了参与者的参与动机、期待以及目前所在的位置。结合基线调研的信息，可更为有效地设计培训的课程。

### （三）集中培训：启蒙与祛魅

经过前期的筹备，行动研究工作坊集中培训如期举行，讲师是壹基金灾害管理部主任李健强老师。为了增加学员的信心，邀请了机构主任进行开班致辞，鼓励学员学习，并且通过这一行动，向大家展示了机构的重视。

集中培训的日程安排如表 7-4 所示。

表 7-4　集中培训日常安排表

| 第 1 天 | 时　　间 |
|---|---|
| 1. 情境中的行动者：迷失与觉醒 | 1 小时 |
| 2. 行动研究案例 A：分析与讨论 | 1 小时 |
| 3. 行动的多维解析：显性与隐性 | 1 小时 |
| 4. 三位一体的实践：ALR 框架 | 1 小时 |
| 5. 公益与行动研究：项目视角 | 1 小时 |
| 6. 行动研究的理论：起源与发展 | 1 小时 |
| 第 2 天 | 时　　间 |
| 7. 行动研究的方法：改变的路径 | 1 小时 |
| 8. 行动研究案例 B：分析与讨论 | 1.5 小时 |
| 9. 行动研究案例 C：分析与讨论 | 1.5 小时 |
| 10. 行动研究报告：基本框架 | 1 小时 |
| 11. 行动研究计划：启动的课题 | 1 小时 |

集中培训旨在就行动研究是什么、行动研究应该如何做、行动研究的要点、如何去进行问题厘清和分析进行启蒙。

### （四）走访：厘清与鼓励

经历集中培训之后，培训讲师通过各种培训方式（包括练习、案例、讨论等）的使用，激发了大家的信心，但是如何在自己的实践过程中，选择一个真问题进行阐述，并开展报告的写作，是很多人都面临的困境。

接下来机构用两个月时间，对 20 名学员进行了走访，了解他们的选题情况，研究开展情况。这个过程是一个陪伴的过程，是一个协同行动研究的过程，也是一个继续启蒙、厘清与鼓励的过程，所要集中处理的问题就是，行动者在培训结束投入日常工作之后，可能会陷入这样的怀疑："什么问题是值得研究的？""应该怎么做研究?"以及"我真的能做研究吗?""我的研究是有价值的吗?"

1. 强化启蒙

针对学员的疑惑,要为学员再一次陈述行动研究是什么,让他们相信,行动者和实践者是可以成为研究者的,我们的工作需要自己不断地反思,不断地在行动中改进。此外还要告知其日常记录是收集行动研究素材的必要手段,做好平常的素材收集,之后行动研究报告的呈现将更加容易。

2. 协助厘清

经历过论文写作的人都清楚,问题意识是所有研究开展的必要前提,行动研究是实践者的研究,但即使问题来源于实践过程中遭遇的困难,这些困难和难题所指向的问题意识也是需要厘清的,不能将一些现象和结果界定为问题,那样不仅不利于问题的解决,反倒会将问题的解决思路导向歧途。

所以在陪伴走访的过程中,协助厘清问题是一个非常重要的任务。问题到底是什么,这个问题可以结合项目采取的行动是什么,都是在走访过程中需要跟大家了解的话题。

3. 鼓励

"我觉得没有什么好写的呢"是在走访中会面临的第一个问题,行动者往往陷入自己的具体事务中,对抽身反观自己实践的能力偏弱,作为协作者,就要紧贴他们的工作,在其中去发现值得讨论的话题。

"这个问题值得写吗?"是会面临的另一个普遍的问题,事情就那样做着,实践者往往发现不了自己工作的闪光点,发现不了这些实践的宝贵价值。协作者可以常表示"非常有趣,很有意思",这么说一是为了鼓励,二也说明作为一个抽离于行动者实践的第三者,他看到了这件事情的价值。

### (五)选题陈述:确定与建议

走访结束后召开集中的选题陈述会议,学员用PPT展示的方式,对自己的选题进行陈述,选题陈述并不代表行动研究的开端,因为行动研究是在工作过程中体现的,但选题陈述是报告撰写的开端,大家会对自己报告的结构、如何开展行动研究进行陈述。

在这个过程中,用两个外部老师的视角,再次告诉参与者他们研究的价值所在，并提出可行性的建议，在整合外部老师意见的基础上，结合平常跟进的信息，对行动者的研究方向、研究题目、该问题是否值得研究、研究的意义，如果要研究，推进的方向应该是什么提出建议。

### （六）写作：艰难与尴尬

这个过程对于协作者以及学员都是最为痛苦的，也是最为艰难的。在本案例中，协作者在平常的工作场合见到同事就会询问他们报告的进展，导致他们经常开玩笑说"都不敢看见你了"，而在微信群里，发一个询问大家的进展的问题，会一两天都没有回应，发一个红包都没人敢抢。

此过程为了更好地协助大家，协作者能够做的实际很少，因为也不能够代替学员进行写作，只能发一些资料给大家，给大家一些参考。

### （七）陈述：成果与未结束

报告写作完成之后，需要进行上台陈述，陈述最好是放到一个机构层面的大型活动上，让参与者更加有仪式感，也能够让更多的伙伴了解到其他伙伴的研究成果。

而行动研究不会因为报告完成就结束，它会影响参与者的行动方式，对他们未来的工作产生影响。

## 三、成效

行动研究这种方式可让机构员工逐步具备如下意识和能力：

第一，行动者同时也是研究者，每个人都可以并且能够对自己的行动进行研究，在自己的实践的基础上开展研究，研究成果并不一定是学术成果，但可对实践产生进一步的指导。

第二，行动者逐渐掌握反思和抽身看待自身行为的能力。"不识庐山真面目，只缘身在此山中"，每个行动者都深陷于自己的日常工作，并被日常工作的琐碎所牵绊，行动研究为行动者撕开了一个区别于日常工作的空间。

第三，对机构而言，行动研究为机构沉淀自己的文字成果，借助行动研究，大家将日常的工作进行梳理和总结，为机构累积文字产出。

通过行动研究工作坊，同事们对自己的工作进行了总结与反思，提升了机构的学术氛围。在2017年度的行动研究工作坊中，报名22人，在年终的机构学术会议上，共评选了9名优秀论文写作者进行上台陈述，其中，有6名同事为参加行动研究工作坊的学员，占了一半比例，这是行动研究在机构工作中最为直接的成效。

## 四、反思

第一，行动研究的产出，是否一定要以报告的形式呈现？会产生这个问题是因为"每个人都适合写作吗？"与"每一个行动者都是实践者吗？"这两个问题存在截然相反的答案，并不是每个人都适合写作，这不是想当然的答案，而是经过很多人的实践得出的答案，并且工作者对文字写作都有一种天然的抗拒，而每个行动者都是研究者，这是肯定的。那么，产出为报告的行动研究，就必然会遭遇现实的困境。如何破？

第二，行动者的处境一天一变，如何确定一个相对固定的主题使其开展研究？这是这次行动研究给出的挑战。前期经过了漫长的走访、集中答辩、讲师陈述，而后面交过来的报告，题目却变了。那么，前期的工作是否就付诸东流了？如何解？

第三，如何贴近实践者？协作者无法贴近实践者，是很多人的困扰。在前面的案例中，推动行动研究的杨静老师之所以会对行动研究着迷，也是因为觉得这种方式可以让她贴近实践者，那么，我们的实践，距离还有多远？如何拉近？

第四，实操性机构超强执行力的性格特征与梳理研究所要求的能力之间的张力。爱有戏作为一个起源于志愿者团队的机构，强执行力是一个天然的基因。超强执行力并不会形成所谓的优势与劣势，只是会反映机构的组织文化，继而也会反映出组织的人员结构特征，即一线实务工作者多，执行力强，但思考、梳理方面的能力相对较弱，尤其是将梳理的内容记录下来的能力比较弱。

第五，行动研究所耗费的精力与繁忙的工作之间的张力。机构内部对项目的要求是在完成项目书的基础上，再超额完成20%的工作，而这种要求也就必然导致项目人员的工作量较大，完成各类项目指标就耗费了工作人员的很多精力，而做研究梳理是需要精力的，如何让大家在繁忙的工作中抽出时间，将精力分配在行动研究中，是开展这个工作坊需要处理的另一对张力。

第六，业务部门需要看成效与行动研究产出缓慢的张力。业务部门是一个需要看到成效的部门，让员工投入时间、精力来参与这个活动，对他的工作有何改进，会产生什么样的看得见的成效,这个是他们的直接诉求,而行动研究成效能否看得见,受制因素太多,最容易看见的是产出的报告,但报告产出对实际工作是否有直接的促进作用还有待验证。

## 第三节　信息立体化传播

### 一、引言

立体化传播指在社区里面我们通过各种媒体进行信息的宣传,让老中青少幼等各年龄层面的人从不同的渠道接收到我们的信息。

针对上述五个年龄段不同类型的人群,应该使用不同的传播渠道。

信息立体化传播的目的可以概括为以下三点:

1. 建立良性有效的沟通机制

有效的沟通机制和开放的沟通渠道会让更多的居民愿意加入到活动当中。

2. 舆情的监控和引导

我们建立沟通渠道,不论是微博、QQ群还是微信群,不仅仅是为大家提供一个聊天的平台,更多的是通过这些方式来了解居民之间发生了什么事情及相互之间的状态,获取居民的反馈,了解他们的需求。我们在群里面还有一个更重要的作用——引导。舆情是需要引导的,如果没有引导,任由负面的情绪不断地扩散,会阻碍活动的宣传。

3. 良好氛围营造

社区营造旨在创造美好幸福的生活,发现问题后,要及时引导居民去讨论解决问题的办法,一同去解决问题。处处都是热心人,每天都是正能量,才能让社区拥有良好的氛围。

### 二、缘起和意义

1. 解决信息不对等

信息的一对多以及随意性会让信息发出者与接受者产生很多分歧。

## 2. 解决沟通无渠道

没有共享平台,信息在传递后没有沟通的空间,可能导致事件发展的方向与预期截然相反。

## 3. 快速准确传达信息

客观、迅速、专业、全面而简洁易懂是人们对信息传播的需求,信息冗余、重复、以讹传讹等原始传播问题需要解决。

## 三、操作方法

根据立体化传播载体的不同,操作方法可分为以下三大类:

### (一) 宣传类

1. 微信公众号

(1) 公众号的发展趋势、概念及优缺点。

近年来微信公众号发展迅速,腾讯发布的《2017年微信数据报告》显示,公众号月活跃账号数为350万,较2016年增长了14%,月活跃粉丝数为7.97亿,相比2016年增长了19%,目前公众号整体数量仍呈增长趋势。

但近期文章打开率和阅读量出现了双量降低的现象,这就要求我们优化内容、形式和内涵。随着科技的发展,公众号也在改变,我们要充分掌握并使用它的功能,例如公众号底部自定义菜单。

微信公众号的优势在于它能够以图文并茂的形式将信息第一时间传递给居民,具有很强的传播力,并且能在留言板块有效和及时地跟居民进行沟通,同时为杂志初稿留存记录。但是微信公众号的运营人力成本相对较高,一般在社区里从采编到发布,需要1~2名专职人员来运营。所以建议微信公众号要配合海报和杂志来共同推广,这样才能覆盖社区的全龄居民。

(2) 运营步骤。

A. 确定公众号运营人员的工作内容,申请公众号,保证日常运营。

B. 设计板块,涵盖社区需要宣传的内容。

C. 搜集素材,建立素材来源渠道——居民、工作人员、居委会、业委会等,保证公众平台有素材来源。

D. 规范打理，确定搜集素材的时间节点以及发布公众号文章的时间点，形成常规。

（3）如何申请一个公众号（以社会组织为例）。

A. 申请独立邮箱。

B. 邮箱验证，激活公众平台。

C. 选择公众号类型（建议选订阅号）。

D. 信息登记（填写公司或组织机构代码、运营者身份信息、机构对公银行账户等）。

E. 信息审核。

2. 宣传栏、海报

虽然现在宣传方式种类繁多，但宣传栏和海报依旧是最能让人直观感受到信息的载体。它们分布广泛，可以让各个年龄层的人接触到；更新快，能为居民提供最新资讯。其作用不可忽视。

3. 杂志

杂志这一看似已经快要被淘汰的载体在全龄的社区当中使用率往往很高。对于幼儿和老人而言，一本可以翻动且字号偏大的杂志非常便于阅读和了解社区最新动态。杂志前期的信息收集也是激发居民互动参与的好方法。不过采稿、编稿、组稿以及排版需要消耗较多人力成本，建议结合微信公众号使用。

4. 微博

微博是一个基于用户关系的信息分享、传播以及获取平台。它的优势在于它的传播特性。通过最近很多大事件我们可以发现，微博已经成为传播最快的媒体。

运营者需要及时地更新，让更多的用户及时地了解社区最新动态，同时增进新用户对本社区情况的认识。

5. 传统媒体

传统媒体在大型户外活动当中基于静态图像和动态视屏的素材非常出彩，借助社区自媒体以外的传统媒体进行宣传，可大大提高活动的号召力、影响力。所以，巧借身边媒体资源也是不错的选择。

## (二）互动类

### 1. 微信群、QQ 群

这是线上沟通主要的两种载体,它们可以及时传递信息,便于沟通,利用这两种工具,可以帮助居民有效讨论与解决问题,提高办事效率。建群步骤为:

尊重居民建群意愿,取一个具备传承意义或有趣的名字;

设置入群要求,对每位成员进行初步筛选,确保成员有真实的需求或兴趣;

制定入群规则保障每位成员符合要求,入群途径可采用邀请制,审核受邀人的进群动机;

设定统一的群成员名片模式,并督促成员入群之后及时修改名片,方便日常管理;

共同制定群员守则,通过制定规则约束成员,营造良好的交流氛围。

### 2. 互动吧

互动吧一般配合公众号活动招募使用,通过这样的第三方平台可以更好地将活动报名信息归档在后台,并且可以根据即时数据调整宣传方式及增减物料。

当然在时间有限的情况下也可以把互动吧直接当作活动报名入口宣传信息,但是必须由组织的运营专员通过朋友圈发布。

### 3. 短信

短信目前不是主流的载体,但是在遇上紧急事情时,它也是快速和某一居民进行沟通的方式。

## (三）视频类

### 1. 短视频

目前,短视频已经成为内容创业和社交平台的重要传播方式之一,其快速发展得益于移动互联网的普及和粉丝经济的兴起。随着信息化时代的内容大爆炸,现在人们已经从传统的图文模式跳脱出来,开始使用短视频进行交流。

短视频具有时间短、传播快、制作简单门槛低、参与性强等特点,并且填充了用户的碎片时间,以高频率的信息刷新和智能化的内容推荐吸引用户,这些特性使得抖音、快手、西瓜视频等短视频平台短时间内获得数据量的爆发增长。

社区组织利用短视频,首先发布内容要积极向上、正能量;然后要结合本社区特色,定期更新。

例如:2018年6月,南宁机务段党委灵活利用寓教于乐的宣传形式,针对年轻群体将宣讲植入抖音视频里,宣传"动车组司机高标准、严要求,为了旅客安全出行,我们风雨无阻"的饱满工作热情以及"全体检修人员精检细修、落实标准化的工作方法",充分调动了年轻职工的工作热情。

2. 网络直播/微课堂

随着网络视频直播门槛的降低和交互方式的多元化,越来越多的人接受了这种传播形式。网络直播平台也给信息传播提供了更广泛的空间和窗口。例如社区课程学习、实践都可采用微课堂或者网络直播的方式,将丰富的知识传授给感兴趣的工作者,同时也可让他们一起参与进来。

### 四、效果介绍

以翠竹园社区互助会为例,社区杂志、活动公众号推送、互助会客服号这三类传播方式是社区居民了解社区动态的最主要的媒介,社区杂志满足了老年人和儿童的阅读喜好,而微信群互动则符合了中青年的生活工作习惯,活动公众号推送和客服号分时段活跃两种方式更是让居民养成了快速了解和反馈社区信息的良好习惯。"信息立体化传播"在繁杂的社区工作中极容易被忽视和轻慢,某些社区治理主体甚至遭遇过"做了好事无人知晓,反遭骂名"的尴尬境遇,因此信息的对等和传播通畅对社区营造工作至关重要,需要得到每一位社区工作者的重视。

## 第四节 定性调查及定量调查

### 一、引言

社区营造中在地居民是主角,他们所面对的问题、意愿及所采取的集体行动将决定社区营造的方向。社区营造的起步阶段,社区营造的相关工作者的主要任务是运用科学的社区调查方法,获取社区的基本资料,分析社区中存在的主要问题、社区现有资源与社区发展动力，以及对社区需求进行评估。这一阶段常被称为社区研究或社区分析。

　　作为社营造区工作过程的最初阶段，社区分析是开展社区实务的基础，是制定社区营造计划的方向和依据。社区分析的基本任务就是要了解社区、分析社区、发现社区问题，从而提出解决方案。通过社区分析，投身社区营造的相关工作者可以准确地知道社区存在的问题、动力、资源、需要、解决方案以及行动计划。这有助于社区营造工作者深入地了解生活和工作在这片土地上的人的感受、认知、态度与期望，为社区营造具体项目的顺利开展收集扎实的事实数据，同时打下良好的民意基础和发掘有参与热情的社区能人。社区营造工作者的重点是帮助社区分析其目前拥有及潜在的资源与能力，协助社区有效运用这些社区内部资产，成长起社区本身解决问题的能力。

　　定性研究和定量研究的主要区别可以归纳为表 7-5。

表 7-5　定性研究及定量研究对比

| 比较内容 | 定性研究 | 定量研究 |
| --- | --- | --- |
| 主要概念 | 意义、常识、情境定义、日常生活、了解、过程、实际的研究目的、社会建构 | 变量、操作定义、信度、效度、假设、统计显著性、复制验证 |
| 研究目标 | 深入理解社会现象 | 确定相关关系和因果关系 |
| 研究设计 | 展开的、弹性的、一般的，设计基于直觉，指出可能进行的程序 | 结构化的、预定的、正式的、特定的，设计是操作程序的计划 |
| 研究资料 | 叙述的、个人文件、田野记录、照片、个人言语、正式文件和其他资料 | 量化的、可量化的编码、计数、测量、操作型变量、统计的 |
| 样本 | 小量的、不做代表性抽样、"理论抽样"、滚雪球抽样 | 大量的、分成抽样、精确的、随机抽样、控制外在变量 |
| 研究方法 | 观察、概览各种文献、参与观察、开放性的访谈 | 实验、调查、结构化的访问与观察、资料以分组方式提问 |
| 与研究对象的关系 | 同理、强调信任、平等、深入接触 | 有界限的、短期关系、保持距离、不介入 |
| 研究工具 | 录音机、研究者本身 | 测量汇编、问卷、索引、计算机、量表 |
| 资料分析 | 持续进行的、模式、主题、概念、分析的归纳、持续比较法 | 演绎的、资料搜集完成后进行分析、统计 |
| 使用文本取向的问题 | 耗时、归纳资料的困难、信度、未标准化的程序、研究大团体较为困难 | 控制干扰变量、物化、研究者介入所造成的干扰、效度问题 |

## 二、定性调查——社区调查中的定性研究方法

在社区营造过程中的社区分析阶段,社造工作者采用社会研究中的定性研究方式,通过社区观察和居民访谈来获取与社区相关的一手资料,了解社区影响要素。以归纳逻辑为主的定性研究方法重视在自然的情境下,通过人际互动来诠释研究现象的意义。因此,定性研究是从整体出发对社会现象进行全面建构和深度理解的过程,强调研究者必须在自然情境中通过与研究对象密切的互动,通过一种或多种资料收集方法,对所研究的社会现象或行为进行全面而深入的解释。

### (一)定性研究常用的资料收集方法

1. 无结构访问

资料收集过程中,可使用问题清单,但不受清单的影响。在无结构访问中既没有要询问的特殊问题又没有事先规定的可能答案,其形式是非正式的、随便的,目的在于使访问对象用他们自己的术语充分表达自己的看法。此方法是否成功在于怎样刺激被访问者产生更多的信息,而在交谈中从不注入研究者的观点与概念。

2. 半结构访问

主要根据事先确定的问题进行访问,但不一定用问题的原话提问,可以讨论在交谈中出现的新问题,但主要的议题在清单上。在半结构访问中,可使用深入详细了解某个特别感兴趣问题的深入访谈法,全面、系统与深入收集某种事例资料的事例研究法,以及了解个人生活与事物发展的生活史法。

3. 全结构访问

主要用在以回答者的观点描述与分析回答者的文化与行为,其成功与否取决于研究者事先对研究人群观点与认识的了解程度。在此类访问中,有帮助确定一个新领域或新概念的自由列答案法,有研究文化差异对事物影响的归类法,有研究事物严重或发展程度的打分法以及排序法等。

4. 小组访谈

包括焦点组访谈和非焦点组访谈。焦点组访谈经精心组织,目的是了解参加人员对某个问题的看法与认识。参加人员一般由事先互不了解但有某些与讨论主

题有关的共同特征的 6~8 人组成。除此之外还各有 1 位经过培训的主持人与记录员。在资料分析中，以每个访谈小组为 1 个分析单位。非焦点组访谈在人员组成与操作程序上都没有焦点组访谈严格。要注意界定好问题，不宜多；选择合适的人群代表，控制好话题。

5. 观察法

观察法用于了解人们的实际行为，直接观察可以反映人们潜意识的习惯行为。调查者积极参与社会的一切活动，与当地居民打成一片，在参与中进行观察。调查人员可以采用无结构观察法，以观察人员的身份来进行多目的的观察活动，了解在物理与社会环境中人们的行为以及进行详细描述性分析；也可以采用事先进行周密设计的全结构观察方法来进行特定目的的观察，了解人们的特定行为，进行特定行为的分析。

（二）社区营造中定性调研的常用工具

通过社区观察和居民访谈来获取与社区相关的一手资料，了解社区影响要素。在社区营造的视角下进行社区分析时，利用一些关键性技术和工具，有利于深入广泛地了解社区。这些常用的工具包括：发现优势访谈、口述史、社区资源表等。

1. 发现优势访谈

发现优势访谈是在传统访谈基础上带入优势视角，将访谈焦点放在社区过去的成功经验和优势特色方面。工作者应该清醒地意识到，访谈的目的一是深入了解社区，二是发现社区的优势所在。因此在访谈过程中，除认真倾听和完整记录外，社区营造工作者要进行换位思考，从社区居民的角度来理解社区生活的意义，了解社区的价值观、态度和传统。

为发现社区的优势所在，社造工作者应该积极运用正向提问技巧，探寻社区历史上的重大事件和优秀事迹，聚焦社区在解决以前一些重大事件方面的成功经验，询问社区居民对社区的贡献，邀请居民畅谈自己对社区问题解决的看法、对社区未来的规划和美好设想，这也是有效挖掘社区能人的过程。在访谈将要结束时，社造工作者可将社区居民的这些正面讲述做简要回顾，再次加深居民的这些正面记忆，鼓励居民建立起改变社区的自信心。

## 2. 口述史

口述史涉及两个层面的诠释：口述和历史。口述是指相对"文字"概念而言，通过一个人或一群人叙述其生命、生活经验或生活故事以累积文本的方式。历史是指牵涉到事件何时何地发生、牵涉何人等事实，以及对这些事实所做的诠释和观点。简言之，口述史是指亲历者叙述的历史。使用口述史的技术进行社区营造调研有助于挖掘社区历史记忆，促进共同体意识的生成。这个定义涉及三个基本要素：(1) 亲历者或当事人。其中又有几种情况，第一种是历史事件的主角，例如决策者、组织者、实施者等；第二种是历史事件的参与者，身在其中，参与其事，知道事情的全过程或某一段落，全部或局部；第三种是其他知情人，虽未参与，但亲见亲闻其人其事。这几种亲历者，由于与历史事件、人物相关的程度不同，对历史事件、人物了解的程度也就不同，所叙述的历史，其价值也有高低之别，全面性和真实性也有差异。(2) 历史。亲历者叙述的必须是社区过去真实发生过的影响整体社区网络的事件，不是亲历者叙述的任何事情都可以被称为口述史。(3) 叙述。叙述方式有两种：口述和笔述。当事人口述，别人记录整理，这种方式是主要方式。还有的是把口头流传的史实记录下来。当事人自己用笔写下亲身经历。

## 3. 社区资源表（见表 7-6）

一个完整的社区资源表应包含四个方面的内容：一是社区中现有的各种物质资源，包括"人、文、地、产、景"等。二是社区中的正式机构，包括国家相关的政府部门、民间志愿组织和私有机构等。三是社区中的非正式社会关系网络，包括家庭、家族、亲戚、邻里、朋友等人际关系网络。四是社区居民个人能力，包括个人的天赋条件、经验、知识与技能等。

社区资源表不仅可以让社区营造工作者了解和掌握社区拥有的资源，让居民重新认识到资源的丰富性，还可以帮助他们建立解决社区问题、改变社区的自信心。

## 4. 社区需求调查

社区营造的最终目标是促使居民充分利用各种资源，通过自组织行动有效解决社区问题，满足社区居民需求，促进社区的可持续发展。因此，在居民认识到自身的优势及拥有的丰富社区资源，初步建立起改变社区的动机和自信心后，接下来社区营造工作者就要与居民一起分析当前社区存在的各种问题，并结合社区资源，

表 7-6　社区资源表

| 社区基本情况说明表 ||||||
|---|---|---|---|---|---|
| 社区名称： | | | | | |
| 所在地： | | （）省 | （）市 | （）区 | （）街道 |
| 占地面积： | | | | | |
| 邮编： | | | | | |
| 区号： | | | | | |
| 社区类型 | | （传统单位社区、旧城保护区、商品房住宅区、回迁社区、城中村社区、纯农村社区等） ||||
| 社区资源调查 ||||||
| 居民户数： | | | | | |
| 人口数： | | | | | |
| 男女性别人口比： | | | | | |
| 社区内较大的姓氏：（农村社区较普遍） | 姓氏1/人数 | 姓氏2/人数 | 姓氏3/人数 | … | |
| 人口结构（每一项都请以男左女右并计算出比率填写） ||||||
| 老人： | 100岁以上 | 80岁~99岁 | 66岁~75岁 | 56岁~65岁 | |
| 中年人： | 46岁~55岁 | 36岁~45岁 | | | |
| 青年人： | 31岁~35岁 | 25岁~30岁 | 18岁~25岁 | | |
| 少年： | 18岁以下 | | | | |
| 儿童： | 15岁以下 | 12岁以下 | 6岁以下 | 3岁以下 | |
| *做此项调查时可一并对社区内家庭结构进行摸底，并请在括号内填写所对应的数量：单亲家庭（）、失独家庭（）、孀居者（）、鳏居者（）、空巢老人（）、留守儿童（） ||||||
| 文化资源 ||||||
| 方言 | | | | | |
| 特色美食 | | | | | |
| 文艺作品 | 书 | 文章 | 戏剧 | 歌曲 | 电影 |
| 手工艺品 | | | | | |
| 建筑风格、特色地标建筑、有历史的老建筑等 | | | | | |
| 重大历史事件 | | | | | |
| 重要节庆日 | | | | | |
| 社区特色习俗 | | | | | |
| 社区logo、旗帜等符号式代表物 | | | | | |
| 其他 | | | | | |
| 地理空间状况 ||||||
| 地貌特征 | | | | | |
| 水资源（河道、池塘等） | | | | | |
| 社区内观光景点 | | | | | |
| 庙宇、民间祭祀场所 | | | | | |
| 名木古树 | | | | | |
| 特殊植被 | | | | | |
| 种植产业 | | | | | |
| 社区公园绿地 | | | | | |
| 其他 | | | | | |
| 公共设施 ||||||
| 街镇、区级以上设施 | 如大型会议中心、音乐厅、博物馆、街镇文化活动中心等 |||||
| 社区内公共活动空间 | 如卫生服务站、社区花园、社区活动中心、儿童公共游乐设施、公共健身设施、社区公园等 |||||
| 信仰状况 ||||||
| 基督教 | | | | | |
| 天主教 | | | | | |
| 佛教 | | | | | |
| 道教 | | | | | |
| 其他 | | | | | |
| 地方产业 ||||||
| 餐馆 | | | | | |
| 企业 | | | | | |
| 旅游服务业 | | | | | |
| 主要特色商户 | | | | | |
| 其他 | | | | | |
| 自组织社区社会组织 ||||||
| 自组织社区社会组织1 | | | | | |
| 自组织社区社会组织2 | | | | | |
| 自组织社区社会组织3 | | | | | |
| …… | | | | | |
| 社区组织或单位资源 ||||||
| 小学 | | | | | |
| 中学 | | | | | |
| 大学或职业教育学校 | | | | | |
| 医院 | | | | | |
| 企事业单位 | | | | | |
| 派出所 | | | | | |
| 其他辖区单位 | | | | | |
| 能人资源（有特殊专长技艺的人才、社区内有较高威望的人） ||||||
| 能人1 | | | | | |
| 能人2 | | | | | |
| 能人3 | | | | | |
| …… | | | | | |

提出相应的问题解决策略与措施,满足社区居民的需求。由于社区的需求实际上是社区居民的需求,我们将居民的需求分为两种:第一,社区内所有居民所面对的共同需求。这一类需求通常是社区居民所面临的公共物品的供给问题,如社区治安、社区道路、环境保护等。通过对社区居委会干部、普通居民的访谈,社区内的实地观察,调查团队可以掌握社区内居民的共同需求的状况以及不同需求的迫切程度。第二,不同群体所面临的特殊需求。社区居民总是由不同的人员构成,社区营造工作者可从居民的年龄构成、家庭形态、经济收入形态、人口来源构成等方面来调查。不同的人口构成状况会导致不同的需求结构,如老年人占比较高的社区会有较高的养老服务的需求,双职工年轻家庭多的社区则有幼儿托管照料的需求。不同的收入层次也会导致不同的消费结构和生活方式,对社区生活的需求结构因此也有很大差异。如果外地人口较多,则可能会有本地人与外地人的融合问题。

由此我们能够总结出社区调研需要重点了解和关注的问题有两个层面:

第一是社区公共性问题分析。所谓公共性问题是指社会成员在某个公共生活领域中共同受其广泛影响的、个体没有办法解决的问题。社区公共问题影响了某个群体的生活,它的形成有一定的历史积淀,它的解决涉及多方面多层次的矛盾和利益冲突,在过去的各方面协调中由于矛盾纠结太多太深未能解决,从而成为历史的、公共的、困扰各方面的难题。

第二个是社区群体性问题分析。可以是社区资源缺乏或其他原因造成的某个群体共同存在的问题和困难(如社区高龄老人的日间照顾问题和无人陪伴问题、儿童课后无人照顾问题、残疾人日常出行问题、外来工社区融入问题等)。

社区需求调查需要重点关注以下四个方面:

(1)比较性需求。

简单来说,比较性需求就是因为某个社区有此项服务,而与之类似的社区没有,后者便会有因比较而产生的需要。可通过社区漫步了解社区硬件,包括活动场地、公园、绿地等能够开展社区活动、社区宣传的地方,社区环境和周边情况。与其他相邻社区作比较,看看有哪些资源优势,有哪些不足和欠缺。

(2)表达性需求。

当一项服务的需求人数增加而供不应求时,社区就会对这种服务存在迫切的需求。这种由居民的实际需要、日常行动表达出来的需求,也叫表达性需求。可以通过对社区公共场所中居民的行为互动进行观察,找到其中体现的资源不足状况等。例如观察老年群体(如基于晨间运动、广场舞、太极拳等组织起来的群体)的大概数量,黄昏时分绿地和室外健身区域的使用情况;居民交流的场地和基本状况;辖区内有多少个居民类型社区组织,比如老年协会、老年大学、老年活动中心;有无居家养老服务;社区医院能否满足老人的基本需求。

(3) 感觉性需求。

指多数居民感觉到并且把它说出来的需要和一些未能满足的期望。这些需要可能是现实的,也可能不切实际,要区分开来。

在观察表达性需求后社区营造工作者可以开始接触居民,寻找乐意接受访问的居民,通过个人交谈、自然形成的小组、基层社区协助下组织的焦点小组访谈等,了解基本情况和居民对社区的感受、居民希望提供怎样的社会服务等。结合问卷调查、焦点小组访谈等重点了解居民感触最深的受到困扰的公共和群体性的问题。

(4) 规范性需求。

政策要求和标准化建设使得基层的社区服务有质和量上的标准,当社区中的一些公共服务资源不符合标准规范时,就会产生规范性需求。社区的学校、医院、超市、图书馆、运动场、文化中心、老年活动场所、道路、桥梁等各类设施与人口数量和人口素质、人口结构直接相关,社区资源不足、设施落后就会产生众多社会问题和社会矛盾。

### (三) 访谈的程序和技巧

1. 访谈的准备

(1) 访谈前,要对访谈的主要目标和所要了解的主要内容有明确的认识。

(2) 访谈前最好能对被访者的各方面情况以及社区特征有一定了解。

(3) 访谈的时间和地点的确定应该以被访者方便为主要原则。

(4) 拟定好有针对性的访谈提纲。

2. 进入访问

(1) 访谈时,开场白一定要说好。破冰,消除陌生感。

(2) 访谈是一门艺术,全部资料的可靠性在很大程度上取决于访谈员在这方面的表现。

(3) 在被访者回答问题的过程中,访谈员要专心听,并认真记笔记。

3. 访谈中提问控制

(1) 题目转换。适度用功能性问题来转换问题角度。如跑题需拉回,但不能粗鲁打断。

(2) 对问题的中立式的追问。方法包括:复述问题、复述回答、表示理解和关心、停顿、给出一个中立的问题或评估。

(3) 注意何时发问与插话。

(4) 提问的注意事项:

A. 始终保持中立态度。

B. 把握方向及主题焦点。

C. 注意时间上的顺序。

D. 使用语言越简单越好。

E. 根据访谈对象特点,灵活掌握问题的提法与口气。

F. 表情与动作控制:要给予回馈但不要一直直盯对方,减少小动作。

4. 访谈结束后

(1) 资料的整理与求证。

(2) 转录。

(3) 将口语转化为文字。

(4) 资料的诠释。

社区调查和分析是一个持续不断递进的过程。第一,人性是复杂的,社区的需求和问题是有不同层次的,人的需求会不断发生变化,而社区也会在个体生活的累积中不断产生新的景象。第二,科学的调研方法是一种理想状态,在现实社会中会受到各种各样的现实条件限制。第三,社区调查本身就是一个整合资源的过程。在社区调查过程中,社区营造工作者需要接触街道等政府职能部门、各类群体、各类社区组织,在调查的过程中,需要整合政府政策资源、社区组织资源、社区人力资源等。在此过程中要十分注意与各种组织、个体间建立信任与合作伙伴关系。

## 三、定量调查——社区调查中的定量研究方法

在上述定性调查中,社区营造工作者通过对社区进行参与观察和对社区各类人士进行深度访谈等能够搜集到丰富、详细的资料,这有利于确定重要的社区变量并搜集相关信息,并为后续深入了解社区社会资本和社区需求的体系搭建提供背景资料。

社区资源调查和社区需求调查除了采用定性访谈之外,也可以用定量方法,其意义有两方面:一是了解当地人口结构问题、民生问题、日常活动以及家庭成员等。量化数字除了显示需求,更能呈现出当地居民需求的迫切程度及需求类型的优先级。二是就当下情况留下客观调查记录,以备社区治理不同阶段作比较,了解社区进步情况。

但定量调查把社会现象操作化、具体化时,容易造成信息的丢失,因此要辅以定性研究弥补这方面的缺陷。同时定量调查也对调查者的社区理论素养、问卷设计能力、数据分析能力有较高要求。

### (一)定量调查的定义和操作方法

社区中的定量调查就是对社区内一定数量的有代表性的样本,进行封闭式/结构性的问卷访问,然后对调查的数据进行录入、整理和分析,并撰写社区调查报告。

在社区中可以根据需要了解的社区情况与问题进行普查或抽样调查。普查适合较小范围的目标人群,例如单亲家庭、低保家庭、失独家庭、空巢老人等;抽样调查针对范围相对较大的目标人群,例如全社区的居民、社区的外来务工人员等。

定量调查对样本量有一定的要求,抽样方法有概率抽样和非概率抽样(见表 7-7)。其基本原则是:第一,目的性,即根据调查的目的进行抽样设计;第二,可度量性,即根据样本值能做出有效的估计;第三,可行性,即在实际操作中能按预定的设计完成任务;第四,经济性,即以最小的代价去实现抽样的目的。

表 7-7 定量调查抽样方法对比

| 概率抽样 | | 非概率抽样 | |
| --- | --- | --- | --- |
| 简单随机抽样 | 系统抽样 | 偶遇抽样 | 判断抽样 |
| 分层抽样 | 整群抽样 | 定额抽样 | 滚雪球抽样 |
| 多段抽样 | | | |

原则上,概率抽样才能由抽样个体推论到总体,所以要想从较小的样本推论出整个社区的情况,就必须有随机抽样的过程。

问卷的类型有自填问卷和访问问卷。在一份问卷上要有封面信(表明调研的目的、调研发起方和数据利用方式等)、指导语、问题及答案、其他资料等。问题可以设计为填空式、判断式、多项选择式、矩阵式、表格式。

在问卷收集完毕后要完成:

(1) 数据录入。

(2) 数据查错(每份问卷都要有问卷编号)。

(3) 数据分析(SPSS、EXCEL等)。

(4) 数据表格与图形处理。

(5) 报告撰写。

图7-5就为我们展现了完整的定量调查的操作过程。

**(二) 定量调查的应用——社区社会资本的调查**

在进入社区进行定量调查的过程中,最为重要的即为社区社会资本的调研。社区社会资本当然可以用来衡量任何一类社区(community),包括地理的、实体的、虚拟的以及组织内的社区内部的和谐程度以及合作程度,而且衡量的方法也大同小异。

那么什么是社会资本?

简单来说,社会资本就是通过社会关系获得的资本[①]。而社区则指的是一个小集体,是由与自己有着共同特征的个体所组成的网络,主要由个人的社会连带关系所组成,成员之间不是直接认识就是间接认识,其人数有限,所以信息流通容易,成员间知根知底,较不易产生信息不对称问题[②]。社区社会资本顾名思义就是让整个社区受益的社会资本[③]。

社会资本可以在两个层次上进行分类,一个是社会资本的内涵,有三个维度,分别是关系维度、结构维度以及认知维度。结构维度(structural dimension)包括

---

[①] 参见林南:《社会资本——关于社会结构与行动的理论》,上海,上海人民出版社,2005。

[②] 参见罗家德、方震平:《社区社会资本的衡量——一个引入社会网观点的衡量方法》,载《江苏社会科学》,2014(1)。又见罗家德、帅满、方震平、刘济帆:《灾后重建纪事——社区社会资本对重建效果的分析》,北京,社会科学文献出版社,2014。

[③] 同上。

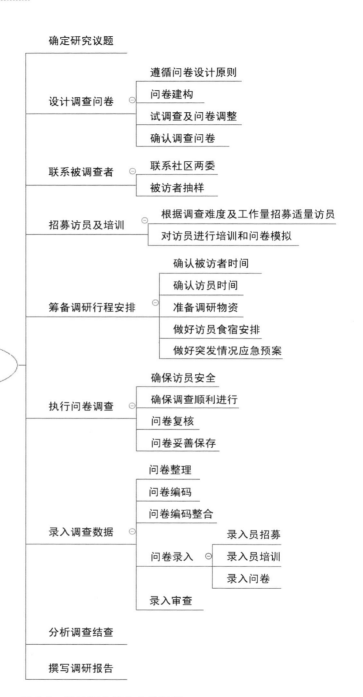

图 7-5　定量调查操作方法示意

网络构型（network configuration）与可使用的志愿性组织；认知维度（cognitive dimension）包括共有符码、共同语言和共有叙事；关系维度（relational dimension）包括信任、互惠和义务①。

  这三个维度所依赖的基础并不相同，认知维度是一种心理上的认知变量，是主观的自我评量，通常使用李克特量表式的度量方法。关系和结构维度则是通过对居民的社会网络的分析而得到，较为客观。关系维度主要是信任程度、互惠及义务关系（情感性支持或工具性交换）的连带数目和强度的社会网变量。结构维度是这些社会网中个人形成的结构位置变量。

  二是根据社会资本得益的对象分为集体层面的社会资本、社区的社会资本和个体层面的社会资本②。集体社会资本是宏观层次的，受益者是一个群体，通过集体合作，这种社会资本在一个群体中会产生"1+1＞2"的效益。社区社会资本是让整个社区受益的社会资本，其实也是"集体社会资本"的一种，但社区社会资本更强调的是在一个社区中成员间的关系以及其社会网络结构的一些特质，社区内部的成员对社区的一些认知变量能让社区内部产生合作性，进而促成集体行动，使整个社区受益。

  社区社会资本既可以检验社区营造团队的工作是否有效，又可以通过测量结果为下一步社区营造培力提供方向，还可以为政府制定政策提供基础数据资料，可以说是最具有学术原理又可以进行衡量的"社区和谐"指标。

  个体社会资本是微观层次的，受益者是个人，也就是一个人的社会资本为他/她带来资源③。

  为什么在社区营造及社区规划时要衡量社区社会资本，原因有三：

  第一，社区社会资本有非常扎实的理论基础，有长期积累的定量研究成果，是最有效的衡量一个社区和谐与合作程度的指标。

  第二，如果希望进入一个社区，判断操作社区营造及社区规划的难易程度，需

---

① Nahapiet J, Ghoshal S. Social Capital, Intellectual Capital, and the Organizational Advantage. *Knowledge & Social Capital*, 1998, 23(2): 242-266.
② 参见罗家德、帅满、方震平、刘济帆：《灾后重建纪事——社区社会资本对重建效果的分析》，北京，社会科学文献出版社，2014。
③ Brown, Thomas Ford. Theoretical Perspectives on Social Capital. Working paper located in http://hal.lamar.edu/~BROWNTF/SOCCAP.HTML. 1997.

要用社区社会资本的概念和方法进行测量,此指标高的社区本身和谐与合作程度好,社区营造工作相对较为容易成功。

第三,如果希望衡量社区营造及社区规划执行的效果和作用,需要将过去的社区社会资本与现在的或未来的社区社会资本相比较,观察该社区的变化,以衡量工作的效果。无论以何种操作方式进行社区营造及社区规划,实务工作者均需要掌握社区社会资本的调查方法。测量出社区内部的社会资本存量以及不同类型社会资本的结构形态,对于评估社会组织工作的成效、进行社区社会组织的培力辅导以及政府制定社区政策都具有指导意义。同时,社区营造及社区规划效果的评估过程,也需要用社区社会资本的指标进行衡量,而社区社会资本则是大数据评估(本书第六章第二节)的核心概念,衡量社区和谐与合作程度的方法实际上是一系列的指标,而这些指标就存在于社区社会资本概念之内,这些概念是使用大数据进行评估的基础,只是大数据方法所实现的是数据的自动、长期且实时性的收集以及指标的自动计算。

具体到社区这样的小集体中,如何通过定量问卷调查测量这些指标呢?认知型社区社会资本的测量相对容易,主要指标有共同符码、共同愿景以及共同记忆形成的社区认同。一个社区的内部认同感越高,个人就会越愿意参与集体行动,合作性就越高,社的整体利益也就越高。衡量一个社区的认同感水平,就是将社区成员个人对社区的认同感加总平均,而个人认同感用心理量表测量即可。另外,对社区其他成员的信任也可以用个人的信任量表加以测量,再加总平均就可以得到整个社区中个人对邻居信任的水平。简单地说,认知型社区社会资本都可以用态度量表加以衡量,表7-8、表7-9所示的就是主要的询问项。之前的研究[1]显示,可以从这些询问项中抽取出三个构面,分别是社区成员信任、社区归属感以及邻里亲密度。非常明显地,这三个构面都显示了社区的和谐与合作,一个社区的成员越是相互信任,对社区越有认同感,以及邻里间越是感情亲密,则他/她在社区中越能与别人合作,也越有意愿参与社区的公共事务。

---

[1] 参见罗家德、帅满、方震平、刘济帆:《灾后重建纪事——社区社会资本对重建效果的分析》,北京,社会科学文献出版社,2014。

表 7-8　态度量表询问项示例一

| 编号 | | 完全不同意 | 不同意 | 一般 | 同意 | 完全同意 |
|---|---|---|---|---|---|---|
| E1 | 我常与家人分享自己生活中的各种事情。（家人：同住一家的人） | 1 | 2 | 3 | 4 | 5 |
| E2 | 当我或我的家人遇到困难的时候，会期待彼此的帮助。 | 1 | 2 | 3 | 4 | 5 |
| E3 | 我常与邻居相互分享各种信息。 | 1 | 2 | 3 | 4 | 5 |
| E4 | 当我或我的邻居遇到困难的时候，我们会相互帮助。 | 1 | 2 | 3 | 4 | 5 |
| E5 | 我常邀请邻居至家中做客、聊天。 | 1 | 2 | 3 | 4 | 5 |
| E6 | 我可以顺利从邻居家借到需要的东西（食物或工具等）。 | 1 | 2 | 3 | 4 | 5 |
| E7 | 自己不在家时会请邻居帮忙看家。 | 1 | 2 | 3 | 4 | 5 |
| E8 | 住在本社区，我觉得很舒服自在，很有家的感觉。 | 1 | 2 | 3 | 4 | 5 |
| E9 | 我会在本社区住很长时间。 | 1 | 2 | 3 | 4 | 5 |
| E10 | 我觉得本社区很适合我居住。 | 1 | 2 | 3 | 4 | 5 |
| E11 | 本社区居民的身份对我来说很重要。 | 1 | 2 | 3 | 4 | 5 |
| E12 | 我觉得我是社区里的成员。 | 1 | 2 | 3 | 4 | 5 |
| E13 | 如果有影响整个社区的问题，我觉得我有义务帮忙解决。 | 1 | 2 | 3 | 4 | 5 |
| E14 | 如果社区里的一项公共工程不直接对你有利，你会为此付出时间。 | 1 | 2 | 3 | 4 | 5 |
| E15 | 如果社区里的一项公共工程不直接对你有利，你会为此付出金钱。 | 1 | 2 | 3 | 4 | 5 |
| E16 | 尽管不是自己家的事，我也会乐于投入有利于其他居民的相关事务。 | 1 | 2 | 3 | 4 | 5 |

表 7-9　态度量表询问项示例二

| H5 | 在一个社会里，人们可能会对某些人更为信任，请说说你对下面这些人或组织的信任程度怎么样，是完全信任、比较信任、不太信任还是根本不信任。 | 1 根本不信任<br>2 不太信任<br>3 一般<br>4 比较信任<br>5 完全信任 | | | |
|---|---|---|---|---|---|
| C | 住在你周围的人 | 1 | 2 | 3 | 4 | 5 |

关系型社区社会资本包括了互惠性关系以及义务性关系。社区内互惠性、义务性关系越多，个人就会更愿意加入相互帮助的行动中，在社区内可以增加公共利益的集体行动也就越多。而社区内互惠性关系、义务性关系可以用问卷通过测量社区成员的工具性及情感性关系人在社区内的数量加以体现，表 7-10 中是情感性个人中心网的询问项。情感关系中本社区成员数量越多的人，在社区中和别人善意

表 7-10 "社会网络"问卷示例

SN 7 再请回忆一下，近一年以来与你谈心（不是一般的聊天或谈谈社区中的事，而是谈论比较个人化、私密的事情，比如婚姻、养老、疾病治疗、生育等），遇到难以抉择的重大事件时你经常会找的人大概有多少？_____ 人。（如不足 5 人，有几人列几人；超过 5 人，列出其中最重要的 5 人）。

SN7A 这其中，有_____人是居住在本社区的。

| 序号 | SN 8 | SN 10 | SN 11 | SN 12 | SN 13 |
|---|---|---|---|---|---|
| | 是家庭成员吗？如果是，是哪一个？（调查员记录家户同卷中此人的序号）（调查员请记录）<br>0 没有<br>1 提到过 ➔ 记录序号 ➔ SN 10 | 他是你的什么人？<br>01 亲戚　02 朋友<br>03 同事　04 同学<br>05 邻居　06 师生<br>07 熟人　08 同乡<br>09 战友　10 志愿者<br>11 心理医生　12 干部<br>13 其他人 | 他的性别是？<br>1 男<br>2 女 | 他的职业是？<br>1 务农人员<br>2 非务工人员<br>3 个体经营者（不雇工或雇工 8 人以下）<br>4 私营企业主（雇工 8 人或以上）<br>5 集体企业管理人员<br>6 街镇干部<br>7 其他（请注明）_____<br>9 不知道/没有回答 | 你和他认识多久了？<br>1 不到半年<br>2 半年到一年<br>3 一年到三年<br>4 三年到十年<br>5 十年以上<br>9 不知道/没有回答 |
| 1 | 0　1 ★ | ［　］ | ［　］ | ［　］ | ［　］ |
| 2 | 0　1 | ［　］ | ［　］ | ［　］ | ［　］ |
| 3 | 0　1 | ［　］ | ［　］ | ［　］ | ［　］ |
| 4 | 0　1 | ［　］ | ［　］ | ［　］ | ［　］ |
| 5 | 0　1 | ［　］ | ［　］ | ［　］ | ［　］ |

续表

| SN 14A | SN 14 | SN 15 | SN 16 | | | |
|---|---|---|---|---|---|---|
| 在过去半年内与他互动（聊天、娱乐等）的频繁程度是：<br>1 经常（每周一两次）<br>2 有时（一月一两次）<br>3 很少（半年一两次）<br>4 没有过<br>9 不知道/没有回答 | 他现在住在哪里？<br>1 本社区<br>2 本街镇其他地方<br>3 其他城市/乡镇<br>9 不知道/没有回答 | 他与你的关系如何？<br>1 很好<br>2 比较好<br>3 一般<br>4 不太好<br>5 不好<br>9 不知道/没有回答 | 他与其他几个人之间的关系如何？<br>1 很好<br>2 比较好<br>3 一般<br>4 不太好<br>5 不好<br>6 他们彼此不认识<br>9 不知道/没有回答 | | | |
| | | | 2 | 3 | 4 | 5 |
| |_| | |_| | |_| | |_| | |_| | |_| | |_| |
| |_| | |_| | |_| | |_| | |_| | |_| | |_| |
| |_| | |_| | |_| | |_| | |_| | |_| | |_| |
| |_| | |_| | |_| | |_| | |_| | |_| | |_| |

互动越频繁,合作性也越好,更有助于增加社区内关系的密度,而高密度的社区内集体行动的动员能力也会较强。

比较难测量的是结构性社区社会资本,社会网结构指标大多要靠整体网调查去测量,但在社区中,这一过程很难实现,所以一般而言收集的还是面向个体调查的个人中心网。一个社区的社会网结构封闭性越强,网络密度高又没有分裂的小团体,则整个社区更易于团结,合作性越高,也就越容易发动符合公共利益的集体行动。其中封闭性强这一特征,由个人中心社会网的特性决定。当一个受访者深深嵌入社区的网络中,这样的人身边都是社区成员,而且认识的社区成员也互相认识,受访者超越社区之外的联结就会比较少而且会倾向于建立强连带的关系,而强连带容易形成封闭的小圈子(Granovetter,1973;Burt,1992),所以一个社区这样的成员多,而且成员间关系密度高的话,封闭性就会较强。所以以情感性个人中心网为项,我们可以找出一个社区成员在本社区中的情感性关系人,并将这些关系人间的社会网密度计算出来,从而了解此成员在社区中是嵌入在社区密网中,还是游离在其外。如上所述,越是嵌入在密网中的人越是在相互监督、相互劝善之下,会参与到社区公共事务中来。

如果我们能取得整个社区的整体网资料,则更可以计算整个社区的一些结构性指标,一般而言,一个关系网密度高的社区比密度低的更容易产生和谐与合作,一个分裂成很多孤岛型小圈子的社区则是不健康的,一个多中心的社区则比一个单中心的社区更健康,因为单中心、只有一个核心圈子的社区经常游离在边缘的人较多,易离心离德。而多中心如果其间协商良好,则易于自发出集体的参与,也就是这些中心间有桥相连。相反,如果无桥相连,则成了很多孤岛型的小圈子。一个社区健康不健康的指标都可以在大数据收集中计算出来。

综上所述,社会资本的关系维度包括了工具网、情感网等的社区居民的数量;结构维度则包括了个人工具网、情感网中社区居民关系网的密度;认知维度包括了三个子维度——社区归属感、邻里亲密度以及邻居信任度。这些变量高的人都是和社区内成员关系紧密、信任感强、对社区认同感高的人,所以在社区集体事务上倾向于贡献较多力量,因此是衡量个人的属性却可以让社区得益的社会资本。

## 第五节　PRA 参与式需求评估

PAR（Participatory Rural Appraisal）参与式农村评估，也称作参与式快速评估（Participatory Rapid Appraisal）。参与式是当代国家发展领域常见的概念及基本原则，而参与式快速评估或者参与式农村评估，也成为促进目标群体在发展项目选择、规划、实施、监测和评价过程中的有效参与的工具。

### 一、PRA 的定义及内涵

PRA 是一套快速收集社区资源状况、发展现状、居民需求，并评估其发展途径的田野调查工具。PRA 是在遵循参与式社区发展方法的原则之下发展出来的田野调查工具，PRA 工具也需要遵循如下原则：内部为主，外部为辅；赋权；促进学习；性别敏感；正确发挥专家的作用。

参与式快速评估有三大支柱。

1. 思想行为和态度

以什么样的心态去工作，思想是什么，体现的行为方式是什么，所秉持的价值观是什么，这是比较关键的问题，在这个过程中，"参与"是关键因素，谁参与？当然是当地社区各个利益相关方参与，经济指标衡量下的穷人富人，性别视角下的男性女性，年龄指标下的老中青少年，权力视角下的有权力者与普通居民等，PRA 需要这些所有相关者的参与。

2. 知识共享

当地人有当地人的知识，机构有机构的知识，大家属于不同的知识体系，要把二者融合在一起共享。在知识共享过程中，学习是关键因素。

3. 工具包

PRA 有很多的工具包，方便其开展工作。工具包将在第二部分进行举例说明。

## 二、PRA 常用工具及使用范围（见表 7-11）

表 7-11　PRA 常用工具及适用范围说明

| 阶　　段 | 需收集的信息 | 可用工具 |
| --- | --- | --- |
| 基础调查，了解社区基本情况 | 自然资源与基础建设<br>社会资源<br>——家庭人口与居住情况<br>——人口分类<br>——网络、机构 | 资源图<br>社区图<br>贫富排队<br>流动图<br>机构分布图<br>关键信息人访谈<br>半结构访谈<br>参与式绘图<br>村社大事记 |
| 确定问题 | 居民的需求 | 问题树<br>行为分析<br>性别分析<br>SWOT<br>问题矩阵排序 |
| 制订干预计划 | 确定目标、产出、活动、时间表<br>各方投入、指标 | 目标框架<br>逻辑框架 |
| 实施 | | |
| 监测、评价 | 检查进展与影响 | 打分排序地图 |

## 三、PRA 常用工具举例

在 PRA 常用方法中，很多方法与社会科学中的定性调查方法相似，比如关键信息人访谈、半结构式访谈等，其操作方法也一样；另外，确定问题阶段的问题树、制订干预计划阶段的目标框架与逻辑框架，现在常用于项目设计中。本部分主要介绍资源图、社区图、居民类型图等方法。

### （一）资源图

资源图是在纸上画出的图，用来表示一定区域内的自然资源及其利用以及基础设施的种类和分布。资源图也有在地上制作的沙型形式，但这种资源图的制作太花费时间，也不一定符合我国文化习惯。

1. 目的、用途

协助当地人们特别是群众使用资源图进行讨论、分析，可以实现这样一些目的和用途，具体会因当时研究或实践的要求而异。

（1）研究一定区域（乡、村、组）内的自然资源、社会经济基础设施分布。

（2）就着图，分析当地在资源利用和基础设施方面存在的问题和发展机会。

2. 工具、材料

大纸、记号笔（最好是彩色的）。

3. 步骤

（1）讲清目的，适当地（而不是过分地）解释有关概念（资源、基础设施），尽可能用当地老百姓的术语。

（2）把笔交给被访问人，让他/她（们）自己做。

人们在开始时往往会推辞。很多人从来没有画过画，也确实没有信心。但只要充分表达对他们知识和能力的尊重和信任，用国内外特别是文盲妇女也能画的例子鼓励，他们就一般都会接过笔来动手画。

鼓励他们按照自己的思路确定方向、边界、绘图、注明内容。采用不同的符号、线条、颜色，增加直观性、形象性，吸引在场居民的积极参与。必要时可以提些建议。

（3）在资源图初步画好以后，请画图人和参与的当地居民介绍图上表示的具体内容。

（4）在空白处或另外的大纸上，说明社区、村、组之间的类型划分、理由、各自特点。注意要耐心启发、等待，不要诱导，以"就是分出好中差来"提示。

（5）资源图上标明方向和图例。

（6）写上制图人和参加讨论人的姓名、时间、地点。

（二）社区图

社区图是在纸上画出的图，用来表示社区内居民之间在社会经济要素上的差异、类型及其分布。它适用于小范围，比如村民小组、院落，适用于邻里关系熟悉的社区，能直观反映出不同性别、人群的不同视角（参见图7-6）。

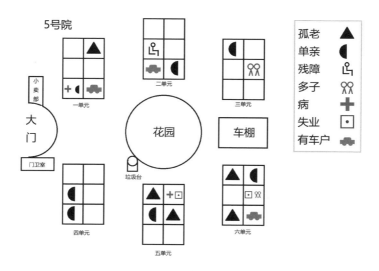

图 7-6　社区图示意

1. 目的、用途

社区图有多种目的和用途，因事而异。

（1）研究一个社区（村、组）内的居民之间在人口和其他社会经济要素方面的差异。

（2）以居民的观点、角度、标准/指标，形象化地标明本社区各户人家的特点和属于的生活状况或富裕/贫困程度的类型，为以后制定当地群众自己可以操作的项目标准打下基础。

（3）就着图，分析居民分化的原因和发展机会。

（4）为进一步调研选择需要访问的有代表性居民。

2. 工具、材料

大白纸、彩色记号笔。

3. 步骤

类似于画资源图，但着重于家庭、人口和社会经济方面。

在选择符号表明居民之间的差异时，要耐心地启发群众用他们自己的观点、看法和标准，突出当地的特点和差异，通过讨论取得共识后再落实到纸上。避免个别人或少数人说了算。可以在图上反映的内容很多，选择其中哪些、用什么符号表示,都要让当地群众自己讨论、确定。我们要耐心、鼓励,才能使社区图全面而简明地反映出当地的特点。如果发现经过解释,当地群众仍然对这个话题比较敏感的话,可以对一些差异不去深究。而对最贫困、应该救助的和最富裕的,人们说起来一般不忌讳。

### (三)居民类型图

类型划分是将社区居民根据影响其生计的一定标准划分为不同类型的一种工具。

1. 目的、用途

(1) 分析当地(村、组)居民生活状况、富裕程度的分化状况。

(2) 为进一步调研选准访谈对象。

(3) 为因地制宜地确定项目居民的标准提供依据。

(4) 从类型的特点中发现当地居民成功的发展机会。

2. 工具、材料

小纸片(写户主姓名)、大白纸(写类型、户数、特点)。

3. 步骤

(1) 说明来意、工作目的,消除群众顾虑、误会和不必要的敏感,避免被访问人有思想压力。一般找居民小组长或办事公道、了解情况的中年人访谈。必要时可避开人多的地方。

(2) 注意保持自我警觉,了解、尊重当地的观念。如果群众对说自己贫困敏感的话,可以用"富裕程度"或"生活状况、水平"等说法来代替。

(3) 把纸片、笔交给被访问人,进行分类。每张小纸片写1户户主的名字。注意要耐心,不要急于提示"就是分出好中差"来进行诱导。"好中差"并不能反映类型间差异的原因、特点。由群众进行分类,往往分出来的不止三种类型,而是更符合当地情况。

(4) 初步分好后,让访谈人再看一看,特别是分出三类的时候,往往还会在中等或贫困类型中进一步分出类型。使用小纸片便于这种细分、调整。

(5) 类型分好后,请被访问人在大白纸上写出各种类型的特点,注意要反映出当地的实际情况、问题和居民思考问题的角度、出发点、依据。

（6）注意捕捉访谈中出现的信息，为进一步调研选择对不同类型有代表性的居民。

### 四、PRA 的关键词

向当地人学习：用社区内部的资源解决社区内部的问题，要相信当地人拥有解决自己问题的潜能。

让社区的所有群体参与：参与是 PRA 的重要支柱之一，而在社区中，进入工作者眼帘的往往是那些非常积极参与社区活动的人、意见领袖或者有一定社会资源及精力的人员，而弱势者或者普通居民的声音往往不太能够被听见。而 PRA 会创造机会让更多的人参与，无关年龄、学历、性别、社会地位等要素。

协助：工作者主要是协助当地居民开展工作，而不是代替他们作决定。

自己作决定：社区需要自己决定社区的发展。

行动-信息-行动：采取行动，获得更多的信息，根据信息调整行动，这个是 PRA 的行动逻辑。

分享观点和信息：以开放的心态去接受，欢迎社区居民分享观念。

# 第八章

# 社区营造产品

## 第一节 义仓和义集

### 一、引言

> 平见天下州县多罹水旱,百姓不给,奏令民间每秋家出粟麦一石已下,贫富差等,储之闾巷,以备凶年,名曰义仓。
>
> ——《隋书·长孙平传》

义仓源于隋唐,是我国最古老的公益体系,也是完善的社区营造、发展及治理体系。当代的义仓以中华传统文化为基底,针对现代社会邻里关系疏离和社区公共生活匮乏的社会问题,旨在通过搭建参与式互助平台,打破邻里间的冷漠,以社区内部的资源解决社区内部问题,促进睦邻友好、守望相助新型邻里关系形成,让社区更有温度、更有人情味。截至 2018 年 6 月,全国各地从事义仓探索的机构已有 126 家,覆盖 21 个省(直辖市)、60 个城市的 1000 多个社区。

### 二、缘起

2010 年,江西青原色井冈山大学人文纪录中心倡办了现代义仓,2011 年爱有戏对现代义仓进行了发展和创新。这些项目以义仓文化为核心，通过社区内部资源回应社区内部的问题，让社区成员都可以在平等、尊重、分享的基础上参与社区建设，着力于在地组织培育和陪伴，形成社区内部的公共参与平台，搭建社区互助支持体系。在逐渐发展的过程中，义仓文化结合在地社区实际，从关注议题切入，逐步形成了社区营造的本土工作模式。

## 三、实施过程

### （一）充分的社区需求及资源调研

**1. 组建义仓筹备组**

义仓在新落地一个社区之前有大量的基础工作需要完成，包括需求收集、项目设计、宣传动员等，都需要一个好的且具有相关经验的执行团队共同完成，人员配置需要和在地社区（街道、居委、小区）保持密切沟通和联系。一般筹备组由三人组成，分别负责统筹、执行和协调工作，并在小组建立之后确定工作范围、职责和分工。（见图 8-1）

**2. 义仓需求调研**

需求调研是义仓进入社区之前必经的过程，在进入一个社区前，工作人员需要针对义仓落地社区做一次准确、深入的走访调研，发现社区成员尤其是弱势群体的问题，对社区需要支持的人进行全面的摸底了解。需求调研是一项烦琐而基础的工作，需要扎实地完成，它将搜集义仓落地开展的初始数据，十分重要。

### （二）在地化项目设计及执行

**1. 义仓项目设计**

根据前期调研报告，评估出社区需求，根据社区情况、需求设计适合落地该社区的义仓项目，项目计划里需包含义仓项目实施背景、社区问题界定、项目目标、项目规划、筹资、执行、评估、风险控制等阶段。完整且具备可操作性的项目设计有利于项目筹资及按进度推进。

义仓项目开展流程如图 8-2 所示。

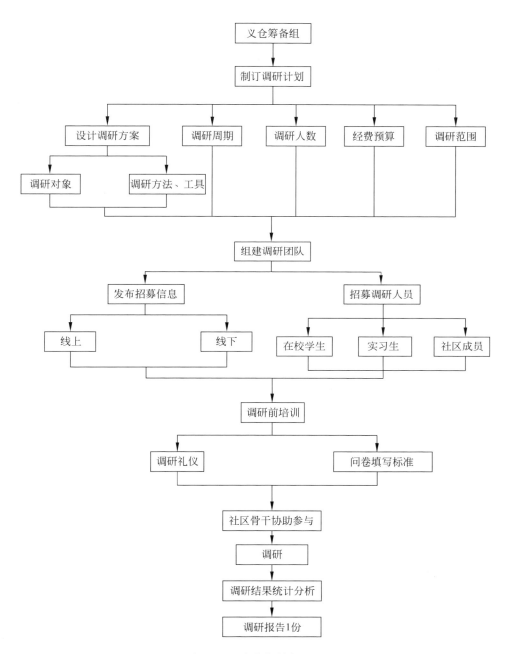

图 8-1 义仓前期筹备流程

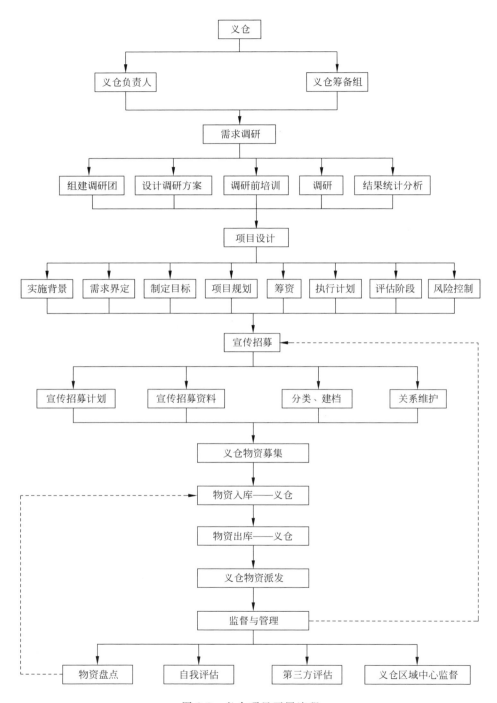

图 8-2　义仓项目开展流程

### 2. 义集的设计与实施

义集，是立足社区，用定期集市的方式，为社区居民搭建的以互助和公益为主题的二手物资交易市场。政府为义集提供活动场地、安全保障等措施；社区组织则负责活动的策划、组织。社区居民可以在义集上申请公益摊位，将二手物资卖出，所得收益由捐赠人自主地按不低于一定比例或者全数购买成生活物资捐给义仓以帮助社区困难群体；社区居民、个体户或者企业也可以选择直接捐赠生活物资到义仓。困难居民也可以申请摊位出售自己并不需要的"被捐赠"之物，或者出售自己在批发市场中购买的货物并赚取利润，同时向义仓捐赠一定数额的物资。

义集活动开展流程如图8-3所示。

### 3. 义坊

义坊是一个为困难家庭提供持续稳定生计的经济支持平台。具体做法是：在政府的支持下，在临街的公共场地上建一些格子铺（即小商品买卖摊位）。困难家庭可通过租用格子铺来开展商品买卖以获利，但须提前申请。申请通过后，贫困家庭象征性地缴纳极少的租金便可以成为铺主，在格子铺做买卖。一般铺主可选择自主经营，也可以选择加入义坊合作社抱团经营。义坊合作社是否吸纳由社区合作社理事会自行决定，一些不具有独立经营能力的铺主如精神障碍者、智力障碍者等，义坊合作社有义务吸纳并支持其经营格子铺。义坊合作社由社区的困难家庭自助选择成立并进行管理，义坊的收入也会有部分捐赠流入到社区义仓中。

现代社区中探索的参与式互助体系由义仓、义集、义坊三部分组成，三者相辅相成，层层互推。（见图8-4）

## 四、实施效果

目前，各地根据在地社区实际情况所做的以义仓文化为核心的社区探索不断地创新和发展。一勺米、一个观众的剧场等内容不断涌现，同时还出现了义仓＋社区治理、义仓＋养老、义仓＋农村社区发展、义仓＋社区志愿服务体系建设……

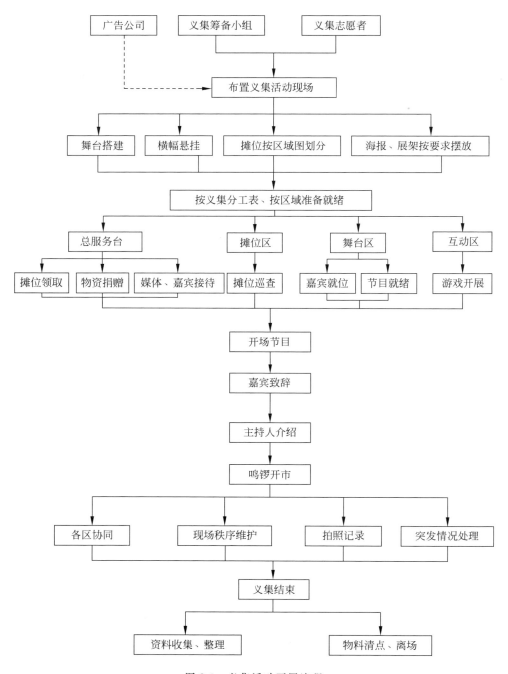

图 8-3 义集活动开展流程

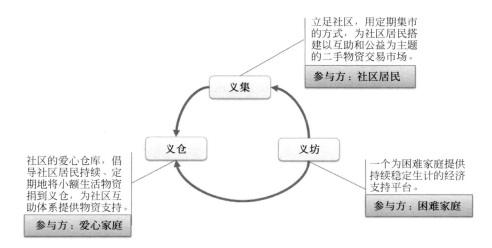

图 8-4　以义仓文化为核心的社区参与式互助体系

"义仓＋"的出现,让我们看到作为我国传统的公益文化的生命力,义仓不是死的文化,它是扎根在我们土壤中的文化基因、是中国本土的社会工作,更是社区营造的有力推手。

现代义仓在发展过程中,逐渐形成了以义仓文化为核心的义仓发展网络。项目本身也实现了一平台两推动三体系的功能化建设(见图 8-5)。义仓目前产生的效果包括:

图 8-5　以义仓文化为核心的一平台两推动

**搭建社区参与式互助平台**:截至 2016 年年底,全国有城市低保对象 855.3 万户、1480.2 万人。他们生活在不同的社区,面临不同的社会问题,义仓覆盖的社区给了社区困难群体来自邻里的支持和温暖。在义仓伙伴覆盖的 1500 多个社区中,义仓实现了动员社区成员、社会资源共同参与到困难人群的生活救助和精神支持中来。

**推动社区互助文化建设和社区发展**：义仓是建立良善人际关系的努力，有助于建立社区支持和互助系统，促进社区发展。

**共享互联网支持体系**：将互联网技术运用于义仓物资管理，可让每一份社区参与更透明、更便捷。爱有戏就将义仓物资管理软件免费与所有成员伙伴共享，推动了信任的邻里关系的建立。

**共享义仓产品体系**：以义仓文化为核心，以现代义仓为纽带，在网络内形成以在地为基础的义仓产品化建设。爱有戏目前以"一勺米"为代表的义仓活动工具包已完成，同时义集工具包涉及文化、安全、环保、手工、节庆等多样化主题内容。

**共享网络互助体系**：义仓品牌、义仓知识产权、义仓课程体系皆可共享；成员机构互助发展，共同推动现代义仓内容形式多样化，共同实现公益文化的传统。

# 第二节　坊　　间

## 一、引言

本节主要对爱有戏探索性文化项目"坊间"两年的执行流程进行梳理，简单阐述该项目在执行过程中的各项操作步骤，以便社区营造工作者对项目有更清楚的认识，起到协助自我学习的作用，同时也提供一些操作上的经验。

## 二、缘起和意义

本项目缘起于工作人员的兴趣爱好。本工作项目点所在辖区是成都历史较为悠久的水井坊辖区，工作人员出于对历史文化的兴趣，设计了一个以挖掘当地历史文化为内容的项目。

"坊间"，取名自"街坊邻居间"，意在表现民间性，表现一种市井的感觉。组织公众亲身参与在地历史文化和个人生命故事的挖掘、呈现，不仅能记录、保留在地历史文化和个人生命故事，还能让其他外来人员通过这些信息更快地认识和了解当地辖区的情况，促进社区融合。

## 三、操作流程（见图 8-6）

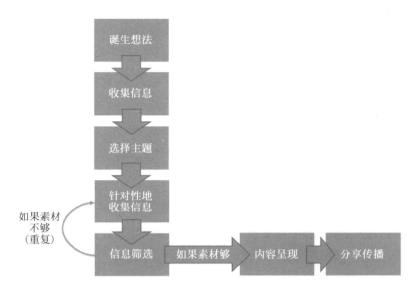

图 8-6　执行流程示意

### （一）收集信息

项目开展的田野调查，属于项目开始阶段的核心工作，它一方面能够让工作人员更快地了解掌握辖区情况，另一方面也能储备大量的信息，便于与当地居民交流，并衍生出更多的内容。

所在辖区的居民是最重要的核心信息源，我们将收集的信息分成了两大类：外部信息和内部信息。

一切非当地居民（现住或曾住、生活过）直接反馈的信息称为外部信息。外部信息主要包括相关领域的专家学者、研究者等反馈的信息，以及相关文献、书籍、资料、互联网等提供的信息。

当地居民（现住或曾住、生活过）直接反馈的信息称为内部信息。

收集外部信息的相关单位有：市/区地方志办公室（简称方志办）、市/区档案馆（局）、辖区街道办事处、相关博物馆、图书馆、互联网（关键词、自媒体等）……

收集的信息包括：地理位置，人口信息，风俗习惯、历史建筑、历史名人、历史事件，变迁轨迹。

## (二) 选择主题

**1. 主题是怎么产生的**

（1）根据内部信息，发掘主题。

主题一定是和我们所在辖区的公共事件、风俗习惯等文化现象相关，要通过前期对当地居民（曾住居民）的信息收集来进行分享讨论、深度挖掘。

（2）走访陌生居民。

随机走访是在一个区域内根据所观察的情况来进行的访谈，没有明确的走访对象。这样的走访有多种好处，一是能够认识新的人群；二是能够发现新的信息和线索；三是能够观察到各个阶段真实的社区。

**2. 选择主题的标准**

主题与当地辖区和居民有关系，是首要标准。除此之外，还有以下三点标准：

（1）结合项目进度来筛选。

每个主题所需要花费的时间成本、人力成本、技术支持可能是不一样的，优先考虑在项目实施周期内能够完成的主题。

（2）是否结合我们的项目理念。

主题实际上是为了传达我们的项目理念，如果主题没有结合我们的理念，那么对于项目而言是没有意义的。

（3）团队内部是否达成共识。

志愿者们经过讨论达成了共识的主题，毋庸置疑应该优先选择，因为志愿者们是执行的"第一人"，达成共识的主题也会让大家更有干劲和动力。

## (三) 针对性地收集信息

围绕我们选择的主题更有针对性地收集信息，需要采用半结构式访谈。

**1. 半结构式访谈的定义**

半结构式访谈（semi-structured interviews）指按照一个粗线条式的访谈提纲而进行的非正式的访谈。[1]

---

[1] 引用自"百度百科-半结构式访谈"。

**2. 访谈原则**[①]

（1）访谈者在提问时态度应真诚、自然、尊重。

从神态、动作、话语上，都应该注意真诚、自然、尊重，这样不仅能体现访谈者的专业性和自身的素质修养，还能够让访谈环境更轻松，让被访谈者更愿意讲述。

（2）访谈者应采用被访者能接受的表达方式进行提问。

一个是语言习惯，用方言回应方言、普通话回应普通话，更利于沟通。另一个是话语体系，根据被访谈者的情况，少提一些带有专业词汇或学术性的问题，这样也便于双方的沟通。

（3）访谈者在提问时应循序渐进。

访谈者应当先选择一些较为轻松的话题开始访谈，然后先提一些比较浅显、简单的问题，再循序渐进，逐渐围绕访谈的主题进行深入的访谈，这样才不会使被访谈者感觉突兀、进入不了状态，整个访谈过程才能自然流畅、顺理成章。

（4）访谈者的提问方式应当中立。

访谈者在访谈过程中所提出的问题和表达的话语如果带有某些态度倾向，就有可能影响到被访谈者的态度，这样信息的可靠性、客观性也会大打折扣。

**（四）信息筛选（讨论会）**

召集团队共同筛选和讨论所收集的信息和想法，达成共识。

**1. 搭建讨论平台**

（1）去权威性。

因为团队人群多元化，所以要打破大家因年龄、学历、专业背景等对他人树立的"权威感"，这样参与讨论的人才能够完全地表达自己的观点，这是一个相互学习、相互影响的过程。

（2）鼓励、引导参与者表达。

在讨论过程当中，观察参与者状态，鼓励未发言的参与者，控制发言过多的参与者。协助志愿者们相互建立信任，自主地思考和发言。

---

[①] 参见王萌：《浅谈访谈法中的提问技巧》，载《现代教育科学》，2006(5)。

## 2. 讨论会的作用

（1）磨合团队，增加团队默契和凝聚力。

长期的沟通交流是志愿者团队发展的有力保障，它能够使团队成员相互认识熟悉，促进团队进一步发展。

（2）筛选和主题相关的重要信息，储存访谈过程中的其他重要信息。

在收集信息的过程中，会发现各种各样的信息和线索，有一些是现阶段主题不适合的信息，但非常有意义，那么也需要我们进行分享并储存，以便于接下来主题的选择或者线索的收集。

（3）就信息的内容、主题思想达成共识。

开放自由讨论的平台，让抱有各种想法的志愿者在这里进行分享和辩论，求同存异，逐一筛选，最终确定大家都认可的意见或方案。

## （五）内容呈现

这是一个自由、创新、对话的过程，它可以是一件实体的作品，也可以是一个过程或者一个事件。

### 1. 内容呈现的形式

（1）文章。

（2）图画/绘本。

（3）戏剧。

（4）影像。

（5）声音/音乐。

（6）实体空间。

（7）故事册。

……

### 2. 内容呈现的方法

（1）参与者们各取所长。

发挥每个参与的志愿者自己的特长，大家共同完成相关主题的"作品"，每一个产出都与志愿者和团队有着联系。

（2）建立专业志愿者的资源库。

专业志愿者资源库是必需的，在讨论和走访的过程中，也可以让专业志愿者参与，利用他们的专业技术提升产出作品的质量。拥有专业技术的志愿者能够弥补团队的不足，同时还能让团队实力很好地提升。

## 四、效果简介

### （一）相互学习、相互影响

坊间项目有一期的主题是"四川清音"，在一次拍摄过程的讨论会上，大家聊到关于四川清音的传承，大学生小张觉得，"这样的传统曲艺，对于现在的年轻人来说，学习它是为了提升自己的能力，有一门才艺"。警察杨某觉得，"这样的传统曲艺在外人眼里可能是一门才艺或者技术，但在他们老一代的艺术家眼里，就是他们一辈子的事业，和生命是联系在一起的，他们不可能随随便便就教授给一个人"。不同背景、职业、阅历的人，表达了自己的不同观点。

坊间工作人员自述：

> 这次的场景给我的印象很深，后来我专门和她们聊到过这个事情。小张觉得杨姐说的让她有了新的理解和认识，可能一开始她只觉得这些传统曲艺就是一门才艺，而经过那次讨论之后，她就对事情有了新的认识。而和杨姐说到这个事，她虽然觉得这个改变在小张那里迟早会发生，就算当时不发生，后面也还是会有。但不可否认，大家自由表达自己的观点，确实能够有很多的收获，不仅仅是技能上的提升，还有角度和思维也变得更广。

### （二）从一个人的参与到一群人的参与

成都市中心的打金街是张大爷儿时生活成长的地方，现今街名已经消失，属今红星路二段。坊间团队根据张大爷的讲述拍摄了一部纪录片，讲述张大爷生活在打金街的种种事件，还有他和当年小伙伴一起生活在那里的快乐回忆。视频完成后上传至优酷频道，大家分享到朋友圈，张大爷也分享了视频链接，引起了其小学同学的共鸣。项目工作人员顺水推舟，让张大爷邀请其当年在打金街上居住的同学召开一个同学会,来共同聊有关打金街的故事。最后,活动成功开展。

坊间工作人员自述:

> 其实在开始拍摄的时候,我就有过这样的想法,就是联系张大爷儿时在打金街的玩伴一起接受访谈和拍摄,但是张大爷拒绝了,他的理由是"大家都有自己的事""都忙,不会像我一样来做这些公益",但是在片子分享之后,张大爷主动把他同学发的评论截图给我看,我就觉得可以尝试一下组织聚会的事,就和张大爷又提了这个想法,然后张大爷就说和同学们说一说,最后他的同学们也就答应了。虽然这个活动的成效没有预期的好,但这是第一次尝试通过影片衍生出来的活动,是一个很好的例子。也可以看出项目可以从一个人的角度来撬动其周边的人共同来参与。

## 五、结语

坊间项目最初落地在锦江区水井坊街道,随后又相继在武侯区、高新区、成华区、温江区、龙泉驿区开展,由项目内容研发的新项目——社区故事馆,已在成都市部分区域开馆运营。

坊间项目(水井坊辖区)两年来共开展活动100余次(拍摄活动、走访活动、访谈活动、宣传活动等),直接服务700余人次,间接服务1400余人次。成员近40人,来自各行各业。拍摄在地文化相关影片11部,制作坊间图画30张,收集水井坊辖区老照片70张,制作坊间故事册1050册和"牛王庙"系列主题书签300套,供公众免费领取。

影片《槐树人家》和《牛王庙》分别获得2015年中国公益映像节民办非企业类优秀奖(前10名)、入围奖(前20名);成都本地多家媒体对项目进行了报道;巴蜀文化学者袁庭栋、四川师范大学文学院教授、四川省语言学会理事黄尚军对坊间故事册均有好评。项目还联合"土家面孔"公众号,在今日头条上推送坊间系列影片6部,总播放量超过77.7万次(截至2018年7月)。

## 第三节　小小建筑师

### 一、引言

社区参与，儿童是必不可少的群体，无论是社区空间、社区服务还是社区人文环境都需要体现对儿童的友好性。随着社区的发展，越来越多儿童的需求与参与被重视起来，中国社区长期以"成人视角"建立起的空间与服务越发无法满足儿童真正的需求。让儿童在社区生活更幸福、舒适，需要通过儿童参与社区规划和设计来实现。成年人的思维已被束缚且缺乏想象力，而儿童参与规划设计正能弥补这方面的不足，儿童有天马行空的想象力和别出心裁的创造力，并且儿童通过参与社区公共事务，可以更了解社区，对社区也更有归属感和责任感，此外儿童可以带动整个家庭共同参与到社区公共事务中。

### 二、缘起和意义

小小建筑师项目以社区营造作为出发点，鼓励社区儿童及家长参与发现社区内存在的问题，以设计思维解决问题并促成改变。项目在课程设置上聘用资深建筑师协助教学，尝试降低课程的深度而增加广度，引导社区儿童通过学习建筑、社会学、人文科学、历史、地理、财商教育等专业知识解决问题，从观察到动手、制图、手工、模型、绘画、参观体验、体能等多方面培养儿童合作协商、公共表达、危机公关的能力，提高自律、礼仪、善意、思辨、妥协、敬畏等道德素养。

小小建筑师项目的运作关系到社区中儿童、家长、专业志愿者之间的协同，孩子们的自我参与、家长的协助、第三方志愿者的专业支持和引导能够让各方作为一个共同体，通过发现一个个真实的社区中存在的问题，提出解决方案，协同各方面的资源共同解决，项目落地实施后，能给每个参与者带来自豪感和自信心，增强对社区的认同感。

经过多年的努力，小小建筑师课程不限于空间认知构建的能力提升，还涵盖了社会学、人文科学、历史、地理、财商教育等各个领域，孩子们不光可以学到建筑知识，还可以了解更多贴近生活的实用知识。

## 三、操作方法

小小建筑师按照受众年龄分为雏鹰、小鹰、雄鹰三个梯队,雏鹰队针对1~2年级的孩子,课程以建筑启蒙为主,时长建议不多于1.5小时。小鹰队针对3~4年级的孩子,课程时长3小时。雄鹰队针对5年级以上的孩子,可以独立开设半天或者一天的纯设计课程。(见图8-7)

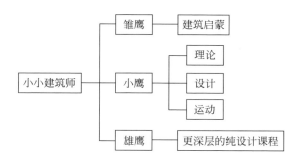

图8-7 小小建筑师设计流程

课程体系分为理论、设计、运动三大类别,根据不同的年龄段采用不同的课程。理论重在教授原理与方法,不仅仅是建筑学本身的理论知识,更关联国家、政治、经济、文化等方面,涉及个体和社会、社区的关系等诸多知识点;设计则是让儿童学会运用设计师的技能进行分析,并搜集所需信息,通过与伙伴协作协商逐步将想法和创造在设计中实现,同时,孩子在此过程中需要练习公众表达,让他人了解自己的设计思路,并学会采纳多方意见和建议从而完善设计;运动部分是针对儿童天性好动、乐于在动中学习的特点而设计的课程,一方面可以让孩子在运动中体验设计的可行性,另一方面通过亲身感受,让他们更了解自己所生活的社区,从而增加归属感。

## 四、效果简介

南京市雨花台区翠竹园社区中小小建筑师组织发展已有多年,联合东南大学建筑系学生志愿者团队和相关专家,共同设计和打造了社区党群服务中心3楼空间,除此之外,小小建筑师们还参与了社区儿童体育赛事的赛道设计、社区公共空间墙体设计和绘制、贵州高芒村小学围墙设计和建造等各种实践。

# 第四节 社 区 花 园

## 一、引言

我国正经历集聚型城市发展过程,高密度城市由于人口密度高以及城市建设用地扩张速度快,土地、能源、交通、环境等问题随之而来[1]。存量土地更新优化成为城市更新发展的主要方式,如何提升公共空间品质,复合使用,调动社区民众的积极性,使其共同参与设计、营造、维护、管理,共建共享,是当前都市空间规划的主要任务。

## 二、缘起和意义

近些年在国内兴起的社区花园理念起源于欧美国家,是指将闲置土地分割成小块廉价租借或是分配给个人和家庭用于园艺或农艺[2]。目前在上海有近20处建成或者正在建设的社区花园,它们分布在各个区的街区、社区、学校和园区内,上海市杨浦区鞍山四村第三小区中心广场的"百草园"项目(参见图8-8)是上海社区花园在整合了景观学、生态学、社会学等多学科力量的基础上,深入居民社区开展的老旧社区参与式的景观模式探索。这一项目通过将老旧小区中单调的中心绿地转化为居民们的公共客厅,用以植物为纽带的社会交往增进邻里关系,同时通过社区培力提升居民的综合管理能力,提高社区主人翁意识,实现社区的居民自治。

## 三、操作方法

本案例作为上海老旧小区空间改善的案例探索,为人口密度高、居民老龄化和景观提升难度较高等同类型社区问题提供了新的解决思路和管理模式。实施过程及操作方法如下:

---

[1] 参见李敏、叶昌东:《高密度城市的门槛标准及全球分布特征》,载《世界地理研究》,2015,24(01)。
[2] 参见钱静:《西欧份地花园与美国社区花园的体系比较》,载《现代城市研究》,2011,26(01)。

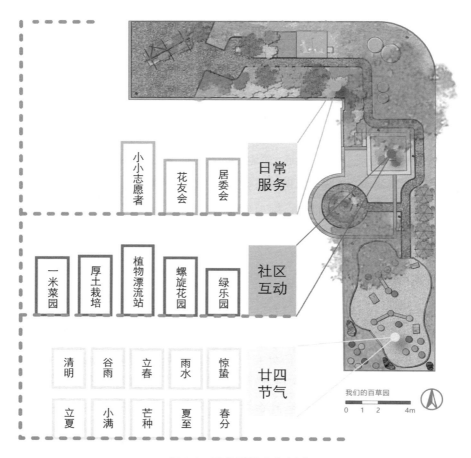

图 8-8　百草园活动分布图

**1. 居民共议，景观空间改善**

了解到社区内缺少民主沟通平台之后，设计单位、居委会共同着手准备建立内部议事平台，开展了从街道到居民到儿童的各层会议，打通了居民之间、居民与决策者的沟通屏障，并与设计团队一起进行了现场访谈，听取了大量居民的声音。

**2. 发挥积极力量，发动公众参与建造**

首先，设计团队将景观施工的流程拆解为一个个可以独立完成的步骤，如做地形、厚土栽培、铺草坪、栽植、撒种、铺路、覆盖等，按照顺序将每个内容设置成居民可参与的课程公开招募学员,一边教学一边施工。在这当中花友会起到了积极作用,会长梳理了花友会名单,统计每个人的空闲时间,结合他们各自的特长以及各个施工阶段所需要的主要能力,制作出施工排班表,组成了浇水施肥组、捡拾垃圾组、整理花园组等。

3. 社区赋能,培育兴趣小组

公共空间是培养公共生活方式的空间载体,可以在公共空间的维护过程中结合社区居民的兴趣爱好,组织关于自然教育或者社区营造的主题活动,对社区居民进行再组织和再培训,挖掘社区能人,建立社区内部的人才库,鼓励让居民指导居民。[①] 社区空间营造的过程也是社区凝聚力营造的过程。

4. 丰富群众社团组织

自治型社区花园的成熟标准是有没有形成有自治能力的群众社团组织,社团数量越多、活动内容越丰富、管理制度越规范,包容性就越大,居民的参与性就越高。百草园目前的两个自治组织正在逐渐形成规范化的制度体系,在建立社区居民协商议事机制、监督执行的制度和制定评价效果的标准等方面还需要更长时间的摸索。

### 四、效果及反思

通过实践可以看出,社区边界越模糊,人口构成越复杂,社区花园内容越丰富,营建之初的参与度越低,反之亦然。已经拥有熟人社区环境的居民可以在专业设计团队的指导下全过程地参与到社区花园的营建中,而缺少熟人社区环境的社区则需要设计团队主导建设一个花园空间,通过运营团队长时间的社区交流、社区活动来帮助建立彼此之间的信任与关系,在之后的管理维护乃至空间更新中逐渐提高居民的参与性。

中国大城市的快速发展带来了不同领域的挑战,要求多学科的交融共同探讨应对城市问题的策略。上海的社区花园作为社区民众以共建共享的方式进行园艺活动的场地,基于景观设计学,连接了社会学、教育学等多学科研究成果来处理人

---

① 参见刘佳燕、谈小燕、程情仪:《转型背景下参与式社区规划的实践和思考——以北京市清河街道Y社区为例》,载《上海城市规划》,2017(2)。

与环境的关系。社区花园是为了在上海这样一个高密度人口的城市中实现能源可持续、社区睦邻友好、自然教育而做的一次科学尝试。去除学术的外壳,空间本质上的核心就是人,不仅仅是儿童和老年人,还有年轻人,站在使用人群的角度,关注他们所关注的话题,通过满足他们价值的活动来实现人与人之间的相互连接,使人们对空间产生情感,这才是社区花园背后有生命力的关键所在。

# 附录一

# 政 策 文 件

## 中共中央国务院关于加强和完善城乡社区治理的意见[①]

（中发〔2017〕13号）

城乡社区是社会治理的基本单元。城乡社区治理事关党和国家大政方针贯彻落实，事关居民群众切身利益，事关城乡基层和谐稳定。为实现党领导下的政府治理和社会调节、居民自治良性互动，全面提升城乡社区治理法治化、科学化、精细化水平和组织化程度，促进城乡社区治理体系和治理能力现代化，现就加强和完善城乡社区治理提出以下意见。

### 一、总体要求

（一）指导思想。全面贯彻党的十八大和十八届三中、四中、五中、六中全会精神，坚持以邓小平理论、"三个代表"重要思想、科学发展观为指导，深入贯彻习近平总书记系列重要讲话精神和治国理政新理念新思想新战略，紧紧围绕统筹推进"五

---
① 见中国政府网，www.gov.cn/xinwen/2017-06/12/Content_5201910.htm。

位一体"总体布局和协调推进"四个全面"战略布局,坚持以基层党组织建设为关键、政府治理为主导、居民需求为导向、改革创新为动力,健全体系、整合资源、增强能力,完善城乡社区治理体制,努力把城乡社区建设成为和谐有序、绿色文明、创新包容、共建共享的幸福家园,为实现"两个一百年"奋斗目标和中华民族伟大复兴的中国梦提供可靠保证。

(二)基本原则

——坚持党的领导,固本强基。加强党对城乡社区治理工作的领导,推进城乡社区基层党组织建设,切实发挥基层党组织领导核心作用,带领群众坚定不移贯彻党的理论和路线方针政策,确保城乡社区治理始终保持正确政治方向。

——坚持以人为本,服务居民。坚持以人民为中心的发展思想,把服务居民、造福居民作为城乡社区治理的出发点和落脚点,坚持依靠居民、依法有序组织居民群众参与社区治理,实现人人参与、人人尽力、人人共享。

——坚持改革创新,依法治理。强化问题导向和底线思维,积极推进城乡社区治理理论创新、实践创新、制度创新。弘扬社会主义法治精神,坚持运用法治思维和法治方式推进改革,建立惩恶扬善长效机制,破解城乡社区治理难题。

——坚持城乡统筹,协调发展。适应城乡发展一体化和基本公共服务均等化要求,促进公共资源在城乡间均衡配置。统筹谋划城乡社区治理工作,注重以城带乡、以乡促城、优势互补、共同提高,促进城乡社区治理协调发展。

——坚持因地制宜,突出特色。推动各地立足自身资源禀赋、基础条件、人文特色等实际,确定加强和完善城乡社区治理的发展思路和推进策略,实现顶层设计和基层实践有机结合,加快形成既有共性又有特色的城乡社区治理模式。

(三)总体目标。到 2020 年,基本形成基层党组织领导、基层政府主导的多方参与、共同治理的城乡社区治理体系,城乡社区治理体制更加完善,城乡社区治理能力显著提升,城乡社区公共服务、公共管理、公共安全得到有效保障。再过 5 到 10 年,城乡社区治理体制更加成熟定型,城乡社区治理能力更为精准全面,为夯实党的执政根基、巩固基层政权提供有力支撑,为推进国家治理体系和治理能力现代化奠定坚实基础。

## 二、健全完善城乡社区治理体系

(一)充分发挥基层党组织领导核心作用。把加强基层党的建设、巩固党的执政基础作为贯穿社会治理和基层建设的主线,以改革创新精神探索加强基层党的建设引领社会治理的路径。加强和改进街道(乡镇)、城乡社区党组织对社区各类组织和各项工作的领导,确保党的路线方针政策在城乡社区全面贯彻落实。推动管理和服务力量下沉,引导基层党组织强化政治功能,聚焦主业主责,推动街道(乡镇)党(工)委把工作重心转移到基层党组织建设上来,转移到做好公共服务、公共管理、公共安全工作上来,转移到为经济社会发展提供良好公共环境上来。加强社区服务型党组织建设,着力提升服务能力和水平,更好地服务改革、服务发展、服务民生、服务群众、服务党员。继续推进街道(乡镇)、城乡社区与驻社区单位共建互补,深入拓展区域化党建。扩大城市新兴领域党建工作覆盖,推进商务楼宇、各类园区、商圈市场、网络媒体等的党建覆盖。健全社区党组织领导基层群众性自治组织开展工作的相关制度,依法组织居民开展自治,及时帮助解决基层群众自治中存在的困难和问题。加强城乡社区党风廉政建设,推动全面从严治党向城乡社区延伸,切实解决居民群众身边的腐败问题。

(二)有效发挥基层政府主导作用。各省(自治区、直辖市)按照条块结合、以块为主的原则,制定区县职能部门、街道办事处(乡镇政府)在社区治理方面的权责清单;依法厘清街道办事处(乡镇政府)和基层群众性自治组织权责边界,明确基层群众性自治组织承担的社区工作事项清单以及协助政府的社区工作事项清单;上述社区工作事项之外的其他事项,街道办事处(乡镇政府)可通过向基层群众性自治组织等购买服务方式提供。建立街道办事处(乡镇政府)和基层群众性自治组织履职履约双向评价机制。基层政府要切实履行城乡社区治理主导职责,加强对城乡社区治理的政策支持、财力物力保障和能力建设指导,加强对基层群众性自治组织建设的指导规范,不断提高依法指导城乡社区治理的能力和水平。

(三)注重发挥基层群众性自治组织基础作用。进一步加强基层群众性自治组织规范化建设,合理确定其管辖范围和规模。促进基层群众自治与网格化服务管理有效衔接。加快工矿企业所在地、国有农(林)场、城市新建住宅区、流动人口聚居地的社区居民委员会组建工作。完善城乡社区民主选举制度,进一步规范民主选举程序,通过依法选举稳步提高城市社区居民委员会成员中本社区居民比例,切实保障外出务工农民民主选举权利。进一步增强基层群众性自治组织开展社区协商、服务社区居民的能力。建立健全居务监督委员会,推进居务公开和民主管理。充分发挥自治章程、村规民约、居民公约在城乡社区治理中的积极作用,弘扬公序良俗，促进法治、德治、自治有机融合。

（四）统筹发挥社会力量协同作用。制定完善孵化培育、人才引进、资金支持等扶持政策，落实税费优惠政策，大力发展在城乡社区开展纠纷调解、健康养老、教育培训、公益慈善、防灾减灾、文体娱乐、邻里互助、居民融入及农村生产技术服务等活动的社区社会组织和其他社会组织。推进社区、社会组织、社会工作"三社联动"，完善社区组织发现居民需求、统筹设计服务项目、支持社会组织承接、引导专业社会工作团队参与的工作体系。鼓励和支持建立社区老年协会，搭建老年人参与社区治理的平台。增强农村集体经济组织支持农村社区建设能力。积极引导驻社区机关企事业单位、其他社会力量和市场主体参与社区治理。

### 三、不断提升城乡社区治理水平

（一）增强社区居民参与能力。提高社区居民议事协商能力，凡涉及城乡社区公共利益的重大决策事项、关乎居民群众切身利益的实际困难问题和矛盾纠纷，原则上由社区党组织、基层群众性自治组织牵头，组织居民群众协商解决。支持和帮助居民群众养成协商意识、掌握协商方法、提高协商能力，推动形成既有民主又有集中、既尊重多数人意愿又保护少数人合法权益的城乡社区协商机制。探索将居民群众参与社区治理、维护公共利益情况纳入社会信用体系。推动学校普及社区知识，参与社区治理。拓展流动人口有序参与居住地社区治理渠道，丰富流动人口社区生活，促进流动人口社区融入。

（二）提高社区服务供给能力。加快城乡社区公共服务体系建设，健全城乡社区服务机构，编制城乡社区公共服务指导目录，做好与城乡社区居民利益密切相关的劳动就业、社会保障、卫生计生、教育事业、社会服务、住房保障、文化体育、公共安全、公共法律服务、调解仲裁等公共服务事项。着力增加农村社区公共服务供给，促进城乡社区服务项目、标准相衔接，逐步实现均等化。将城乡社区服务纳入政府购买服务指导性目录，完善政府购买服务政策措施，按照有关规定选择承接主体。创新城乡社区公共服务供给方式，推行首问负责、一窗受理、全程代办、服务承诺等制度。提升城乡社区医疗卫生服务能力和水平，更好满足居民群众基本医疗卫生服务需求。探索建立社区公共空间综合利用机制，合理规划建设文化、体育、商业、物流等自助服务设施。积极开展以生产互助、养老互助、救济互助等为主要形式的农村社区互助活动。鼓励和引导各类市场主体参与社区服务业,支持供销合作社经营服务网点向城乡社区延伸。

(三)强化社区文化引领能力。以培育和践行社会主义核心价值观为根本,大力弘扬中华优秀传统文化,培育心口相传的城乡社区精神,增强居民群众的社区认同感、归属感、责任感和荣誉感。将社会主义核心价值观融入居民公约、村规民约,内化为居民群众的道德情感,外化为服务社会的自觉行动。重视发挥道德教化作用,建立健全社区道德评议机制,发现和宣传社区道德模范、好人好事,大力褒奖善行义举,用身边事教育身边人,引导社区居民崇德向善。组织居民群众开展文明家庭创建活动,发展社区志愿服务,倡导移风易俗,形成与邻为善、以邻为伴、守望相助的良好社区氛围。不断加强民族团结,建立各民族相互嵌入式的社会结构和社区环境,创建民族团结进步示范社区。加强城乡社区公共文化服务体系建设,提升公共文化服务水平,因地制宜设置村史陈列、非物质文化遗产等特色文化展示设施,突出乡土特色、民族特色。积极发展社区教育,建立健全城乡一体的社区教育网络,推进学习型社区建设。

(四)增强社区依法办事能力。进一步加快城乡社区治理法治建设步伐,加快修订《中华人民共和国城市居民委员会组织法》,贯彻落实《中华人民共和国村民委员会组织法》,研究制定社区治理相关行政法规。有立法权的地方要结合当地实际,出台城乡社区治理地方性法规和地方政府规章。推进法治社区建设,发挥警官、法官、检察官、律师、公证员、基层法律服务工作者作用,深入开展法治宣传教育和法律进社区活动,推进覆盖城乡居民的公共法律服务体系建设。

(五)提升社区矛盾预防化解能力。完善利益表达机制,建立党代会代表、人大代表、政协委员联系社区制度,完善党员干部直接联系群众制度,引导群众理性合法表达利益诉求。完善心理疏导机制,依托社会工作服务机构等专业社会组织,加强对城乡社区社会救助对象、建档立卡贫困人口、困境儿童、精神障碍患者、社区服刑人员、刑满释放人员和留守儿童、妇女、老人等群体的人文关怀、精神慰藉和心理健康服务,重点加强老少边穷地区农村社区相关机制建设。完善矛盾纠纷调处机制,健全城乡社区人民调解组织网络,引导人民调解员、基层法律服务工作者、农村土地承包仲裁员、社会工作者、心理咨询师等专业队伍,在物业纠纷、农村土地承包经营纠纷、家事纠纷、邻里纠纷调解和信访化解等领域发挥积极作用。推进平安社区建设,依托社区综治中心,拓展网格化服务管理,加强城乡社区治安防控网建设,深化城乡社区警务战略,全面提高社区治安综合治理水平,防范打击黑恶势力扰乱基层治理。

（六）增强社区信息化应用能力。提高城乡社区信息基础设施和技术装备水平,加强一体化社区信息服务站、社区信息亭、社区信息服务自助终端等公益性信息服务设施建设。依托"互联网＋政务服务"相关重点工程,加快城乡社区公共服务综合信息平台建设,实现一号申请、一窗受理、一网通办,强化"一门式"服务模式的社区应用。实施"互联网＋社区"行动计划,加快互联网与社区治理和服务体系的深度融合,运用社区论坛、微博、微信、移动客户端等新媒体,引导社区居民密切日常交往、参与公共事务、开展协商活动、组织邻里互助,探索网络化社区治理和服务新模式。发展社区电子商务。按照分级分类推进新型智慧城市建设要求,务实推进智慧社区信息系统建设,积极开发智慧社区移动客户端,实现服务项目、资源和信息的多平台交互和多终端同步。加强农村社区信息化建设,结合信息进村入户和电子商务进农村综合示范,积极发展农产品销售等农民致富服务项目,积极实施"网络扶贫行动计划",推动扶贫开发兜底政策落地。

**四、着力补齐城乡社区治理短板**

（一）改善社区人居环境。完善城乡社区基础设施,建立健全农村社区基础设施和公用设施的投资、建设、运行、管护和综合利用机制。加快城镇棚户区、城中村和危房改造。加强城乡社区环境综合治理,做好城市社区绿化美化净化、垃圾分类处理、噪声污染治理、水资源再生利用等工作,着力解决农村社区垃圾收集、污水排放、秸秆焚烧以及散埋乱葬等问题,广泛发动居民群众和驻社区机关企事业单位参与环保活动,建设资源节约型、环境友好型社区。推进健康城市和健康村镇建设。强化社区风险防范预案管理,加强社区应急避难场所建设,开展社区防灾减灾科普宣传教育,有序组织开展社区应对突发事件应急演练,提高对自然灾害、事故灾难、公共卫生事件、社会安全事件的预防和处置能力。加强消防宣传和消防治理,提高火灾事故防范和处置能力,推进消防安全社区建设。

（二）加快社区综合服务设施建设。将城乡社区综合服务设施建设纳入当地国民经济和社会发展规划、城乡规划、土地利用规划等,按照每百户居民拥有综合服务设施面积不低于30平方米的标准,以新建、改造、购买、项目配套和整合共享等形式,逐步实现城乡社区综合服务设施全覆盖。加快贫困地区农村社区综合服务设施建设,率先推动易地搬迁安置区综合服务设施建设全覆盖。落实不动产统一登记制度,做好政府投资建设的城乡社区综合服务设施不动产登记服务工作。除国家另有规定外,所有以社区居民为对象的公共服务、志愿服务、专业社会工作服务,原则上在城乡社区综合服务设施中提供。创新城乡社区综合服务设施运营机制,通过居民群众协商管理、委托社会组织运营等方式,提高城乡社区综合服务设施利用率。落实城乡社区综合服务设施供暖、水电、燃气价格优惠政策。

(三)优化社区资源配置。组织开展城乡社区规划编制试点,落实城市总体规划要求,加强与控制性详细规划、村庄规划衔接;发挥社区规划专业人才作用,广泛吸纳居民群众参与,科学确定社区发展项目、建设任务和资源需求。探索建立基层政府面向城乡社区的治理资源统筹机制,推动人财物和责权利对称下沉到城乡社区,增强城乡社区统筹使用人财物等资源的自主权。探索基层政府组织社区居民在社区资源配置公共政策决策和执行过程中,有序参与听证、开展民主评议的机制。建立机关企事业单位履行社区治理责任评价体系,推动机关企事业单位积极参与城乡社区服务、环境治理、社区治安综合治理等活动,面向城乡社区开放文化、教育、体育等活动设施。注重运用市场机制优化社区资源配置。

(四)推进社区减负增效。依据社区工作事项清单建立社区工作事项准入制度,应当由基层政府履行的法定职责,不得要求基层群众性自治组织承担,不得将基层群众性自治组织作为行政执法、拆迁拆违、环境整治、城市管理、招商引资等事项的责任主体;依法需要基层群众性自治组织协助的工作事项,应当为其提供经费和必要工作条件。进一步清理规范基层政府各职能部门在社区设立的工作机构和加挂的各种牌子,精简社区会议和工作台账,全面清理基层政府各职能部门要求基层群众性自治组织出具的各类证明。实行基层政府统一对社区工作进行综合考核评比,各职能部门不再单独组织考核评比活动,取消对社区工作的"一票否决"事项。

(五)改进社区物业服务管理。加强社区党组织、社区居民委员会对业主委员会和物业服务企业的指导和监督,建立健全社区党组织、社区居民委员会、业主委员会和物业服务企业议事协调机制。探索在社区居民委员会下设环境和物业管理委员会,督促业主委员会和物业服务企业履行职责。探索完善业主委员会的职能,依法保护业主的合法权益。探索符合条件的社区居民委员会成员通过法定程序兼任业主委员会成员。探索在无物业管理的老旧小区依托社区居民委员会实行自治管理。有条件的地方应规范农村社区物业管理，研究制定物业管理费管理办法；探索在农村社区选聘物业服务企业，提供社区物业服务。探索建立社区微型消防站或志愿消防队。

**五、强化组织保障**

（一）完善领导体制和工作机制。各级党委和政府要把城乡社区治理工作纳入重要议事日程，完善党委和政府统一领导、有关部门和群团组织密切配合、社会力量广泛参与的城乡社区治理工作格局。完善中央层面城乡社区治理工作协调机制，地方各级党委和政府要建立健全相应工作机制，抓好统筹指导、组织协调、资源整合和督促检查。各省（自治区、直辖市）党委和政府要建立研究决定城乡社区治理工作重大事项制度，定期研究城乡社区治理工作。市县党委书记要认真履行第一责任人职责，街道党工委书记、乡镇党委书记要履行好直接责任人职责。要把城乡社区治理工作纳入地方党政领导班子和领导干部政绩考核指标体系，纳入市县乡党委书记抓基层党建工作述职评议考核。逐步建立以社区居民满意度为主要衡量标准的社区治理评价体系和评价结果公开机制。

（二）加大资金投入力度。加大财政保障力度，统筹使用各级各部门投入城乡社区的符合条件的相关资金，提高资金使用效率，重点支持做好城乡社区治理各项工作。老少边穷地区应根据当地发展水平，统筹中央财政一般性转移支付等现有资金渠道，支持做好城乡社区建设工作。不断拓宽城乡社区治理资金筹集渠道，鼓励通过慈善捐赠、设立社区基金会等方式，引导社会资金投向城乡社区治理领域。创新城乡社区治理资金使用机制，有序引导居民群众参与确定资金使用方向和服务项目，全过程监督服务项目实施和资金使用。

（三）加强社区工作者队伍建设。将社区工作者队伍建设纳入国家和地方人才发展规划，地方要结合实际制定社区工作者队伍发展专项规划和社区工作者管理办法，把城乡社区党组织、基层群众性自治组织成员以及其他社区专职工作人员纳入社区工作者队伍统筹管理，建设一支素质优良的专业化社区工作者队伍。加强城乡社区党组织带头人队伍建设，选优配强社区党组织书记，加大从社区党组织书记中招录公务员和事业编制人员力度，注重把优秀社区党组织书记选拔到街道（乡镇）领导岗位，推动符合条件的社区党组织书记或班子成员通过依法选举担任基层群众性自治组织负责人或成员。社区专职工作人员由基层政府职能部门根据工作需要设岗招聘,街道办事处(乡镇政府)统一管理,社区组织统筹使用。加强对社区工作者的教育培训,提高其依法办事、执行政策和服务居民能力,支持其参加社会工作职业资格评价和学历教育等,对获得社会工作职业资格的给予职业津贴。加强社区工作者作风建设,建立群众满意度占主要权重的社区工作者评价机制,探索建立容错纠错机制和奖惩机制,调动社区工作者实干创业、改革创新热情。

(四)完善政策标准体系和激励宣传机制。加强城乡社区治理工作理论政策研究,做好城乡社区发展规划编制工作,制定"三社联动"机制建设、政府购买城乡社区服务等相关配套政策。加快建立城乡社区治理标准体系,研究制定城乡社区组织、社区服务、社区信息化建设等方面基础通用标准、管理服务标准和设施设备配置标准。及时总结推广城乡社区治理先进经验,积极开展城市和谐社区建设、农村幸福社区建设示范创建活动和城乡社区结对共建活动,大力表彰先进城乡社区组织和优秀城乡社区工作者。充分发挥报刊、广播、电视等新闻媒体和网络新媒体作用,广泛宣传城乡社区治理创新做法和突出成效,营造全社会关心、支持、参与城乡社区治理的良好氛围。

各省(自治区、直辖市)要按照本意见精神,结合实际制定加强城乡社区治理工作的具体实施意见。各有关部门要根据本意见要求和职责分工,制定贯彻落实的具体措施。

## 民政部关于大力培育发展社区社会组织的意见[①]

### (民发〔2017〕191号)

各省、自治区、直辖市民政厅(局),各计划单列市民政局,新疆生产建设兵团民政局:

社区社会组织是由社区居民发起成立,在城乡社区开展为民服务、公益慈善、邻里互助、文体娱乐和农村生产技术服务等活动的社会组织。培育发展社区社会组织,对加强社区治理体系建设、推动社会治理重心向基层下移、打造共建共治共享的社会治理格局,具有重要作用。为贯彻落实党的十九大关于"加强和创新社会治

---

① 见中华人民共和国民政部网站,www.mca.gov.cn/article/gk/wj/201801/20180115007214.shtml。

理"的精神,根据中央有关文件要求,现就大力培育发展社区社会组织提出如下意见。

## 一、培育发展社区社会组织的总体要求

深入学习贯彻党的十九大精神,以习近平新时代中国特色社会主义思想为指导,认真落实党中央、国务院关于大力培育发展社区社会组织的部署要求,以满足群众需求为导向,以鼓励扶持为重点,以能力提升为基础,引导社区社会组织健康有序发展,充分发挥社区社会组织提供服务、反映诉求、规范行为的积极作用。力争到2020年,社区社会组织培育发展初见成效,实现城市社区平均拥有不少于10个社区社会组织,农村社区平均拥有不少于5个社区社会组织。再过5到10年,社区社会组织管理制度更加健全,支持措施更加完备,整体发展更加有序,作用发挥更加明显,成为创新基层社会治理的有力支撑。

## 二、充分发挥社区社会组织的积极作用

(一)提供社区服务。支持社区社会组织承接社区公共服务项目。推动家庭服务、健康服务、养老服务、育幼服务等领域的社区社会组织主动融入城乡社区便民利民服务网络,为社区居民提供多种形式的生活服务。鼓励社区社会组织多为社区内低保对象、特困人员、空巢老人、农村留守人员、困境儿童、残疾人等困难群体提供生活照料、文体娱乐、医疗保健等志愿服务。支持社会工作服务机构面向社区提供心理疏导、人文关怀、精神慰藉和心理健康等专业服务。引导农村社区社会组织发扬邻里互助的传统,开展以生产互助、养老互助、救助互助为主的活动,增强农村居民自我服务能力。

(二)扩大居民参与。发挥社区社会组织扎根社区、贴近群众的优势,广泛动员社区居民参与社区公共事务和公益事业。引导社区社会组织在基层党组织领导下,协助基层群众性自治组织推动社区居民有序参与基层群众自治实践,依法开展自我管理、自我服务、自我教育、自我监督等活动。引导社区居民在参与社区社会组织活动过程中有序表达利益诉求,养成协商意识、掌握协商方法、提高协商能力,协商解决涉及城乡社区公共利益的重大事项、关乎居民切身利益的实际问题和矛盾纠纷。鼓励社区社会组织参与制定自治章程、居民公约和村规民约,拓展流动人口有序参与居住地社区治理渠道,促进流动人口社区融入。

（三）培育社区文化。发挥社区社会组织在完善社区公共文化服务体系中的积极作用，丰富群众性文化活动，提升社区居民生活品质。指导社区社会组织在组织开展文化、教育、体育、科普、娱乐、慈善等社区居民活动中积极培育和践行社会主义核心价值观，倡导移风易俗，弘扬时代新风。鼓励社区社会组织参与社区楷模、文明家庭等各种社区创建活动，弘扬优秀传统文化，维护公序良俗，形成向上向善、孝老爱亲、与邻为善、守望互助的良好社区氛围，增强居民群众的社区认同感、归属感、责任感和荣誉感。

（四）促进社区和谐。发挥社区社会组织在源头治理方面的积极作用，协助提升社区矛盾预防化解能力。支持社区社会组织参与物业纠纷、农村土地承包经营纠纷、家庭纠纷、邻里纠纷调解和信访化解。指导社区社会组织参与群防群治，协助做好社区矫正、社区戒毒、刑满释放人员帮扶、社区防灾减灾、精神障碍社区康复等工作，积极参与平安社区建设，助力社区治安综合治理。

### 三、加大对社区社会组织的培育扶持力度

（一）实施分类管理。符合法定登记条件的社区社会组织，可以到所在地县级民政部门申请登记，其中符合直接登记条件的可以直接提出申请。民政部门要通过简化登记程序、提高审核效率、结合社区社会组织特点制定章程范本等方式优化登记服务。落实中央有关文件要求，对未达到登记条件的社区社会组织，按照不同规模、业务范围、成员构成和服务对象，由街道办事处（乡镇政府）实施管理，加强分类指导和业务指导；对规模较小、组织较为松散的社区社会组织，由社区党组织领导，基层群众性自治组织对其活动进行指导和管理。

（二）明确发展重点。加快发展生活服务类、公益慈善类和居民互助类社区社会组织。重点培育为老年人、妇女、儿童、残疾人、失业人员、农民工、服刑人员或强制戒毒等限制自由人员的未成年子女、困难家庭、严重精神障碍患者、有不良行为青少年、社区矫正人员等特定群体服务的社区社会组织。鼓励支持有条件的社区社会组织吸纳社会工作专业人才，发挥"三社联动"优势。加快农村社区社会组织发展，引导它们有序参与乡村治理体系建设，在脱贫攻坚、就业创业、生产互助、卫生健康、文化体育、社会治安、纠纷调解、生活救助、减灾救灾、留守人员关爱等方面发挥作用。支持高校毕业生、复转军人和返乡创业农民工创建农村社区社会组织

或到农村社区社会组织中就业。

（三）加大扶持力度。要协调有关部门加大对社区社会组织发展的资金支持，鼓励引导社会资金支持社区社会组织发展，推动建立多元化、制度化的资金保障机制。推动基层政府将城乡社区服务纳入政府购买服务指导目录，逐步扩大购买范围和规模，支持社区社会组织承接相关服务项目。中央财政支持社会组织参与社会服务项目将加大对社区服务类社会组织的支持力度。民政部门彩票公益金支持资助社区社会组织开展扶老、助残、救孤、济困等服务项目。鼓励有条件的地方设立社区发展基金会，为城乡社区治理募集资金，为其他社区社会组织提供资助。鼓励有条件的基层群众性自治组织对社区社会组织开展的公益慈善类服务活动给予一定经费和服务场地支持。推动政府资金、社会资金等资金资源向农村社区社会组织和服务项目倾斜。依托街道（乡镇）社区服务中心、城乡社区服务站等设施，建立社区社会组织综合服务平台，鼓励将闲置的宾馆、办公用房、福利设施等国有或集体所有资产，通过无偿使用等优惠方式提供给社区社会组织开展公益活动。有条件的地方可探索设立孵化培育资金，建设孵化基地，为初创的社区社会组织提供公益创投、补贴奖励、活动场地、费用减免等支持。

（四）促进能力提升。加强社区社会组织人才培养，通过强化业务培训、引导参加相关职业资格考试等措施，着力培养一批热心社区事务、熟悉社会组织运作、具备专业服务能力的社区社会组织负责人和业务骨干。推动建立专业社会工作者与社区社会组织联系协作机制，发挥专业支撑作用，提升社区社会组织服务水平。强化社区社会组织项目开发能力，通过开展社区服务项目交流会、公益创投大赛等方式，指导社区社会组织树立项目意识，提升需求发现、项目设计、项目运作水平。推进社区社会组织品牌建设，引导优秀社区社会组织完善自身发展规划和品牌塑造，加强公益活动宣传，提高品牌辨识度和社会知晓度。指导社区社会组织规范资金使用和活动开展，强化决策公开和运作透明，不断提升服务绩效和社会公信力。

## 四、加强对社区社会组织的管理服务

（一）加强党的领导。按照《中共中央 国务院关于加强和完善城乡社区治理的意见》要求，推动街道（乡镇）党（工）委和城乡社区党组织加强对社区社会组织各项工作的领导，确保社区社会组织全面贯彻落实党的路线方针政策和决策部署，沿着正确方向发展。推动建立城乡社区党组织与社区社会组织定期联系制度,组织和协调社区社会组织参与城乡社区共驻共建活动。鼓励社区党员担任社区社会组织负责人,把符合条件的社区社会组织骨干培养发展为党员,把社区社会组织中的优秀党员吸收到城乡社区党组织领导班子中。社区社会组织要认真落实《中共中央办公厅印发〈关于加强社会组织党的建设工作的意见(试行)〉的通知》要求,在城乡社区党组织的指导下加强自身党的建设工作,推进党的组织和工作有效覆盖。社区社会组织党组织应当结合自身特点开展党组织活动,在业务活动中宣传党的主张,贯彻党的决定,团结动员社区群众,严格落实"三会一课"等制度,做好党员的教育、管理和监督,引导党员发挥先锋模范作用。

(二)加强工作指导。各级民政部门要依法加强已登记的社区社会组织日常活动、负责人、资金往来、信息公开等方面的管理,通过抽查、评估、培训等方式,指导其强化自律诚信和守法意识,按照章程规定健全组织机构,完善运行机制,建立管理制度,强化组织人员、重大活动、收费标准等信息公开,自觉接受监督。指导街道办事处(乡镇政府)、基层群众性自治组织做好未达到登记条件的社区社会组织的培育扶持、服务指导等工作,指导社区社会组织建立必要的活动制度和服务规范,自觉践行服务社区、服务居民的宗旨,对于存在问题的组织及时提醒和帮助纠正。鼓励在街道(乡镇)成立社区社会组织联合会、社区社会组织服务中心等枢纽型社会组织,发挥管理服务协调作用,规范社区社会组织行为,提供资源支持、承接项目、代管资金、人员培训等服务。

(三)做好组织宣传。各级民政部门要在深入学习贯彻党的十九大精神过程中,进一步深化对培育发展社区社会组织工作重要意义的认识,积极争取党委和政府的重视与支持,推动将社区社会组织发展和管理工作纳入基层政府绩效考核内容和社会治安综合治理考评体系。科学制定社区社会组织发展规划、扶持措施、管理制度,加大部门协调力度,完善工作运行机制,形成各部门共同支持社区社会组织发展的工作格局。发挥先进典型的示范引领作用,及时归纳总结发展社区社会组织的先进经验,加大对社区社会组织优秀典型、先进事迹的表扬、奖励和宣传,营造关心、支持社区社会组织发展的良好社会氛围。

民政部

2017年12月27日

# 附录二

# 社区营造及社区规划读书雷达

为了能让更多人全面深入地了解社区营造的精髓，全民社造实践平台的多位伙伴推荐了一批社区营造的相关书籍，这份书单分为背景理论、实务工具、规划设计、特色案例四个象限，在这四个象限里又分为从内到外的三个圈，最内圈为基础阅读，中间圈为进阶阅读，最外圈为延伸阅读，每本书由阅读过该书的社区伙伴做出相应的点评，以便读者甄选。标注 * 的是强烈推荐阅读书籍。

## 一、理论背景类

**基础阅读：**

*《社区营造的理论与实务》 罗家德 梁肖月

推荐理由：这本书提炼了社区营造的实务操作流程，结合社会治理理论及自组织运行机制等理论，从本土案例入手，分析总结了社区营造过程中的五大操作流程、自组织过程、社区营造入手的 50 种方法以及政府与两个协商平台如何操作等，为社区营造实务工作者提供操作过程指引。本书提倡通过推动行政组织的社造化、社会组织的社造化、社区的社造化，最终促使人的理念与行为发生变化。

——推荐者：梁肖月

\*《社区治理——模式转变中的困境与出路》 赵小平　陶传进

推荐理由：本书的核心词汇是"治理"。无论是对传统社区模式的分析，还是对现代社区模式的分析都有诸多理论上的闪亮之处。从现实关照来看，作者运用大量调研材料、通过对相关案例的研究提出的U＋B模式对于解决当前社区缺乏利益代言人的问题具有很强的参考意义，而提出成立社区基金会又将U＋B模式变得更加具体，体现出很好的政策价值。

——推荐者：军军

\*《草根慈善》　比尔·萨莫维尔

推荐理由：本书简单清晰地阐述了作者负责的基金会是如何具备活力和效力的。它对于思考枢纽型组织在社区整体营造中的操作方法，以及在面对社区需求时如何快速准确地进行项目判断和支持是有帮助的。

——推荐者：大飞

《美国社区基金会》　基金会中心网

推荐理由：这是本由基金会中心网编译的小书。在当下国内官方及半民间推动的各类社区基金会产生、发展的背景下，它有助于我们理解社区基金会，以及社区基金会可以是怎样的。这本书的编写纲目清晰，可以算是了解美国社区基金会的入门书，在此基础上结合《草根慈善》等书籍进行阅读学习，相信会有更多收获。

——推荐者：孙大伟

**进阶阅读：**

《协商自治·社区治理——学者参与社区行动的案例》　李强等

推荐理由：这本书为全国各地各大研究机构中从事社区治理实践与研究的学者提供了一个知识平台，书的发端是希望参与及观察社区实验的学者一同研讨基层社会治理实践，分析社区治理实践的过程与机制，探索出一条符合中国当前实际的社区治理和社区发展之路，以期对基层社会治理实践开展积极有益的社会学干预，验证干预社会学在当前中国社区实践中的效力。

——推荐者：梁肖月

《社区×营造》　王本壮等

推荐理由：《社区×营造》是对我国台湾地区推动社区营造20年来经验的阶段性总结，尤其是对于社区营造的过去、现在与未来趋势都有介绍与评析，并横向联结到社区教育和城乡社造的课题,兼具提供相关研究参考与作为课程教材的作用。

——推荐者:王本壮

\*《独自打保龄》 帕特南

推荐理由:帕特南作为社区社会资本的研究者,在该书中对美国社会及社区的发展轨迹进行了反思,探讨了美国公民参与公共事务的热情为何降低,原子化如何在社区中慢慢呈现,如何应对该类问题,这些思考对中国城市社区营造道路有着极大的指导意义。

——推荐者:阿甘

\*《使民主运转起来》 帕特南

推荐理由:帕特南在研究了20年的意大利南北部制度导致的社会差异后,证明了社会资本对提升制度绩效的可能性和重要性,鼓励普通公民积极参加社区活动。不要小看类似合唱团等活动的作用,结社本身背后蕴含的就是社会资本。

——推荐者:刘飞

\*《让人民来决定——美国的邻里组织运动》 罗伯特·费希尔

推荐理由:当下社区发展领域特别关注社区自治的形成机制以及社区社会组织的作用,而社区的发展又处于国家政治经济的发展背景之下,这本书正是基于宏观视角将美国从1886年至20世纪80年代社区邻里组织的发展情况做了梳理。阅读此书比照内地的现状,会对社区组织的使命与走向有一定镜鉴。

——推荐者:孙大伟

**延伸阅读:**

《论国家治理现代化》 俞可平等

推荐理由:本书从治理和善治的理论基础、全球化与治理变迁、社会自治与治理秩序以及全球治理等角度,深刻阐释了国家治理现代化之于现代中国的现实意义。只有沿着民主法治的道路,才能真正实现国家治理体系的现代化;反过来,国家治理体系的现代化进程,不仅在很大程度上反映着社会现代化的进程,也在很大程度上反映着中国民主法治的进程。

——推荐者:刘飞

《倾听民意:协商民主与公众咨询》 詹姆斯·费什金

推荐理由:在本书中,费什金教授为我们系统解释了何谓协商民主、实践协商民主的方法（协商民意测验），介绍了全世界（包括中国）的实践案例，让我们看到了让普通大众参与协商、获取民意的科学方法。

——推荐者：杨旭

《公民治理》 R.C.博克斯

推荐理由：该书对当代美国社区的变化有前瞻性的思考，对社区治理进行了剖析并提出了建议，关于政府、社区、公民应该承担什么样的角色也有深入的阐述，其中很多场景同样适用于我国社区现状。

——推荐者：阿甘

《社区心理学——连接个体和社区》 詹姆士·H.道尔顿

推荐理由：本书详细地梳理了社区心理学的发展脉络，并在众多心理学社区研究的基础上给读者讲解了社区心理学研究的概念以及方法，具有很强的指导性。社区心理学关注的不单单是个体或环境，而且是个体与环境的交互作用。本书鼓励公民积极参与社会变革，创建美好和谐的社区。

——推荐者：阿甘

## 二、实务工具类

**基础阅读：**

《居民自治指导手册》 刘建军

推荐理由：国内不多见的既有理论框架，又有实务案例，而且不是从社会学或者社会工作的视角写的一本指导社区居委会和社区居民的手册，其核心要旨在于如何动员居民自治，使社区成为有温度的生命共同体。

——推荐者：收荒匠

《社区营造研习教材入门功夫篇》 王本壮等

推荐理由：本书是早期由行政部门委托社会组织编写的推动执行社区营造工作项目的技术手册，适合社区干部、社会组织与社区居民中有志于推动社造工作的人阅读。

——推荐者：王本壮

*《社区幸福生活——社区互助参与营造手册》 南京互助社区发展中心

推荐理由：翠竹园互助会作为国内社区营造的特色案例，总结出了一套社区营造的技巧和方法,该手册基本涵盖了城市社区营造的各方面内容,对初始实操社区总体营造工作者有很实用的借鉴意义。

——推荐者:阿甘

\*《沟通与协商:促进城市社区建设公共参与的6种方法》 宋庆华

推荐理由:该书用清晰的流程和大量案例介绍了社区中各种参与式会议的形式,适合社区工作者在一线实操中拿来即用,虽然经验多来自国外,但是经过转译后具有中国社区本土特征,是不可多得的操作神器。

——推荐者:阿甘

\*《罗伯特议事规则》 亨利·罗伯特

推荐理由:这本书能够更好地帮助我们了解如何高效开会。从小到大,从家庭到学校,从社区到社会,我们大多数人都没怎么接触过正常的议事,反而是耳濡目染各种和稀泥与专断,我们有必要在这本书的话语里得到某种洗礼,重塑和强健失去功能的基因。

——推荐者:丁文婷

《石头汤》 琼·穆特

推荐理由:一本很好的社区营造案例绘本,可以用于破冰。它用浅显的故事表达了社区营造的本质。

——推荐者:阿甘

\*《非暴力沟通》 马歇尔·卢森堡

推荐理由:我们的感受是通往知识的最真实路径,社区交流中经常会出现各种暴力沟通的场景,我也是暴力沟通的代表,学习非暴力沟通,诚实表达、同理倾听、用语言反馈,有助于我们专注于彼此的感受和需要,促进由衷的互助。

——推荐人:阿甘

\*《重塑组织——进化型组织的创建之道》 弗雷德里克·拉卢

推荐理由:现代社会的组织形式已经进化到"青色时代",进化型组织的各种形式有助于使我们的工作更加有效、更充实、更有意义,更有助于我们对"生而为人的意义"有更加开阔的理解,没有竞争,只有合作。该类组织形式尤其适合非营利组织,推荐阅读。

——推荐人:阿甘

**进阶阅读：**

《社区如何动起来》 杨弘任

推荐理由：我国台湾近20年的社会变迁中，社区营造是最动人、影响最为深远的社会过程。与社区营造相关的出版物众多，但是主题多以环境改造、文史保育和社区认同为着眼点，杨弘任的《社区如何动起来》从社会改造的视角阐发其历史和文化意义，可谓独辟蹊径。

——推荐者：小李哥

\*《打破罗伯特规则》 萨斯坎德 克鲁克香克

推荐理由：社区会议中有议事规则就能达成共识吗？为什么规则让大多数人都不满意？该书阐述了如何避免受"大多数规则"影响，因谁拥有领导权而出现纷争，从而让讨论的事情进展下去形成共识的方法，在解决社区冲突中有很好的应用场景。

——推荐人：阿甘

\*《被讨厌的勇气》 岸见一郎 古贺史健

推荐理由：这本书背后的支持体系实际上是阿德勒心理学，与精神分析学不同，阿德勒心理学强调"当下"而不是"过去"，提出"一切烦恼都来自人际关系"，人需要的幸福通过在共同体中做出贡献即可得到。"自我接纳""他者信赖"和"他者贡献"的三步骤也很切合社区工作者的价值导向。

——推荐人：阿甘

《重新定义管理——合弄制改变世界》 布莱恩·罗伯逊

推荐理由：如果希望自己所在的组织是进化型的组织，合弄制也许是一个很好的选择，合弄制是一个高度自我组织的系统，根据人们所承担的工作（他们的角色）而非所拥有的头衔（他们的职位）来赋予人们决策的权力，特别适合无层级的社会组织管理模式。

——推荐人：阿甘

**延伸阅读：**

《社区工作》 甘炳光

推荐理由：本书虽然是20多年前在香港出版发行的，但是作为香港地区第一本社区社会工作专业书籍，至今仍然是香港社会工作专业的重要参考书籍。书中深入浅出地介绍了社区社会工作的基本知识和实践应用，对内地的社区社会工也有着广泛而深远的影响,书中的概念和知识放在今天内地城市社区仍不过时。

——推荐者:吴同

**《社区工作技巧》 甘炳光**

推荐理由:此书为甘炳光《社区工作》的姊妹篇,主要是介绍社区工作中的具体实务技巧,书中系统性地介绍了社区工作不同技巧的应用,内容选取反映了社区工作的多元性并涉及不同社区工作所需要的技巧,涵盖了从微观的社区照顾、社区意识提升到中观的社区小组、社区组织以及宏观的社区政策和制度。本书由香港高校有着多年社区工作经验的教师团队编写而成,尽管香港的城市管理体制和内地有所不同,但是在具体操作层面仍然有着非常多的可借鉴和参考之处。

——推荐者:吴同

**《开放空间引导技术》 哈里森·欧文**

推荐理由:这是开放空间技术发明人哈里森·欧文关于此技术的唯一一本介绍性著作。本书详细介绍了开放空间技术的缘起、精神内核、运作流程、引导者心法、自主管理等各个层面的内容。对于想要学习该引导技术的伙伴,这是一本必读之书。特别是引导者的心法部分和后面对于管理学的理解,需要仔细回味,一读再读。

——推荐者:杨旭

**《世界咖啡——创造集体智慧的汇谈方法》 朱安妮塔·布朗 戴维·艾萨克**

推荐理由:世界咖啡作为一种有效的集体对话方式,让背景各异、观念不一甚至素不相识的人能够围坐在一起,进行轻松交流和畅谈,让深藏的思想碰撞出火花,形成集体的智慧,在社区营造的各种场景中都可以使用,并且已被验证有良好的效果。

——推荐者:阿甘

**\*《第五项修炼》 彼得·圣吉**

推荐理由:从事社区营造的社会组织要茁壮成长,必须建立学习型组织,并使组织内的人员全心投入学习、提升能力。不仅从事管理工作的人员适合研读此书,只要是从事知识传授、知识和财富创造的人都应该了解和深入研读。

——推荐者:阿甘

**《仆人式领导之旅》 威廉·B.特纳**

推荐理由:墨德瑞特合伙人兼总经理描述公益人的文章中提到,将适用于企业的通用素质能力略作调整就可用在公益领域。该书作者基于自己丰富的人生经历,真诚地和读者分享了他的所思、所想、所感,他身体力行地把家庭、教会、商业和社区连为一体,处处体现出以爱为基础的仆人式领导精神,社区工作需要这种精神。

——推荐者:黄丽

## 三、规划设计

**基础阅读:**

*《社区设计——全民参与社区设计的时代》 山崎亮

推荐理由:作者是参与式设计大牛。书中的社区设计不是设计师本位的社区设计,无论是实操还是理论都很不错,没有套路,尽得风流。

——推荐者:阿甘

*《共建美丽花园——社区花园实践手册》 刘悦来等

推荐理由:这本实用的小册子以景观规划师的视角切入社区营造,从理论到实践阐述了社区花园如何打造的全过程,为想在社区中实践城市农耕的同人提供了一个简单易学的模板,具有很好的借鉴意义。

——推荐者:阿甘

《共同缔造工作坊》 李郇 刘敏 黄耀福

推荐理由:依托于"美丽厦门、共同缔造",李郇老师的团队是国内最早一批做参与式规划的学者,书中四个规划实践案例从规划理论、工作路径到工作实例,在各个层面对工作坊团队的实践进行梳理,给读者带来通过共同缔造工作坊推动社区参与式规划与美好环境建设的启发与借鉴。

——推荐者:阿甘

《社区营造工作指南》 飨庭伸 山崎亮 小泉瑛一

推荐理由:这本书对日本的社区营造尤其是相关组织做了全景式的介绍,令人叹为观止的是在日本居然有公司做社区营造,有专门的社区营造职业人做社区营造,实在是为中国的社区实践者打开了一扇窗户,使之看见了让社区变得更好的更多可能。

——推荐者:江维

**进阶阅读：**

*《儿童和他们的城市环境》 弗里曼 特伦特

推荐理由：侧重儿童友好的社区营造类书籍在国内出版的并不多，该书系统地介绍了从城市、社区到家庭的各种儿童友好策略，对于创建儿童友好社区有很好的借鉴意义。

——推荐者：阿甘

《是设计让城市更快乐》 查尔斯·蒙哥马利

推荐理由：此书所关注的重点是怎么构建更有幸福感的城市，通过几个城市的案例比较，强调以人为本的城市设计。当公共空间出现对人的友好性、障碍越来越少时，生活就可以更美好。

——推荐者：阿甘

《社区规划手册》 尼克·沃特斯

推荐理由：这是由英国著名社区规划和设计专家尼克·沃特斯撰写的关于社区建设的实用手册，阐述了社区规划的基本原理和解决方案，许多方案在中国或许很难操作，但仍有借鉴意义。

——推荐者：丁文婷

*《美国大城市的死与生》 简·雅各布斯

推荐理由：这本关于城市建设的经典之作，不但属于规划师的读物，对社会工作者也有很大的启迪作用。城市的复杂性和多样性，城市设计者如何阐明、体现和解释城市的秩序，城市的大与小的辩证关系，都能激发大家对我们生存的城市进行思考。

——推荐者：阿甘

**延伸阅读：**

《小城市空间的社会生活》 威廉·H.怀特

推荐理由：规划者的空间启蒙读本。这本书是关于城市空间的，所得出的结论也都是通过直接观察获得的。怀特用10年的观察证明，很多东西比我们想象的还要异乎寻常地重要。我们NGO通常从人出发，而空间设计师们会谈尺度、光照、设施等的影响，该书描述了公共空间中客体的空间和主体的人之间的辩证关系。

——推荐者：焦兴旭

**《塑造邻里——为了地方健康和全球可持续发展》** 休·巴顿  马库斯·格兰特  理查德·吉斯

推荐理由：该书作为社区可持续规划建设的工具书，可为我国邻里和社区的可持续规划提供重要的方法指导，对于新开发项目中的规划师、城市设计者、开发商以及相关专业的在校师生，或者是希望提升邻里关系的社区组织都具有非常强的参考借鉴价值。

——推荐者：阿甘

**《上海15分钟社区生活圈规划研究与实践》** 上海市规划和国土资源管理局  上海市规划编审中心  上海市城市规划设计研究院

推荐理由：上海政府希望在15分钟步行可达范围内配备市民生活所需的基本服务与公共活动空间，形成安全、友好、舒适的社会基本生活平台。这与每一个市民的日常生活都息息相关，在某种程度上决定了市民的幸福感和归属感。本书为开展社区规划评估、编制和实施工作提供了指导性规则。

——推荐者：阿甘

## 四、特色案例

**基础阅读：**

*《社区力量——西雅图社区营造实践》 吉姆·戴尔思

推荐理由：介绍西方及日本、中国台湾的社区营造书籍很多，但很少有较为系统地把一个城市的社区营造实践描述得如此清晰和全面的。作者是社区行动者的楷模，他具有民间与政府的多重身份，将在西雅图市政府14年社区发展的工作经验一一道来，对社区自治、社区基金会、社区规划等不同话题都有重要参考意义。

——推荐者：孙大伟

*《中国社区营造案例集1》 全民社造实践平台

推荐理由：该案例集由全民社造实践平台编撰，集合了近年来中国社区营造的优秀案例，能够让社区工作者了解中国大陆城市社区营造的发展轨迹以及各种可能，对实际的工作有很好的借鉴意义。

——推荐者：阿甘

《睦邻·自治·社区治理：上海嘉定区案例集》《社区自治工作指导手册（嘉定）》　曾凡木　赖敬予

推荐理由：上海市嘉定区社区共营经过多年的努力，总结出一系列从政策到实操的工作方法，值得政府相关工作人员及社会组织阅读，以了解政府主导下的社区营造路径。

——推荐者：徐晓菁

**进阶阅读：**

《谈谈社区营造》　朱蔚怡　侯新渠

推荐理由：该书精选了我国台湾地区的几个代表性社区营造案例，从不同的模式、角度、立场描述了社区营造的各种场景，有一定的启蒙意义。

——推荐者：阿甘

《落地生根》　王本壮等

推荐理由：由多位长期投入社区营造工作的我国台湾地区专家、学者共同撰写的社造工作的论文集，适合专业研究者及学者阅读。

——推荐者：王本壮

《开枝散叶》　王本壮等

推荐理由：这本书可作为高校相关课程的教材与参考书，邀请了多位学者、专家分主题撰写，适合对于社造有兴趣的师生研读。

——推荐者：王本壮

《上好一村》　李昂　刘克襄　林文义

推荐理由：本书生动地讲述了18个我国台湾地区社区营造故事，文字朴实，很多社区营造的细节性描写能够让读者立刻体验到社区营造的魅力，可读性强，适合想了解社区营造的各种可能的初学者阅读。

——推荐者：阿甘

《可操作的民主》　寇延丁　袁天鹏

推荐理由：议事规则能够最终走进基层，并在基层决策过程中起到作用，尽管它可能不能解决所有的问题，但是至少能让民主真正由口号变为解决争端和分歧的有效实践活动，真正实现无权威状态下的平等自治。南塘实验的意义，在于迈出了这关键的一步。

——推荐者：王静

**延伸阅读：**

*《田子坊是如何可能的》 钟晓华

推荐理由：2012年偶遇的一本书《城市的复活》中，田子坊的发生、发展故事吸引了我，我也因此对田子坊有了一段追寻：了解这个"创意园区"背后的真正机理，进而对田子坊的故事深为叹服。这本书是国内对田子坊剖解最深的著作，强烈推荐。

——推荐者：孙大伟

《城市治理的25枚绣花针》 秦畅

推荐理由：该书选取25个上海市民热议的经典话题：解决群租问题、拆除违章建筑、社区小景观设计等，体现如何在市民、政府管理者、企业、专家等各方面的努力下，妥善解决社会公共事务，是市民集中参与、共同治理上海社会的一个个小缩影。

——推荐者：刘悦来

《参与式社区发展之道》 林恩慈

推荐理由：本书从社区发展理论、实务案例、方法工具等多个层面，以多视角诠释"参与式社区发展"概念，为致力于社区发展工作的研究者、实践者、关注者提供了有益的素材。

——推荐者：杨旭

《云村重建纪事——一次社区自组织实验的田野记录》 罗家德 孙瑜 楚燕

推荐理由：本书是我做社区自组织培育工作的启蒙书，展示了一个社区自组织发展的全过程。阅读此书能够深刻体会到自组织过程理论对于实务的指导作用，它为本土社区自组织培育工作提供了理论支撑，指明了发展方向。

——推荐者：梁肖月

# 后　　记

做中学，学中做。

实践中总结理论，理论再指导实践。

这正是本书的宗旨。

社区营造及社区规划，不管是英文的 community revitalization/community development/ community building、neighboring movement，还是日本的造町运动，乃至中文中的其他一些提法，如"协商治理""社区共治"等，其实说的都是一件事，其核心就是如何把居民组织起来，共同创造和谐而有温度的社区，一起参与解决社区的公共事务。早到整个社区都还没建设时，未来将入住的居民就可以做前置型社造，一起画设计图；在整个社区改建时，从硬件到软件的重新规划、重建，居民也可以参与；在平时，公共空间的设计与利用，养老的日托、全托、送饭服务，育幼的课外辅导、儿童读书角、儿童剧场，继续教育的老人大学、妈妈教室，还有青少年心理辅导、婚姻咨询、家庭调解等社区福利的供给，乃至于社区绿化与环保，社区文化的保护与创意发展，甚至社区经济的重构与振兴，等等，这些公共产品都可以由居民自组织、自治理而自我提供。

社区营造及社区规划是面对信息时代复杂社会的挑战而有的回应。新时代里，因为人们的诉求个性化，各类公共产品不再能够大规模供给、标准化复制、齐一化消费，为了应对越来越多样化的诉求，多少国家的政府濒临破产，只好不断降低福利供给。另一方面，信息时代的互联网、移动互联、社交网络改变了原来原子化的个人，一个又一个的社区（地理的、实体的、虚拟的）形成，一个又一个的微信群、QQ 群形成，人们有了自组织，如何激活他们解决自身的公共事务，成了新时代社会治理创新的当务之急。政府不再是社区公共产品的唯一提供者，而变成了基本公共产品的保障者，社区成员自组织的激励者，社区自治理、自发展能力的培育者，社区公共空间和基本经费的提供者，社区制度环境的设计者。简言之，政府从唯一的执行者转换角色成为保障者、设计者与支持者。而社区成员则需要一改"等、靠、要"的心态，成为社区公共事务的参与者，主导大多数公共产品的供给，应对那些基础保障之外的多元多样的诉求。企业在这样的治理创新中也要一变以往只想把社区邻里关系转化成交易关系的破坏者角色,而要帮助建设社区内部关系,以及重构社区与外部市场间的关系。政府、社会、市场三种治理模式也发生了一定的转变,如何将它们融合在一起,相生而不相克,达到社区善治,是每一个社区都要做的"实验"。因时因地制宜,适用于我国社会的实践与理论会逐步浮现,这正是社会治理创新实验的意义所在。

本书就是要总结这样的经验,并提出可行的又较通用的一些做法。从早期的社区建设,到近十来年的社区营造及社区规划,本书的作者群一方面在各地有着丰富的"实验"经历,一方面从事着各个"实验点"的调研、比较与理论化工作。比如,清华大学社会学系的团队就曾在乡村做"实验",发现了自组织形成过程在本土的一般性规律,也看到了政府以适切的角色切入社区营造时能带来的巨大影响和效益,但政府若急于将社区营造作为"政绩工程",又足以导致居民重生"等、靠、要"的心态。清华团队也在北京的多种城市社区中做"实验",从老旧小区重构、传统街区振兴到商业小区社造,既取得了一定的影响力,也仍有更待努力的困境,并总结了一些经验。清华团队还参与过企业主导的社造,发现企业如果不能给社造团队独立的空间,总想以企业管理的逻辑取代社造自身的规律,则社造之路难免崎岖难行、难以成功。这些经验都有助于我们总结社区居民该如何自组织、自治理、自发展。

当然,培育社区成员自组织谈何容易。在现代化、工业化、城市化的大潮中,一方面无孔不入的市场力量把所有社区关系解体,个人原子化,彼此只存在各式各样的交易关系。另一方面,如管理大师彼得·杜鲁克所言,现代"保姆型政府""万能型政府"也以由上而下的控管瓦解掉社区的自我团结、自食其力。当居民逐渐丧失了自组织、共参与、同议事的能力时,社区营造及社区规划便成为时代呼应新需求的答案。本书借鉴世界经验、立足本土实验,根据各地一线工作所掌握的一些在中国的土壤中能生根发芽的技术,总结出一套工作流程和社造工作的工具箱,以供社区营造及社区规划感兴趣的个人、工作团队或组织参考使用。

虽然工作手册强调的是通则,其中的技术是可以拿来使用的,但中国太大了,社区太多种多样了,一般适用的情况之外总有各类型的新挑战,所以还有赖各种社区发挥各自的智慧进行不同的"实验",更有待通过持续不断的研究、调查、总结,得到更丰富的"工作手册",希望不同类型的社区——乡村社区、城市近郊乡村、城乡接合部、老旧城市小区、传统文化街区、商业小区、做前置型社造的未建小区等,将来都有针对它们更精细划分的工作手册。另外，我们的社会还在变化，今天总结的经验一定还有发展的空间，改革开放正在深化，大数据、人工智能时代的到来，雄安新区所代表的一次未来人类生活的"实验"——互联网、物联网、智能家居、智能交通、智能城市，都在不断引发我们思考：将来的社区会是什么样？社区生活会怎样？社区治理要如何做？这本手册只是一个开始，希望有更多的伙伴加入，共同谱写更多更完备的社区营造及社区规划手册。

清华大学社会科学学院及公共管理学院合聘教授、博士生导师
清华大学社会科学学院信义社区营造研究中心主任

罗家德

2019 年 1 月书于清华园